金融哲学三部曲

估值原理

周洛华　著

上海财经大学出版社

图书在版编目(CIP)数据

估值原理/周洛华著.—上海:上海财经大学出版社,2022.3

(金融哲学三部曲)

ISBN 978-7-5642-3915-2/F·3915

Ⅰ.①估… Ⅱ.①周… Ⅲ.①估价-理论研究 Ⅳ.①F714.1

中国版本图书馆CIP数据核字(2021)第255385号

□ 策划编辑 王永长
□ 责任编辑 石兴凤
□ 营销编辑 王永长
□ 封面设计 张克瑶

估 值 原 理

周洛华 著

上海财经大学出版社出版发行
(上海市中山北一路369号 邮编200083)
网 址:http://www.sufep.com
电子邮箱:webmaster @ sufep.com
全国新华书店经销
上海颛辉印刷厂有限公司印刷装订
2022年3月第1版 2022年10月第2次印刷

890mm×1240mm 1/32 13.75印张(插页:2) 261千字
印数:6 001—9 000 定价:88.00元

作者简介

周洛华　1972年生，湖南益阳人，上海社会科学院世界经济研究所经济学博士（在职研究生），达特茅斯学院塔克商学院博士后；历任上海舍汇信息技术公司（大房鸭）董事长，东方网CFO，宝山区发改委副主任（挂职锻炼），上海大学经济学院副院长，金融学副教授；著有《金融工程学》（教育部普通高校规划教材）、《货币起源》《市场本质》等。

这本书体现了以下这些人的意旨：

金融学应该是人类学和社会学的一部分。

——费雪·布莱克

重要的是把 commitment 视成任责。

——王水雄

估值是社会意愿，体现社会互动关系。

——赵旭东

对资产估值是为了确定人的社会地位。

——周洛华

不要再炒股票了，好好去写一个侦探剧本。

——我夫人

目录

自序

这本书是我的“金融哲学三部曲”的第三部。

在第一部《货币起源》一书中，我主要讲了人类是怎么进化出货币的，并指出了货币是道德的补丁，货币是人类维系道德体系和执行价值观念的一种工具。在第二部《市场本质》中，我指出了市场是自由人的联合，市场秩序需要热爱自由的人们一致行动来捍卫。这两本书的写作过程基本上是我的读书笔记和后续思考。我大段引用了名著的段落来充实我的论述。

写完这两本书以后，我就感觉这种类似学术著作的写作方式已走到一个死胡同里面。我如果继续沿用阅读、记录、思考和评论的写作方法来写《估值原理》的话，则一定会把这本书写成一本厚厚的读后感。于是，我考虑用一种全新的方法来写《估值原理》，不仅要写得令人心服口服（只要读者不是热衷于八股文风的知识分子，这一点是容易做到的），还要写得令人耳目一新（只要读者都是热衷于八股文风的知识分子，这一点也是容易做到的）。

先后有四个人鼓励我用这种新方式来写《估值原理》。首先是我的老婆。她一直认为我沉溺于炒股完全是自讨苦吃，而为了炒股去研究金融学更是自作自受。她很早就看出最适合我的工作是去当影视剧的编剧，而且最拿手的是侦探推理片。这主要是因为我陪她看电影的时候，我一般能够至少提前30分钟，准确地猜出编剧安排的真凶是谁，然后我就迫不及待地剧透给她。而且我剧透的时候故意不压低嗓门，以便向邻座的其他观众炫耀我的预测能力。总的来说，我预测电影谋杀案真凶的准确率远远高于我预测股价的准确率。她由此得出了这个具有统计显著性的结论："不要再炒股票了，你应该去写剧本。"

第二个鼓励我的人是我的姐夫马克·威廉姆斯（外号"王方同志"）。他是一个自己开业的心理医生。他很早就对我说，"你适合讲故事，几乎没有任何东西能够阻挡你去编织一个动人的好故事。"这句话当然隐含批评我平时说话夸大其词的意思，但是我毫不介意。生活不是仅由事实和真相构成的。人追求真相仅仅是因为真相能够缓解焦虑，而焦虑得到缓解之后，人就误以为真相使自己获得了某种安全感。维特根斯坦说过，情绪会给思想着色。一个好故事总是比一个定理或一个公式更能够影响人的思想，推动人类进步。

最后是中国人民大学社会学系的王水雄老师和人类学研究所的赵旭东老师。他们俩鼓励我去田野调查，体验生活，用社会学和人类学的方式去"复原"并"再现"估值诞生的全过程。他们还纠正了我对“田野调查”的误解。那绝对不是有关政府部门组织的部分农户座谈会，而是深入农户的生活，成为他们中的一员，体会他们的喜怒哀乐，了解他们的荣辱、苦衷、困境、乐趣和希望。不要把研究对象当客观事物来观察，而是要把他们的事情当成自己的事情来写，置身于其中才能真正理解人。

除了这些鼓励我的人以外，还曾经有人企图“阻止”我去写《估值原理》。2019 年秋天，我在人民大学苏州校区静斋酒店的二楼职工食堂遇到了来这里给留学生们上课的谢桂华老师。她是社会学方面的专家，我立即抓住机会向她请教有关问题。我认为市场不是一个脱离人类社会的机制，而资产价格更是取决于不同阶层人们社会地位的变动。她听了我的描述以后，很快就轻描淡写地告诉我，“你说的这些波兰妮早就写过了，你应该去看看她的《大转折》”。她大概注意到当时我脸上失望的表情，于是又补充说：“别太难过了，你作为非社会学专业的人士，能够自己体会到大师曾经考虑过的问题，已经很不容易了，应该值得骄傲。”回到办公室以后，我赶紧去查波兰妮的情况，结果发现，其实他是男的，真名应该是波兰尼，而且在我出生之前很久，他就已经去世了。是的，我对社会学就这么外行。但是，我发现了一个奇怪的社会学现象：每当我诚实地披露自己是一个“热心又无知的外行”时，社会学系的人反而更加喜欢我了。

归根结底，是我自己选择用田野调查的方式来写这本书的。我的田野调查得到了一大堆数据和故事。糟糕的是，这些资料都相互“打架”。渔民和鱼贩子说的不一样，他们和渔政部门说的又有不同。最终，那些违背常识的事实把我引向了前所未见的真理。我庆幸自己做了这次田野调查。但是，囿于本书的题材，我不能如数家珍地罗列全部素材，只能有所取舍。

我的田野调查对象是上海奉贤中港渔业作业区和舟山定海区的渔民们。刚刚开始的时候，我被自信冲昏了头脑，认为通过我这次的田野调查一定能够写出一部类似于马林诺夫斯基《西太平洋上的航海者》那样的人类学巨著。随着调查的深入和友情的增长，我发现我逐步成为申诉上访信件的执笔人、家庭纠纷的倾诉对象、《新闻联播》中有关财经新闻的解读人，甚至有一次，我差点儿成为煽动炒股的理财顾问。好在我及时地意识到自己被虚荣心蒙蔽了双眼，把自己想象成万能的“圣保罗”，狂妄地以为自己来自一个更高的文明社会，降临这个渔村来帮助他们。这些都违背了人类学田野调查的初衷，我对此十分羞愧。管理好自己的同情心就是摆正自己在进化史中的位置。我不是“圣保罗”，也不是扶贫的驻村干部。只有这样，我的调查才能接近真相。我高兴的是，最终我们都成为好朋友。

我为什么选择渔民作为田野调查的对象？其实没有人这样问我。这是我的自问自答。这里包含着两个方面的原因：一方面，我需要解释一下我以田野调查为基础来写作这本书的动机。另一方面，我澄清一下为什么我选择渔业作为田野调查的对象。弗朗西斯·德瓦尔和珍妮·古道尔曾经解释过，为什么人类学家选择类人猿作为研究人类的对象，背后的原因令人啼笑皆非，不，应该说是足以令人类感到羞愧：“因为动物们不说假话，也不会隐瞒自己的真实感受。”这使得我们研究类人猿这个近亲反而能够得到有关我们自己的更多的信息。如果我选择去调研资本市场上的人，用他们口述的故事来写《估值原理》的话，我将得到更多的谎言而不是真相。渔民相比资本市场上的那些人来说，真诚、质朴，有一种天然的信任感。而且，渔业与其他行业不同，它需要面对两个方面的不确定性：一是大海赏赐的渔获数量，二是市场给出的渔获价格。两者都存在巨大的不确定性。其他行业往往没有渔业这样接近于纯净、自然的“随机性”环境。

我不是一个人在做田野调查。赵旭东老师派来了他的人类学博士生和我到同一个渔村做田野调查。我在想，如果以后金融学的博士生都往农村和工厂跑，而不是整天泡在银行和交易所里，那么我的这本书就真正成功了，我国的金融体系也会变得更安全。

尽管有了人类学的田野调查资料，但我并没有直接写渔民们的生活故事。这本书的写法仍然沿用了前两部作品所使用的哲学分析方法。“哲学的任务就是发明一个比喻，然后使得特定的困惑消失”——维特根斯坦式的这句话深深地鼓舞了我。我思前想后，决定用棒球比赛作为贯穿全书的比喻。“棒球”“计时器”“主席台上的奖杯”和“观众席上的热狗”分别对应于“房产”“债券”“股票”和“艺术品”四大类别的资产。不过，阅读本书并不需要理解棒球比赛的规则。

我用这样的办法,使得各类资产都回到了人的生活中,让它们各自之间建立了联系。维特根斯坦说过,“要在游戏中理解游戏规则”。他晚年更是告诫学生们,“回到粗糙表面上,你需要摩擦力才能前进”“回到日常生活中去,你并不需要哲学”“并不存在真空的理想和完美无瑕的逻辑语言”。大约 30 年以后,费雪·布莱克在临终前给后人留下了光明透彻的启示,至今读来仍然令人醍醐灌顶:“金融学应该是人类学和社会学的一部分,而不是数学和物理学的一部分。”

在这本书出版之前,有关估值的真相是扭曲和隐藏的。估值到底是什么?是供求关系?是随机漫步?恐怕都不是。“供求关系”和“随机漫步”分别是经济学家和金融学家回答不了有关估值原理问题时给出的搪塞。估值不会独立于人类社会。我们与其观察某项资产本身的价格波动,不如观察它在人类社会中对其前后左右人们的影响。哪些人需要这项资产?他们为什么要给出更高的价格?最终,我发现资产价格源于人与人之间形成了特定的关系;资产价格的变动取决于这种关系的变动。

你不应该去研究诗歌本身的词句,而应该研究这些词句在什么场合能够激发人的同情心和共鸣。人与人之间的互动和谅解使得诗歌具有了普遍意义的美感。这些文字诉诸人的激素水平的变化,而使人产生去国怀乡、怀才不遇、愤世嫉俗和知遇感怀等情绪变化。你享受的就是这种激素水平波动带来的快感。

一线城市的房产究竟应该值多少钱？这是一个错误的问题。这个贴在房产身上的标签所标明的并非房产本身的价格，而是一个社会激励机制的一部分。正确的问题应该是：房产究竟值多少钱才能让人安心持有不抛售？房产究竟涨多快才能鼓励开发商花钱买地？房产究竟涨多久才能让辛辛苦苦朝九晚五工作的年轻人放心地签下一个巨额的按揭贷款合同？房价究竟涨成什么样子才能让所有已经买房的人长舒一口气，并由此确信自己这些年的努力都是值得的？问题不是关于房屋的价格，而是事关人类社会的激励机制、事关不同人群之间的相互关系。

写完这本书，我很自豪。我在书里完整地体现了费雪·布莱克和维特根斯坦两位先贤的哲学思想。我把资产带出交易所，带回生活中，在人与人之间的互动中理解资产价格的变动。重要的不是用数学描绘资产价格变动符合什么样的随机漫步，而是用人类学方法找到在什么历史时期什么样的人会用什么资产去实现什么目标。这样一来，金融学就回到了人类社会中，它本来就诞生于喧闹且生机勃勃的人群中，本就不该呆在安静而毫无生机的电脑里。

我特别感谢“沪奉渔61038号”捕鱼船船老大黄双志，他把我带入了中港渔区的田野调查，让我有机会了解真实的渔民生活。黄双志用他与大海搏斗的亲身经历帮助我理解了什么才是真实世界的“波动”——那绝对不是布莱克·舒尔茨模型中的

“波动率”所能够描述的。也许下一个渔业作业季节,我不能和他一起出海捕鱼了。但是,我的心会随着他和那条船上的全体水手一起跳动。

我特别感谢舟山市定海区分管渔业的胡光远副局长。他是教我“渔业 101”课程的导师,有一种长期在基层一线工作所赢得的威信。有他在场的情况下,渔民反而容易推心置腹地说真话,因为渔民把他当“自己人”。

我特别感谢军民融合基金的张珺同志,她在非标资产估值和不连续交易问题上给了我极大的启发,并为推广这个系列的前两本书而在自己的朋友圈里下达了“总动员令”。

我特别感谢中国人民大学的王水雄老师、赵旭东老师和他的博士生李飔飏同学。这本书的写作过程也是我跟着他们三人学习社会学和人类学的过程。我认真地学习了他们推荐的经典教材,感觉自己重新读了本科。王水雄教授还慷慨地担任了这本书的审稿人。我既愧且慰,更增敬佩。

中国人民大学财政金融学院的校友王亚娟继续担任这本书的验证阅读人。完成三部曲之际,我终于发现她其实更像我的辩护律师。她不仅帮我梳理了全书的逻辑,还将内容以有利于我的方式呈现出来。

我还要一如既往地感谢我的导师伍贻康、张幼文、Magaret A. Peteraf、Richard S. Bower、Joseph A. Massey 和 Robert G. Hansen 以及 Jenny Yim、郑雷、李春佳、Craig L. Williams、曹均

伟、吴浩生、凌力、Deborah Adams，Gina C. Palace、陈锋、张晓、鲍玉芳、陈信华、时寒冰、赵毓芳、王博宇、裴雄卿、Hans J. Wagner、张弘吉、赵剑敏、刘建桥、郭朝晖、白又戈、田立、王军、王永长、苏耀科、谢志刚、蔡民坤、高一明、本力、徐琳、张诚和陈虎（根据我认识他们的时间顺序排列）。

写完这本书，我就自豪地完成了“金融哲学三部曲”系列作品。我把金融学从定价模型的公式和程序化交易的算法中解放出来，把它交还给有血有肉的人。

金融学从此有了人的灵魂。

周洛华

2021 年 11 月 8 日

估值游戏论

人们用资产玩一种集体参与的游戏。

表面上，是市场决定资产价格的涨跌；

实质上，是社会在决定个人地位的升降。

资产游戏激励人们做有益于全社会进步的事情。

随着社会发展，人们会用新资产来玩新游戏，以便解决新问题。

《论语·子路》记载了这样一个故事。

叶公语孔子曰："吾党有直躬者，其父攘羊，而子证之。"孔子曰："吾党之直者异于是：父为子隐，子为父隐，直在其中矣。"

孔子说的"直在其中"，意思就是正直的人品包含在人的本能之中。正义要靠人来实现，不能脱离人的本能去单独实现正义。脱离了人和社会，根本谈不上正直和正义。

我从《货币起源》就开始论述，人类的道德体系和价值体系应该是一体两面的。这本《估值原理》将进一步表明，资产的估值体系体现了人类的价值观。因此，我把孔子的话改了一个字，即"值在其中"，意思就是资产的估值就在人类的社会生活和道德体系之中。脱离了人和人的互动，资产本身是没有价值的。

过去，经济学家们总是唠唠叨叨（描写这个场景更准确的一个词应该是"神神叨叨"）地说着这样一些话：

"资产和商品都具有内在价值。"

"内在价值通过供求关系体现为市场价格。"

"市场价格围绕着内在价值上下波动。"

"供应大于需求时价格下跌；需求大于供给时价格上涨。"

"价格短期可能偏离价值，但中长期来看，最终将回归内在价值。"

这些话的错误之处在于它们引导读者以为价值是资产的内

在属性。我认为，不应该盯着资产来考察其内在价值，而是应该观察人类怎么使用这项资产、为什么用这项资产、什么时候使用、达到什么目的、解决什么问题。

经济学家们的这些话听起来就是一种劝谕、一种精神慰藉。它的全部意义在于让你放弃思考、放弃抵抗、放弃发问的勇气，被迫接受当前世界的迷雾，但更主要的是，让你接受由经济学家来解释这个世界的特权。经济学家就像我的牙医，他操纵的机器越是复杂，我就越想尽快放弃抵抗，任由他摆布，只希望这一切早日结束。

我 19 岁就听过这些布道式的陈词滥调了。我一直是这些陈词滥调的受害者。如今，我 49 岁了。我已经觉醒，知道了资产价格变动并不是上帝随手扔了一个骰子(资产价格之所以具有随机性特征，是因为社会需要淘汰一部分投机分子，决定资产价格的根本因素不是随机性)。

但是，那些曾经困扰我的陈词滥调仍然有新的追随者和年轻的信徒(等他们到了 49 岁，被牙医拔掉几颗牙齿，就会意识到自己其实是经济学家的受害者)。经济学教授们仍然在学校课堂上和电视台镜头前振振有词地用这些句子布道。为了防止我儿子进入高校课堂时，仍然被迫听这些陈词滥调，一股强烈的父爱责任感推动我站出来说出真相，阻止更多年轻人成为经济学家的受害者和牺牲品。

当前，主流经济学家们研究人类经济行为的方式以及大牌金融学家们研究资产价格的方法，都像是（想象一下）动物学家用这样一种方法研究猴子：把公猴全部阉割掉，然后把它们放归猴群。这群被阉割过的公猴将不再受情绪波动的影响，从而能够更加理性地做出符合它们个体利益的决定。猴群从此将表现出“极度理智”，不，应该说是“模范理性”的行为，它们的行为将彻底符合经济学家们的模型。

我认为要观察一个生态系统，要了解一个部族社会，就要理解它们的秩序、荣辱进退、喜怒哀乐和悲欢离合—— 只有这样，才能理解资产价格是怎么诞生的。为什么同样的资产在这群人中的价格和另外一群人中的价格完全不同？为什么这群人需要这样一项资产作为他们的价值坐标体系，实现他们的奖惩机制，而另外一群人选择其他资产来实现同一个目的？这些问题都需要到社会学里面找答案。

我们不能把资产从一群人中抽离出来，武断地假设资产价格的变动符合某一个物理运动规律，然后单独运用数学方法去观察研究其价格变化。这样的做法用于研究的话，就相当于研究被阉割过的公猴子；用于投资的话，就相当于蒙上眼睛表演高空走钢丝。

来看一个例子。你怎么确定钻石的价值？靠供求关系吗？你是否打算预测一下未来 2—3 年的结婚适龄人口？还是预测一下主要产区所在国家的政府更迭情况？为什么人工钻石不会取代天然钻石？人工钻从工艺和成本上取代天然钻的那一天，人工钻也同时在市场上消灭了它自己。为什么会这样呢？女人们并不需要钻石，无论天然的和人工的对她们来说都不重要。她们需要的是闺蜜们羡慕的目光，需要别人知道她的男朋友买得起昂贵的天然钻石；她可能还希望闺蜜们的男朋友买不起昂贵的天然钻石。归根结底，她需要这个男人对她很在意，也很专一，而且她需要所有人都知道这一点。一颗挂在脖子上的大钻石就是一个自带光伏电池板的广播喇叭。这个大喇叭在太阳的照射下不仅熠熠生辉，还不停地高奏着胜利的凯歌："快来看！有一个买得起天然钻石的成功男人在乎我，而且他只在乎我一个人。"

有野外观察者记录，雌性黑猩猩在和群体内年轻雄性交配时会保持沉默，而当它和首领雄性黑猩猩（主雄）交配的时候，它会发出撕心裂肺的嚎叫。那种叫声听起来并不像是痛苦的告白，倒像是在向群体内其他雌性黑猩猩发出胜利的宣言："快来看！主雄在乎的是我。"

插播了这段黑猩猩野外观察之后，你还相信钻石价格是由供求关系决定的吗？那难道不是一种等级标志物吗？会不会和群体内交配顺序有关？钻石的价格会不会体现了闺蜜之间相互攀比的互动关系？如果这样的话，人工合成的钻石一经推出就否定了它自己。因为姑娘们喜欢钻石不是因为它亮，而是因为它贵——贵到男人需要为之全力以赴，贵到自己的其他闺蜜对它无能为力。你现在拿一个便宜的替代品给姑娘们，说这个人工钻石更亮、更便宜,你这不是自己灭了自己的生意吗?谁还真稀罕它的亮度啊?那还不如在脖子上挂一个手电筒呢!

我再来举一个极端的例子。请读者看看社会公众,尤其是经济学系毕业的新闻媒体撰稿人对于估值问题有多么无知。意大利天文学家安妮巴莱·德·加斯帕利斯(Annibale de Gasparis)于1852年3月17日发现了名为"16赛克"(16 Psyche)的一颗小行星。一项研究指出,它是一块几乎全部由铁和镍组成的岩石。这块罕见的、长达226公里的"太空岩石"位于太阳系木星和火星之间的主要小行星带,距离地球约3.7亿公里,是太阳系主要小行星带中最大的天体之一。2020年6月,《行星科学》杂志发表了一项新的研究,标志着人类对"16赛克"进行了首次紫外观察。报道指出,据估计这颗小行星的总价值大约是100兆美元(100万万亿美元),也就是1的后面有19个0。该报道还称,这个数字大约是2019年整个世界经济产值(大约142万亿美元)的1万倍。糊涂啊!这些数字毫无意义。因为这颗小行星根本就没有进入人类社会,无法纳入我们的估值体系,不能体现我们的荣辱进退。它不是我们的资源,不是我们能够使用的一个工具,我们根本就无法对其进行估值。

资产和资产的价格深深地镶嵌在人的社会生活之中。所以,我说"道不远人,值在其中"。

市场与社会

绝大多数情况下，估值体现在社会，在人心，在口口相传的故事里，而不在交易所的显示屏上。

经济学家也好，金融学家也好，他们使用资产在交易过户时产生的价格来研究资产。这其实是蒙住了自己的双眼，绝大多数资产终其一生都不怎么交易。估值并不因资产的交易而产生，也不随着资产的交割而结束。交易在登记结算公司清算之后结束，而估值在交易结束之后仍然持续对人发挥作用。对于经济学家来说，刚刚结束的一笔资产交易只是给他的估值模型提供了一个数据，他可以由此忽略掉资产估值对人的心理和行为产生的影响。

大多数人对房产这类资产的策略就是“买入并持有”。普通民众并不频繁交易房产，但他们始终很关心房产的价格。房产价格的变化会影响他们的喜怒哀乐，影响他们的消费投资决策，影响他们中午盒饭的档次，影响他们对未来的预期和对社会的看法，进而影响他们的生活质量。

我认为一定要把资产放到人的心里和生活中。我要在社会中理解估值，而不是在市场中理解估值。我要把资产涨跌同人的喜怒哀乐、荣辱进退和悲欢离合结合在一起。只有这样，我才能理解估值的来龙去脉，才能大致猜测出估值未来的走势。我永远不能对估值做出定量的预测，那意味着我取代了一个人去做本该由他自己做出的决定。

资产的估值会对人的情绪产生影响。人对未来的判断和当下的决策又都受情绪的影响——我不能把自己当上帝。试图准确定量预测资产价格走势就意味着你要准确预测人的情绪变动，这岂不是变相承认了经济学的“邪教本质”吗？请不要误会，我经常调侃经济学家，是因为我同情他们走了弯路，经常犯错误——我并不指责经济学是邪教。

所以，经济学家和金融学家讨论资产的环境是交易所、是市场，而本书讨论的资产估值环境则是社会。市场里才有“资产的模型”，社会中只有“人的关系”。因此，理解估值一定要先理解人与人之间的关系。

我曾经和年轻的小伙伴们一起从国有企业辞职下海创业，我们用全员持股的办法筹集资金，开办了一个网络房产中介平台。当时，员工们一起凑了 500 万元，我是那家公司的首任董事长。这家公司的全体员工都是从国有企业出来的，一起来到这个自己持股的新公司之后，相互之间再也没有了表面的客气，背地里再也没有了相互算计。我们都很自豪的是，这家公司在当时被确定为混合所有制改革的试点单位。这可算是我读过的最好的商学院。我每天都充满激情地和小伙伴们一起解决问题。本书后面还将多次提到这次创业经历。

有一天，一个投资机构来找我，说愿意以 2 500 万元的估值认购我们公司新增发的20%的股份。那就是说，他要出500万元，只占增发后公司总股本的20%。我们当时都很兴奋。表面上看，我们之前出的500万元占80%。我们不仅拿到了钱，还得到了溢价，得到了市场的肯定。

可是，在我看完他们给我们的入股合同条款之后，我发现根本不是那么回事儿，心里五味杂陈。那份合同很复杂，有一本杂志那么厚。然后就是谈判和签字。整个过程并没有对“估值”进行讨价还价，那个价格反而是讨论的最少的内容。谈判的主要内容是反复澄清双方的立场，反复争论某些责任和权利，反复核实特殊权利安排是否符合法律，以至于我那段时间经常深夜在床上辗转反侧，睡不着觉。

律师和投行最终让我理解了他们的语言。经过这样一番折腾，我明白了这家投资机构的出价并不是购买公司的股权，而更像是对我们的一种补偿，因为我们对投资人承担了某种责任。我根本就没有卖掉公司的股份，一股都没有卖掉。我不仅没有卸下经营的包袱，反而背上了新的思想包袱和经营责任。投资人给公司的高估值就像一剂麻药，使企业经营者背起那些新包袱和新责任时感觉不那么痛苦。

没有人能抛售自己的老股份，那2 500万元估值对于我们所有人来说，简直就是挂在大象眼前的香蕉。而且，我和其他小伙伴们还“被迫”签署了一系列“不平等条约”。我要保证这个、担保那个，承诺不能做这个、不能做那个，否则的话，我还得承担严重的法律后果。时至今日，有些条款仍然对我有一定的约束力。

2 500 万元是我们公司的估值吗？还是套在我脖子上的一大捆绳索？这个估值由一系列复杂的法律承诺构成。我们创业团队和新来的股东通过这一本合同（或者叫一捆麻绳）牢牢地联系在一起，成为推心置腹的、相互不能欺骗和背叛的利益共同体。

请想象一下，你要去新疆参加塔克拉玛干沙漠越野拉力赛，途经独库公路。这个 2 500 万元的估值看起来是溢价了 5 倍，其实它并不是比赛胜利时挂在我脖子上的奖章，而是整个拉力赛中某一段高速公路的免费通行证或者加油卡。你如果得到了这张免费通行证或者加油卡，则意味着你可以继续前进，你还没有被这场拉力赛淘汰或者到目前为止，你行驶的路线还是正确的。但是，与此同时，这张通行证也提醒你比赛没有结束，胜利还遥遥无期。如果你最终没能胜利到达终点，那么，这张通行证或加油卡对你来说毫无意义，分文不值。你根本不可能在终点前的一个小村庄里把它卖了。

初创企业进行股权融资时，估值对创业者来说，就像是马拉松选手途经补给站随手拿起的一瓶免费的水。这就是我对估值的切身体会。我根本就没有卖出我的股份，交易没有发生，但是，估值仍然浮现了。读者一定要接受这样的事实，那就是说，估值可以脱离交易而存在。而且，当你放下这本书，不是作为读者而是作为投行和律师去看待估值的时候，一定要结合当时、当地和当事人的情况，才能确切理解某一个资产在某一时刻的估值。投行给的估值就像医生开的药方，它要对症下药。投行给我的估值就像是医生给我暂时免费的药。我接受这个估值就是一口吃下这剂苦口的良药，我希望自己成为一个更健康的人，继续向前奔跑。当我胜利到达终点时，他才豁免我欠的医药费。

估值作为一个数字，无所谓对和错。但是，这个数字对于当事人有激励和约束作用。有市场的地方未必有估值。只要没有交易数据，经济学家们就无从谈论估值。他们的估值依赖于模型，模型是经济学家们用来观察社会激励机制的窗口。其实，有人的地方就有估值。估值是人与人之间的关系，它看起来像是一套完整的激励约束机制。这套激励约束机制被我称为健身计划。我不仅没能拿一笔钱提前退休去享受生活，我还被迫参加了一场新的马拉松比赛，而且“前面的道路更艰险，任务更艰巨，困难更大”——但这一次我有了更多的伙伴。

估值来自交易，交易产生于市场——这是误解。交易双方进入交易所之前已经做好了买和卖的决定。交易所只提供交易便利和清算服务。估值来自社会。社会上的一切风言风语、闲言碎语、小道消息、新闻报道、风俗习惯、荣辱进退、封建迷信、赶集庙会和智能手机，时时刻刻在传播信息，建立价值体系，使人们相互监督、彼此羡慕和你追我赶。所有这一切都会影响一个人对某项资产的价值判断，从而使得他下决心采取行动，提升自己的社会地位。于是，他会进入交易所，寻求交易对手。

我在《市场本质》里面提到，人为了追求自由建立了商品市场，人为了追求等级建立了资本市场。资产是等级标识物，一定要认识到资产估值是社会价值观的体现。一个社会提倡某一种价值观就一定会用相应的资产去体现这种价值观。资产是体现社会价值观的载体，就像棒球是体现棒球比赛规则的载体一样。

只有把资产放到生态系统内、社会关系中和人类部落里，我才能理解为什么“布莱克—舒尔茨”公式里面的水平波动率会变成一个不规则的曲面。这个曲面又在金融学里制造了“黑暗中的大笑”。金融学的至圣先师们千辛万苦地找到期权定价模型之后，无奈地发现真理仍然隐藏在永恒的黑暗中，并伺机嘲笑和愚弄我们。本书后面的章节将专门论述这个曾经困扰我多年的金融学现象。许多金融学家都声称解决了这个问题，但他们的解答使得我更加困惑。只有在社会学领域看待这个问题，我才感到释怀。

金融学有两个方法来得到估值：一是构建估值模型得出一个理论值；二是构建交易策略让市场说出某项资产的实际价格。估值模型容易让我们产生一个错误的判断，认为价值是资产本身固有的物理特性，认为价格波动是这种物理特性的表现，且适用某种数学函数。构建估值模型是一件糟糕且危险的事情。估值模型只能给我们带来意外的麻烦。

许多股民相信分析师的话，对于分析师有一种倾向性的误解，仿佛把一只股票分析清楚了，就能够比较准确地预测其未来的走势，这就大错特错了。早在 1985 年，人类学家威尔逊就做过一个精彩的实验，说明了类似的情况。[①] 威尔逊及其博士研究生们随机选择了两组情侣来做比较研究。他让第一组情侣相互分析对方的可爱之处，并详细罗列出自己喜欢对方的具体理由。随后，他让情侣们预测未来 3 个月自己是否还和对方在一起。第二组情侣则直接被要求凭感觉预测自己未来 3 个月是否还和对方在一起。结果令人震惊：第一组情侣对未来关系的预测基本是错的；第二组情侣对未来关系的预测基本是准确的。威尔逊认为，仔细研究自己关系的过程会使得个体更多地注意那些容易用语言描述的因素，而事实上这些因素不如那些无法描述的因素重要。

威尔逊设计的这个实验告诉我涉及人与人之间的关系问题，你的分析越详细，你的预测越不准。分析得越多，预测的失误也越大。分析师能够把股票的基本面分析得头头是道，但他们不可能把估值预测得很准确。那些详细的图表、数据和模型只能帮助你缓解焦虑。你之所以需要分析师来帮助你分析某只股票，恰恰是因为你内心焦虑——正是焦虑情绪妨碍了你做出正确的决定和准确的预测。

当然，要把威尔逊的实验结果应用在股票分析中还需要一

---

① 【美】戴维·迈尔斯(David Myers)著:《社会心理学》，侯玉波，乐国安，张智勇，等译，人民邮电出版社 2016 年版，第 49 页。

个前提条件，即股票也和爱情一样，是人与人之间的一种关系。我认为，所有资产都是人类玩游戏用的玩具。股票是一项“效率改善游戏”用的工具。它和其他资产一样，调整了人的社会地位，调动了人的积极性，改变了人的消费习惯，最终体现了人与人之间的互动关系。所以，越是明星分析师，越是娓娓道来并头头是道的分析师，你就越要小心谨慎地对待他给出的投资建议。

我认为，金融学对资产价格的分析远不如社会学针对人和社会的分析来得深刻。我们只有仔仔细细分析了当前社会的方方面面，敏锐捕捉每一条线索，才能知道当前社会在玩什么游戏、推崇什么美德、维持什么秩序、奉行什么道德、遵循什么规范以及欣赏什么美学。所有这些游戏、美德、秩序、道德、规范和美学都需要一个具体的载体。这个载体一定就是整个社会追捧的资产。就像足球比赛，两支球队 22 个人都在追着那只足球。看台上还有几万名观众在用眼睛追着球。我们用那只球命名了整个这项运动。其实这项叫足球的运动除了那个球以外，还有运动员、教练员、裁判员、观众、足协官员、赞助商和解说员。这是一个参与人数众多、内容丰富、涉及多种规则并产生商业效益的复杂游戏。人们之所以设计并选择了这个复杂游戏，是因为这个游戏能够解决整个社会面临的风险和问题。一定要让大家一起参与这个游戏，才能解决全社会的问题。

很多年前，我遇到一个老股民。他总结道，在股市中“涨都有目的，跌都有原因”——此言不虚，诚不我欺。他意识到股票可以是那只足球，也可以被用作工具，后面有一个巨大的复杂游戏。炒股是一个复杂的社会化游戏。每次散户蜂拥而入买入股票的时候，往往就是市场的头部。这时候买入股票的散户就会套牢在高位，而且往往套牢 10 年不能解套。这就意味着这些来自社会各阶层各行业的散户投资人将不得不在今后的十年里继续努力工作，辛苦赚钱，以弥补自己因一时冲动而在高位套牢的损失。你如果用游戏论的观点来看这个问题，就会发现，一定要把散户套在高位，这对于整个社会有利。只有把大量的散户投资人套在高位，才能使得他们放弃财富自由的幻想，才能使得他们努力工作。让许许多多的人去努力工作，这就是炒股这个社会游戏的目的：当大多数人都在努力工作而不是享受生活的时候，整个社会就运转正常了。

资产价格变动体现了一种社会化的游戏。这些游戏的内容极其丰富，资产就像是“足球”游戏中的那只球。运动员就是交易员，足球场就是交易所，观众就是社会公众，足球比赛的规则就是整个社会道德规范的延伸，为赢得足球比赛而必须具备的体能、技巧和团队精神也一定同时被整个社会所推崇。一项资产之所以具有价值，是因为与它相关的行为具有社会价值，符合社会推崇的美德，促进了人的进步和发展。人们需要用它来玩游戏，以便在游戏中解决问题。

一块木板之所以值这些钱，不是因为此时此刻市场上有多少人卖木板或者有多少人买木板。从供求关系出发理解商品价格或者资产价格的变动只是从交易的角度揭示了一小部分真相。一块木板之所以值这些钱，是因为整个社会有使用木板的习俗，有可供伐木的森林，有家具设计师的倾向。上千年前木板就渗透到我们生活的方方面面，它是我们生活的一部分。

这本书的作用在于提醒读者去观察此时此刻部落里有哪些人需要用木板做什么东西，这些维持自己生计的商业模式又在部落里处于什么地位，由此我们才能慢慢梳理出一块木板的价格形成机制。木板本身没有价值，它体现的是木匠在整个部落里的地位。我们需要观察木匠和其他部落成员的互动，才能理解他在游戏中的地位与作用。

金融学与人类学

金融学总是盯着市场，人类学则总是关注部落。我觉得研究估值的时候需要同时借鉴这两者的视角、方法和成果。

我读过的绝大多数金融学模型都有一大堆假设的前提条件，这些假设使得金融学家能够名正言顺地脱离社会去单独研究资产价格的变动。我认为这些假设并不是模型的地基，而是金融学家本人的“免罪符”。这些假设前提使得投资人因依赖模型而蒙受损失时，无法责备金融学家。这些假设斩断了我们观察社会的各种触角、各种视野、各种传感器和各种信息来源，堵住了我们获悉人的心理感受的渠道，限制了我们与人交流的通道，切断了我们通往真理的道路。这些假设的前提条件使得模型变得漂亮而可信，最终使得我们沉溺于自己想象的世界里，不可自拔。

使我感到害怕的是，金融学越来越走向数理化。这门学科越来越脱离田野调查，也就越来越闭门造车，脱离人的生活。维特根斯坦晚年意识到，世界上根本就没有在逻辑上完美、精致的语言系统，语言本来就是人们在日常生活中相互交流的产物。他因此放弃了早年的《逻辑哲学论》的观点，转而号召大家“回到粗糙的表面上去”“有了摩擦力才能前进”，要在人的真实生活中理解人的语言，而不是在逻辑系统中设计出一种完美的、理想的新语言。他进一步劝谕那些追随他的学生放弃哲学，转而去学习其他有用的技能，比如牙医。他说，“你有体面的生活就足够了，并不需要哲学”。他的这段话深深地打动了我。我现在感觉到，要理解资产的估值，就一定要回到人的生活中去，在一群人的生活中做田野调查，融入他们的生活，也就自然而然地理解了资产在他们生活中的作用、资产促使他们发生的改变、资产对他们施加的影响、资产使他们背负的责任以及其他方方面面的影响。由此，我才能在人的生活中理解资产的价值。

有些金融学者借用热力学中描写混乱程度的熵来描写资产价格的波动。我认为这极不合适。我认为资产不是熵，而是矩阵的秩。这个矩阵就是人类社会，每个节点代表一个人，秩是矩阵的特征值。脱离了某个矩阵，单独谈论秩就毫无意义。相应地，脱离了人类社会，单独谈论资产价格也同样毫无意义。

物理学家海因里希·鲁道夫·赫兹在为《经典电动力学》撰写的序言中指出，要争取不使用“力学”这个词而重述整个牛顿力学。力学不是针对力的，而是针对物的，研究的是物体之间的运动和关系。我感觉他的这段话有一种哲学美感。我真希望我能够不使用“价值”一词而重述金融学。其实，赫兹说的是对的，如果一个人能够不使用“资产”和“价值”这两个词，而又能在人的生活中把金融学讲清楚的话，那个人一定真正理解了金融学。抱歉！我做不到。我只能提醒大家研究估值的时候，把眼睛从资产转移到人，看到人们在用资产玩一个游戏。等你理解了那个游戏，你也就理解了资产的估值。等你感觉你自己看懂了足球这个游戏，你也就能够把那些著名足球运动员的转会费按照从高到低的顺序排列了。

当然，这本书也不是完全的社会学著作。这根本不是一部学术著作。我自己是学习金融学的，不会丢弃老本行来写估值。其实，金融学使用模型做研究还是近 100 年的事情。1906 年，马尔科夫在论文《大数定律关于相依变量的扩展》中第一次提到一种如同锁链般环环相扣的随机变量序列，其特点是：当一些随机变量依次被观测时，随机变量的分布仅仅依赖于前一个被观测的随机变量，而不依赖于更前面的随机变量，这就是被后人称作马尔科夫链的著名概率模型——现代金融学的重要前提。[①]

这个假设的前提条件限制了金融学模型的实际应用场景，却解放了一大批金融学家。金融学家们从此就可以坐在舒适的办公室里面(带空调的)，用电脑模拟交易策略，构建各种估值模型。他们认为，资产价格的变动符合马尔科夫过程。如果这种观念只是用来表述“有效金融市场上资产的价格已经吸收了全部信息”的话，我并不持异议。

金融学家们把“价格”从“资产”中剥离出来，单独把“价格”放在数学模型里，用大数据来验证。这种做法无谓冒险。因为，我们甚至不能肯定“价格”是资产本身固有的属性，极有可能是资产的其他属性的结果和表象。我们不能忽略那些导致价格变动的原因，忽略资产价格的形成机制，忽略那些交易并持有资产的人的喜怒哀乐，忽略诞生并不断培育新资产的社会土壤，把价格从资产身上单独剥离下来，好像它就是一张黏在超市购物架上的标签，把它放在电脑里、模型中、实验室里、培养皿中或显微镜下进行研究。我甚至怀疑，基金经理们和金融学家们之所以热心于推广马尔科夫链的概念，其关键的动机在于：一旦人们普遍接受了这个念头，就会放弃思考，转而把钱交给他们打理(此处“他们”指的是基金经理)，而他们(此处“他们”指的是金融学家和基金经理)就可以心安理得地坐在带空调的办公室里研究

① 李自玲著：《基于马尔可夫链的历史和现状的研究》，原刊于《商业经济》2017 年第 3 期。

数据了。新出厂的高性能电脑和新招募的穿高跟鞋的女助理会使这种研究工作充满乐趣——人类特有的那种乐趣。

还有更糟糕的事情，金融学家们把价格从资产中剥离出来，他们还企图把资产从人类社会中剥离出来，单独研究其价格走势和其他属性。这些年来，他们（此处的“他们”仍然是指金融学家，而不是人民）把数学和计算机编程技巧嫁接在金融学里面，使得这种割裂资产和人类社会的做法看起来十分“科学”。不，这不是科学，这是炫技！他们操纵和利用科学的耀眼光芒以便致盲大多数人们（此处的“人们”指的是人民）。当人们被致盲以后，他们不仅闭上了双眼，还会放弃自主思考，更会放弃对自己辛辛苦苦赚来的工资的控制，主动认购那些发散着耀眼光芒的金融机构所发行的理财产品。然后呢，往往就是一地鸡毛。再然后呢？又是一轮新的耀眼光芒从收割过的韭菜地里冉冉升起。

我暂且搁下马尔科夫老师和金融学的发展史，回头来看看100多年前另外一位人类学里的“马老师”。1914年，在民族学家查尔斯·塞利格曼（Charles Seligman）的引荐下，马林诺夫斯基获得一份资助去澳大利亚研究土著的图腾制度。然而，当他于当年7月抵达澳大利亚时，第一次世界大战爆发了。当时的澳大利亚仍属于大英帝国，而马林诺夫斯基的国籍却是敌对国家奥匈帝国。为了避免被遣返，马林诺夫斯基与澳大利亚政府沟通斡旋，最终获得研究许可，从此走上了孤身一人的田野调查之路。

1915 年 5 月，马林诺夫斯基到东北方的特罗布里恩群岛进行研究。在那里，他梳理了之前碰到的问题，重新审视了自身奉行的实证主义，逐渐创立了一套新的田野调查方法论。他认为，作为科学的人类学，其依据的民族志材料应该根据具体的证据书写，因此首要工作便是写作统计图、族谱等图表以理解并澄清研究对象的状态和彼此之间的关系，而这些图表又包含着土著们的意见以及人类学家自身的观察。基于这些原则，马林诺夫斯基提出了“参与观察法”的研究方式，即让自己真正参与部落之间的活动，并与自身原有的文化（特别是当地的传教士与殖民官员）保持适当的距离，这样才能真正观察到土著生活中琐碎却又关键的习俗与规范。此外，他不认为田野调查能够找到真正的答案，因为那里根本就没有问题。不能把土著视为“落后”，不能把他们和我们的生活方式之间的差异视作他们的“问题”。因此，人类学不试图改变土著落后的生产生活方式，不试图发展地方经济，不试图解决他们的问题。

有鉴于此，土著的传说、口语中的词汇以及其自身的观点也就顺理成章地成为人类学民族志纪录的对象。马林诺夫斯基认为民族志应该呈现土著的想法与世界观，让读者理解不同文化（自身与当地）之间的差异，进而认识我们的本性。土著是我们的镜子，照出了我们自己。我们不试图改变他们，只试图更好地认识我们自己。[①]

这也是我写作《估值原理》时恪守的视角。我把人类社会中的资产看成是土著人手里的法器、宝物、信物或者巫术。他们手里拿着各种器物在"做法",在划分等级,在驱邪避难,在婚丧娶嫁,在生老病死,在荣辱兴衰。关键不是研究这些器物的材料和形状,而是要理解土著人为什么要"做法"?怎么"做法"?以及什么时候"做法"?只有这样,这些器物才回到了做法的场景中。我们一定是同时理解"法器的价值"和"做法的意义"的。只有这样,我们才豁然开朗,明白了他们的价值观和世界观。在我们全面观察并理解他们的生活之前,我们永远无法单独理解他们的某一具体器物的用途和价值。

马林诺夫斯基在特罗布里恩群岛的田野调查生活十分艰辛。1918年,他终于完成了田野调查,回到墨尔本结了婚。在返回欧洲之前,他又到加那利群岛疗养了一年,并着手撰写《西太平洋上的航海者》(*Argonauts of the Western Pacific*)。1920年,马林诺夫斯基与妻子终于带着田野工作的成果回到英国,加入伦敦政治经济学院,任民族学暑期课程的兼职讲师。1922年,他出版了第一本基于田野调查成果的《西太平洋上的航海者》,这是人类学里程碑式的名著。

在这部名著出版将近100年之后,也就是2020年,我开始在同属西太平洋地区的上海奉贤和舟山定海两地渔村做田野调

① 此处参考了百度的词条"马林诺夫斯基"。

查。最初吸引我去渔村调研的主要动机并不是追比前贤的虚荣心，而是因为我发现那些渔民捕捞鳗鱼苗的作业方式，像极了资本市场上的股票投资行为。而这一联想首先来自费雪·布莱克对我的启发。

让我们考虑一个很单纯的世界，总共只生产一种产品：小麦。但是，生产小麦的方式有许多种，每种小麦都有不同的风险和回报。首先，考虑风险容忍程度较高的农夫，他们会选择期望回报更高、风险也更高的生产方式。比如说，他们的小麦单产可能介于100—150英斗之间。如果我们长期观察这些农夫，就会发现小麦的产量总是在波动，低的时候100英斗，高的时候150英斗，平均约为125英斗。

反之，如果另外一些农夫对风险的容忍程度很低，他们就会选择那些预期回报和风险都很低的小麦品种。长期观察这批农夫，我们就会发现他们的产量也在波动，低的时候110英斗，高的时候130英斗，平均约为120英斗。

面对这两种情况，有些经济学家把小麦产量波动单纯看成是经济周期的循环，把产量高的时候当成经济繁荣，把产量低的时候当成经济衰退。但这实际上是风险回报的波动，是小麦本身特有的自然属性。所谓的经济繁荣，其实是市场回报比较高的年份；所谓的经济衰退，其实是市场回报比较低的年份。

如果经济波动真的就像小麦产量变化一样，与股票市

> 场的波动如出一辙，而且市场又是有效的，那么，政府根本就不应该也没有办法来干预市场。经济学家们对于如何稳定经济循环的关注，从根本上讲，是方向性错误。我们所遭遇的经济波动，源自我们选择的风险回报偏好。如果我们希望经济运行中产生较高产量的小麦，我们就必须学会忍受较大程度的波动。如果我们不能接受这么高的波动，我们就应该习惯于生产较低水平的小麦。①

产量的波动是小麦的自然属性的一部分，这种波动也是大自然中万物的客观属性。经济学家用一种模型来观察经济波动，这种模型就是"周期理论"。有了这套理论模型之后，就能够提升经济学家们的社会地位，就能够鼓励政府雇用更多的经济学家。

现在，请把周期理论套用在股票操作上。这就相当于有这样一个投资人，他总是按照"市盈率低于 10 倍买入，高于 20 倍卖出"。他的操作看起来会呈现周期性的变化，看起来是很有规律地买入或者卖出。在旁人看起来，似乎他很理智，理智得像一个经济学家。而在费雪·布莱克的视角下，这根本不是理智，而是固执。这就是针对市盈率的波动建立了一个交易策略，并严格执行自己的交易策略而已。由于这种策略执行起来，其回报水平很可能体现出周期性特征，于是，就有人宣布股市涨跌是周

---

① Perry Mehrling 著：《费雪·布莱克回忆录》，黄嘉斌译，台湾寰宇出版股份有限公司 2009 年版，第 128 页。

期性的。这里根本就没有个人理智,也没有股市周期,有的只是随机波动和固执己见地坚持某一种应对随机波动的方法。就像土著人坚持用某一种巫术求雨一样,只要他坚持下去,总有一天会下雨,于是巫师就会宣布他求雨成功了。由于天总要下雨,而巫师又坚持用同一种方法求雨,使得这两者总有一天看起来具有因果关系。其实,小麦产量、股价涨跌和降雨量这三者在随机波动方面都有相似性。当我们用模型、策略和巫术去应对这三者时,我们分别得到了经济学家、量化投资人和巫师这三种职业。看看,我们有多么荒谬、偏执和愚昧。

另外一个人类学实验强化了我的看法。① 人类学家沙夫纳在鲍德温学院的学生中做了一个实验。他对一个上大班课的学生集体说,他们有一个新同学,并虚构了一个名字“拉姆齐”(Ramsey),这个名字就有点儿像“Random”(随机性)。然后,他用随机方式产生了这个虚构人物每天的上课时间,基本在8:30前后10分钟之内随机波动。他把拉姆齐的上课时间报告给学生们,让他们对他的行为提出批评或鼓励。学生们并不知道这是一个虚构的人物,他们以为真有这么一个新同学,只不过上的是大班课,彼此不认识而已。于是,学生们对拉姆齐提前到课堂的行为进行了鼓励,对他迟到的行为进行了批评。学生们相信这些鼓励和批评都由沙夫纳教授转告给拉姆齐本人。经过一段

① Schaffer, P. E.. Specious Learning about Reward and Punishment. *Journal of Personality and Social Psychology*, 1985(48):1377—1386.

时间以后，沙夫纳再次把一个随机产生的拉姆齐上课时间报告给了学生们。学生们看了这组数据以后，普遍认为在自己的批评、鼓励和帮助下，拉姆齐有了明显的进步，他上课准点率提高了很多——其实没有。

人类的大脑对随机性事件是很难处理的。与此同时，我们又普遍喜欢自己拥有控制感。于是，我们倾向于以为我们能够控制、应对、影响、改进乃至操纵随机性事件，其实我们不能。

我们在资本市场炒股赚钱并不是我们比其他股民更善于应对随机性。随机性帮助我们淘汰了其他不幸的股民，导致我们的相对社会地位上升。我们以为这是因为我们自己能干——就像是鲍德温学院的学生们一样，以为自己能够对随机性事件发挥影响力。读了这些故事之后，你还想做模型吗？

如果说马林诺夫斯基把人类学从“有扶手的圈椅中”带入“无舵手的独木舟里”，则我希望把金融学从计算机模型带到人类社会里。我是一个金融学和人类学的双料外行——这绝对不是我谦虚，双方都认可我的热心，但也委婉地希望我认识到自己的外行。对此，我毫不介意，我乐于待在田野里、海滩上、木板船上和养殖场池边。那里有朴素的真理和真相、真实的人和他们的生活、丰富的人性和复杂的情感，他们的故事直击我心。金融学应该是关于人性的学科。为此，我们完全应该借鉴人类学的研究方法。当然，归根结底，还是要回答金融学有关风险和回报的根本关切。

基于这些考虑，我决定去奉贤和舟山做田野调查。我最初选择捞鳗鱼苗的奉贤渔民是有其他动机的。一方面，奉贤与风险谐音。另一方面，他们捞鳗鱼苗的方式让我想设计一项随机性实验。但是，随着田野调查的深入，我逐步打消了这个念头，转而更加关注渔民的生活，而不是他们的渔获。

每年秋天，奉贤的渔民就在岸边荒滩上用毛竹扎网具，他们用四根毛竹扎出一个长约 3 米、宽约 1.5 米的长方形竹筐，随后就把网眼致密得像纱窗的尼龙渔网罩在这个竹筐上，一个专门捕捞鳗鱼苗的网具就做成了。他们把这些网具叠在渔船的甲板上(每条船一趟大约可以运 30 个网具)，然后驶往渔政部门划定的渔业作业区。渔民们把这些网具安装在事先插在海里的竹桩上，每天会来巡视一次，看看有没有鳗鱼苗被困在网里，有的话就小心翼翼地把鳗鱼苗捞起来装入船上自备的容器里，然后驶向设在几公里外的下一个网具。每条船每天早出晚归最多能够巡视 300 个网具。

2020 年 12 月底，渔民们收到了一个叫“长江办”的新成立机构的通知，每艘鳗鱼苗捕捞船的网具限定为 20 架。当时，我和渔民们都“慌了一笔”。长江禁渔怎么禁到东海来了呢？好在后来浦东农委召开了座谈会，征求了意见之后，决定暂缓一年执行这个文件。于是，我就能够继续观察他们捕捞鳗鱼苗的作业。

实际情况是这样的：长江办规定每条船可以布置 20 张网，而农委此前的规定是 80 张网，但渔民们有天然的动机去布置更多的网——在实际作业中，每条船布置 300 张网。这就是我最初想要模拟沪深 300 指数 ETF 的原因。

我把一艘渔船的船主看成一个沪深 300 指数 ETF 基金的管理人。他们每天开船去起 300 张网，这就相当于不考虑权重因素，而直接把资金平均配置了沪深 300 指数的成分股股票。每张网每天的产量都是不确定的，可有可无，可多可少。每天码头上鳗鱼苗的价格也是不确定的，可高可低，随行就市。所以，如果某一张网某天的收获是 10 条鳗鱼苗，而当天鳗鱼苗的价格低于每条 8 元的话，这张网的收益就是负的。相应地，每只股票每天的回报也是不确定的。300 张网和 300 只股票的相似性吸引了我。我曾经想过，如果我收集某一条渔船在某一个捕捞季约 90 天（每年的 1 月 15 日到 4 月 15 日）内每天的 300 张网数据，然后我排除掉这 90 天里面的季节性因素（排除的方法是参照当地其他渔民的平均收获水平），我就能够得到一组 90 天的纯粹的“随机性”。犹他大学数学系的朱经毅老师（他曾经帮助我写作《金融工程学》）给我一个建议，当天 300 张网的收益如果为正，就做多沪深 300 指数；反之，做空。坚持这个策略 90 天以后，观察：(1)该策略的累计收益是否为正？(2)该策略的累计收益是否战胜了沪深 300ETF？(3)该策略实现正收益的天数是多少？他的设计思路是，渔民们 300 张网的收益率更接近于真实的大自然的随机性，我们完全依赖大自然提供的线索，就能够战胜由基金经理（人类）管理的沪深 300 指数 ETF。这种战胜意味着我们不见得比该ETF的基金经理更聪明，但我们比他更随机，或者我们证明了基金经理们不如大自然随机。

最终，这些念头都被我掐灭了，我觉得渔民的生活和他们之间的关系更值得我研究。如果我只研究随机性的话，则我就犯了我自己经常批评别人的错误。

其实，管理300张网的渔民比管理300只股票的投资人面对更大的不确定性，而且这种不确定性直接影响他们的生计。对于基金经理来说，尤其是对于那些替基民们打理股票并自己收取管理费的基金经理来说，风险无非是别人账号里的一个数字。而对于渔民们来说，风险是对于生活直接的、切身的和实际的影响。我不禁想起塔勒布的一句名言："对于我的大多数美国同学来说，风险是一种对自己不利的概率分布。而我从小在黎巴嫩长大，风险对于我来说，意味着每天吃晚饭的时候，我不知道白天和我一起踢球的小伙伴们有哪几个还活着。"

估值体系与社会价值观

我观察过那些把估值当科学的人。这些人经常对估值牵肠挂肚、耿耿于怀、如鲠在喉、坐立不安，无非是因为自己不能从感情上接受这个估值带给自己的社会地位。他们真正苦恼的是社会地位的高低，而不是估值水平的高低。他们会进一步把估值的高低和自己决策的对错联系起来，结果就是：他们要么责备自己的失误，要么嫉妒其他发财的人。他们错误地以为估值是一场科学竞赛，他们误以为估值游戏中有对和错。其实没有，交易中有盈和亏，但估值并没有对和错。但是，男性很容易在这个问题上走极端。因为，男性容易产生羞愧心理，特别不愿意被人视为弱者、失败者或犯了错误的人。我们的近亲黑猩猩有类似的倾向，雄性黑猩猩即便在和同伴的争斗中受了重伤，剧痛难忍，也一定要假装若无其事，否则就会被进一步排除在食物分配和交配机会之外。

还有一些投资人把估值当成艺术。维特根斯坦说过，“不可言说的事物显示着它自身”。我很喜欢这句话。但是，这并不意味着我赞成神秘主义，或者我认为估值是一门艺术。凡是推崇估值是艺术的人，他们的潜台词都是“投资要凭感觉的，学是学不来的”“我是天生的艺术家”或者“你们没有投资的艺术细胞”。他们隐含的意思就是：“把钱交给我打理”，最关键的一句是“由我每年向你们收取管理费”。

估值是一个体系，它弥漫在整个社会之中。人们口口相传，建立起信心、仪式、等级、观念、信仰、舆论和道德。人们默契的行动使得估值最终成为社会共识、自觉行动和风俗习惯。估值不在市场的显示屏上，也不在税务局的发票上，而在人们心里。估值并不基于预期的现金流，而是一种社会集体的期待——期待是对人类影响最大的心理因素。在我看来，有关估值的最核心的问题是：为什么人们会默契地用某项资产玩某个游戏？

王水雄老师给我推荐过他翻译的一本书，那是2017年出版的《社会与经济：框架和原则》，原著作者是斯坦福大学的社会学教授马克·格兰诺维特(Mark Granovetter)。他积数十年思考，提出了“所有的经济活动都是社会性的”。格兰诺维特被认为是当代社会学界最具有经济头脑的学者，同时又被认为是经济学界最注重非经济因素影响的学者，他甚至被认为是最有可能获得诺贝尔经济学奖的社会学家。他一生都在试图完成一项似乎难以完成的理论工作，就是构建一个逻辑自洽的人类行为动态复杂系统，既能够解释个人对集体行动的建构，又能够解释集体和制度对个人选择的约束。[①] 在我看来，他就是想要描述人类为什么默契地玩某个特定的游戏。

格兰诺维特并不是最早提出这个思想方法的人，波兰尼(对，就是序言中我动了“杀机”的那个“波兰妮”的生活原型)早在第一次世界大战前后就开始关注新兴经济活动对原有社会关系的影响。

> 今天非洲一些土著部落的状况与19世纪初期英国工人阶级的状况极为相似。
>
> 南非的卡菲尔人(Kaffir或作Kafir，是南方白人对当地图班族人的称呼。该词出自阿拉伯语，意指“不贞者”，是早期阿拉伯奴隶贩子用于黑人的蔑称)原为一个“高贵的蛮

---

① 此处介绍借鉴并引用了李培林教授为《社会与经济：信任、权力与制度》一书所做的序言。马克·格兰诺维特(Mark Granovetter)著：《社会与经济：信任、权力与制度》，王水雄、罗家德译，中信出版集团2019年版。

族"(noble savage,是卢梭创造的一个名词,意指部落民族的生活方式虽然近乎野蛮人,但在道德上是高尚的),生活于安定的村落中,但其后他们却被改头换面成一群半家养的动物,穿着"破烂、污臭、不堪入目,即便最低下的白人都不愿意穿的破布絮",他们变成了莫可名状的生物体,没有自尊与品格。

……

在新拉纳克对工人演讲时,罗伯特·欧文像社会研究者一般,很冷静、客观地当面告诉工人们,他们何以会沦为贱民;最足以点出他们沦落原因的是他们生存于一个"文化真空"之中——这个名词是一位人类学家用来描述在与白人文明接触的影响下,非洲一些英勇的黑人部落如何失去固有文化的。他们的工艺凋敝,政治及社会环境被摧毁了。19世纪,英国人类学家里弗斯(Rivers)说,他们因厌烦而濒于灭亡,或者在放荡中消耗生命与肉体。当他们的传统文化无法再提供任何值得去努力或者去牺牲的目标时,种族偏见和种族歧视又限制了他们吸收入侵的白人文化。[①]

资产深深地镶嵌在一个部落的价值观、价值体系、荣誉感、责任心、上进心、耻辱感和文化习惯之中。如果他们的文化被毁灭了,他们赖以生存的环境变化了,他们的喜怒哀乐变化了,他

① 【英】卡尔·波兰尼(Karl Polanyi)著:《巨变——当代政治与经济的起源》,黄树民,译,社会科学文献出版社2017年版,第231—232页。

们衡量荣辱进退的价值标准变化了，那么，他们原来所珍视的资产价格一定也发生了变化。资产价格的涨跌并不是孤立或单独发生的，而是发生在人类社会的生态系统之中。

我们再来看一个极端的例子："癌细胞"值多少钱？

霍华德·休斯医学研究所的六位数捐款是向解决科学界种族不平等问题迈出的一步。这家大型生物医学研究机构首次做出决定：对持续在研究实验中使用海瑞塔·拉克斯（Henrietta Lacks）的细胞做出经济赔偿。

拉克斯是一名黑人女性，也是生物学研究过去几十年的主要支柱、历史上著名的"海拉"（HeLa）细胞系的来源。海瑞塔·拉克斯基金会在10月29日宣布了这笔来自美国霍华德·休斯医学研究所（HHMI）的六位数捐款。

1951年，医生在未经拉克斯同意的情况下，擅自取走了她的癌细胞，之后创建了海拉细胞系。如今，海拉细胞系支持着价值数十亿美元的生物技术产业。拉克斯不久便去世了。在后来的几十年里，她的家人从未得到过经济补偿，对于研究中使用这些细胞所得出的其他医学决策，她的家人也从未被征询过意见。

"我们感到有必要感谢海瑞塔带给我们的海拉细胞，并告诉公众这些细胞是以不恰当的方式获得的。"霍华德·休斯医学研究所所长 Erin O'Shea 说，"我们还要让公众知道，我们离实现科学和医学上的完全公正还有很长的路要走。”

“我无法代表所有人发言，但我知道一些家庭成员非常感激这笔捐款。”拉克斯的孙女 Jeri Lacks-Whye 表示，“希望其他机构也能拿出行动”。

在霍华德·休斯医学研究所捐款之前，美国今年刚爆发了革命性的抗议活动反对种族不平等现象，包括手无寸铁的黑人男性乔治·弗洛伊德在明尼苏达州明尼阿波利斯市被白人警察杀害。霍华德·休斯医学研究所作为全球最大的基础生物医学研究资助机构之一，拥有较高的知名度，有望为其他研究机构开启一个先例，让大家共同应对科学界的种族不平等，为在有色人种身上开展的有违伦理的实验做出赔偿。

“这笔捐款太令人激动了——它来自一个世界知名、极具影响力的机构”，加州大学圣迭戈分校的细胞生物学研究生 Donté Alexander Stevens 说道。Stevens 和同在加州大学圣迭戈分校生物学家 Samara Reck-Peterson 实验室的同事一起，于今年早些时候探讨了解决科学界系统性种族主义的办法。在开展了多次对话，包括与拉克斯家人的对话后，他们决定按照实验室过去创建的海拉细胞系以及今后创建的新细胞系的数量，相应地给基金会捐款。“Reck-Peterson 是霍华德·休斯医学研究所的研究员，她的实验室的举动让研究所的领导层考虑采取自己的行动”，

O'Shea 说。

“海拉的故事通过 2010 年出版的《永生的海拉》(*The Immortal Life of Henrietta Lacks*)一书而广为人知。但直到最近,并没有一个机构站出来说,要为使用这些细胞做出赔偿”,该书作者 Rebecca Skloot 说。8 月是拉克斯 100 周年诞辰,英国生物技术公司艾博抗(Abcam)宣布已经给了基金会一笔不明数额的捐款。许多个人也进行了私人捐赠。比如,美国国立卫生研究院院长 Francis Collins 就将 2020 年坦普尔顿奖(Templeton Prize)授予他的 140 万美元的一部分(数额未知)捐给了基金会。

“霍华德·休斯医学研究所的这笔捐款当然是迄今为止最大的”,海瑞塔·拉克斯基金会主席兼创始人 Skloot 说。“这些做得越多——无论是通过基金会还是其他方式——就更接近于纠正过去的一些错误。”①

一位早已去世的黑人妇女的癌细胞在她所生活的社会里,根本不值钱,从来没有人征求她的意见,更没有人给她经济补偿。等她死去几十年以后,美国社会发生了深刻的变化,她留下的癌细胞反而值上百万美元。这是怎么估值的?这是赎罪款?还是和解费或者补偿费?这是捍卫某个黑人妇女的基本人权吗?也许吧,这说得通。这是优势阶层表达种族和解的方式吗?

---

① Alexandra Witze: Wealthy funder pays reparations for use of HeLa cells,《自然》,2020 年 10 月 29 日。

也许吧，这也说得通。这是对当时美国社会种族分裂引发的"Black Life Matters"运动的一种被动适应吗？也许吧，这听起来也有道理。

这笔钱究竟是给某位黑人妇女的癌细胞定价，还是为全国实现民族和解的公开呼吁？一笔钱、一笔交易、一笔补偿或者一笔捐赠，它深深地镶嵌在一段历史、一个国家、一个社会和一个时代之中。我们无法将这位黑人妇女的癌细胞剥离出来，做成标准化产品，放到交易所单独定价和交易。如果有投资银行和金融学家试图这样做的话，则他们将重复生物学家在 20 世纪 50 年代的错误并再次引发 21 世纪 20 年代的黑人抗议运动。

如果是要针对癌细胞进行估值的话，人们应该从那些使用该妇女癌细胞的医药公司研发新药的销售额中提取一个比例，用于支付给她的家人。这听起来符合资产定价的过程，但这笔捐款并不是赔偿，它是和解费和安抚费，它和癌细胞一样是一种工具，被人使用，用于特定的目的。这笔钱不是对癌细胞定价，而是用于调整美国社会两个不同种族之间的关系。估值体现人与人之间的互动关系。

我们一定要研究分析人们正在玩什么互动游戏、从事什么工作、开展什么竞争、展开什么事业、产生什么喜怒哀乐，才能理解他们需要什么工具，以及他们将怎样使用这些工具。只有这样，我们才能对这个工具进行估值。在观赏棒球比赛之前，我一定已经理解了棒球规则。对棒球明星估值之前，我已经理解了棒球市场化运作的模式和电视转播的分成方式(本书将经常举棒球比赛的例子,这倒不是因为我是棒球迷,而是因为棒球是所有运动中最早使用比赛现场的大数据来分析对手并排兵布阵的运动,像极了投资人拿着数据去炒股)。

估值绝对不孤立于社会,它就是社会风气。就像法院的判决并不是单纯根据法律条文给某个案件中的某个人定罪(类似于金融学家用模型给股票定价),而是在体现全社会的价值体系。

我记得有一个“芝加哥扇子舞”的真人真事。20世纪30年代的大萧条时期,芝加哥地区有一个妇女在酒吧表演“扇子舞”(其实是脱衣舞,扇子被用来作为遮盖的工具)。警方几次警告她不要继续从事这样的违法勾当。不料她不仅不收敛,反而变本加厉,声称自己太穷了,根本买不起裤子穿。警方对她已经仁至义尽,只得先礼后兵,以伤风败俗罪将其逮捕。

逮捕这个脱衣舞娘之后,芝加哥警方详详细细地调查了一番她的背景资料。结果发现,这个女犯罪嫌疑人已经49岁了。对于脱衣舞这个行业来说,这确实有点儿惊人。于是,警长在接受记者采访时,有意无意地透露了这一点。结果,这居然成为案件的拐点并深刻影响美国的司法体系。

这个脱衣舞娘的律师指出,年龄并不是伤风败俗罪的要件。19岁可以伤风败俗,99岁也可以伤风败俗。警方向新闻媒体透露被告的年龄有羞辱他的当事人的意图。该律师由此主张警方在办案过程中有行为瑕疵，违反了“程序正义”的司法原则，使得他的当事人受到了伤害。律师以此为由，要求法官驳回这个案件，使其不进入司法程序。

事情的发展令人错愕。法院居然支持了该律师的主张。该案件因公诉方程序违法而被驳回。而根据美国的法律，同一个案件不能起诉两次。所以，即便警方道歉或者检察官重新组织材料，也不能再次起诉她。这个脱衣舞娘就此被释放。

但是，法官特别为此举行了另外一场声势浩大的“普法新闻发布会”。他特别强调了“49 岁”这个关键问题：任何以年龄为由来嘲讽某一个脱衣舞娘的企图都是为脱衣舞娘这个行业建立一个基于年龄的等级，而这相当于默认了这个非法行业应该有一个基于年龄的收费标准。“嘲讽”49 岁的脱衣舞娘就暗含了“接受”19 岁脱衣舞娘的逻辑可能性，相当于为伤风败俗行为建立一个“价目表”。试图去建立一个脱衣舞娘的价格体系，这违背了制定“伤风败俗罪”的初衷，也背离了警方的执法责任。这才是本案的关键瑕疵：要否定伤风败俗行为的价值体系，才能彻底消除伤风败俗的行为，才真正执行了反对伤风败俗行为的法律。

我倒是在想，法官搞这么一个盛大的新闻发布会的目的可能不仅仅是普及法律，而是从根本上堵住这个 49 岁妇女重操旧业的可能性——她确实没能再干老本行了。

警方眼里的年龄就像分析师眼里的现金流，分析师根据现金流来给股票估值，把好股票定为“买入”评级，把其他股票定为“增持”“持有”“减持”或者“卖出”评级。有时候，我在想，华尔街的分析师可能还不如芝加哥的警察。警察好歹还实打实地去调查了嫌疑人的实际年龄，而那些上市公司未来现金流的数据都是分析师们自己主观预测（甚至是臆想）出来的。分析师们的所谓调查研究，只是给自己的报告润色而已。

同理，一个社会不能承认非婚性关系和婚外性行为的正当性，我们更不能任其形成一个“市场”，那样的话，就推倒了社会本身固有的、赖以生存的核心价值体系。婚姻合法性，往往和男性竞争连在一起。一个婚外性行为的市场就破坏了原有的社会秩序，那样的话，社会就不稳定也不进步了。因此，不能把这类行为纳入我们现有的估值体系。甚至，我们不能容忍这类行为存在一个估值体系。为此，许多国家的法律都排除了婚外性伴侣继承遗产的权利。

房产、股票乃至任何一项资产都符合且服从于各自社会的估值体系。这些估值体系深深地根植于全社会的思想观念和风俗习惯之中。为什么有的国家股票涨得厉害？为什么同一时期另外一些国家的房产涨得厉害而这些国家的股票却一跌再跌？为什么央行一直在大水漫灌，向资本市场提供流动性，结果却导致股价下跌而房价上涨？这是因为人们用资产玩不同的游戏，使用了不同的规则所导致的。

其实，这些问题的产生都源自维特根斯坦所说的“语言的迷雾”。究其原因,还是投资人把投资标的物从社会中割裂开来,放到实验室的显微镜下或者电脑硬盘里,把资产当小白鼠单独研究的结果。

球场上眼睛只盯着足球移动的球员一定不是一个好球员。只关心股价涨跌、痴迷于历史数据构建模型的投资人与之类似。不要看资产的涨跌,而要像火星人一样,“概观地理解”人类正在玩什么游戏。

房产对应于不可再生的资源。所以,炒房产的人才会喊出:“地段!地段!地段!”(就像芝加哥的胖警长大喊“年龄!年龄!年龄!”)他们把不可再生也不可复制的地段因素作为估值体系的一个重要标准。股票对应于可以无限发展的创新能力,因此,才会有人把毛利率作为一个因素。我做多中国石油的股票说明了什么?我同时看好石油价格和中国石油的经营能力。后者是关键。否则的话,我完全可以去期货交易所做多石油,游戏反而更简单。

趋势投资人往往不关心公司的基本面,也不关心央行的货币政策,他们只追随市场的核心主流品种。对于这些趋势,投资人可能已经意识到市场在玩一个游戏。他们只是不知道这个游戏到底是什么,于是,他们跟着大家一起热闹。

观察一个社会在玩什么游戏,关键要看这个社会注重的是什么?要解决什么问题?有些社会的基础是等级制度,脱离了等级制度,这些国家、这些社会和这些市场都会垮掉。为什么某些资产价格会一路上扬，根本不回调，一路打爆许多空头不算，逼空行情结束之后，仍然不见任何调整？这说明部落内玩的某种游戏没有结束。足球比赛没有结束之前，足球就停不下来。我们不能只寻找推动资产价格上涨的原因，而应该去发现部落里的人们在玩什么游戏。为什么他们此时此刻需要这种游戏？一般来说，进化论可以给我们一些启发。因为，即便是最原始的土著部落，都不会平白无故地玩一个游戏，他们总有某些动机和进化论上的合理性。只有把资产放到部落内、社会中和人群里，我们才能真正全面理解资产。这种理解包括对人类社会的概观理解。

我的社会学老师王水雄教授对美国社会学家维维安娜·泽利泽十分推崇，他还翻译了泽利泽的书《给无价的孩子定价——变迁中的儿童社会价值》，并推荐我阅读。我读完以后，确信在有关估值的问题上，不仅金融学家需要学习社会学，社会学家也应该学一点金融学。以下摘录该书的部分内容是我作为金融学副教授对估值的思考。

> 19 世纪末，一个男孩在公路上被汽车撞死。法院依据一场体面的葬礼费用和棺木的价格，判给其父母 700 美元用于支付丧葬费。
>
> ……
>
> 1904 年，新泽西州的一个有争议的裁决成为全国的头条新闻。该案涉及一个 16 岁男孩和一个 19 岁女孩，他们

分别被电车和火车撞死。最初的判决分别赔偿其父母6 000美元和5 000美元，但是，北泽西大街保险公司(North Jersey Street)以额度太高为由提出上诉。在新的裁决中，亚当斯(Adams)法官维持了对男孩6 000美元的赔偿，但将对女孩的赔偿降低到3 000美元。他指出：

女人可能养家糊口，但是男人却必须养家糊口。如果她投身教育事业……如果她不结婚，几年以后，非常成功的话，每个月能够赚110美元……这是对韦帕帕收入最乐观的估计，而我认为对伊斯特伍德的收入预期至少是两倍。

……

10年以后，在一起针对浓缩牛奶公司的诉讼中，一个3个月大的男婴的父亲被判获得2 000美元的赔偿，但是男婴的孪生姐妹却只能获得1 000美元的赔偿。

……这项具有明显性别歧视的判决依据来自统计学结论：一名男童未来的经济价值是一名女童的2倍。……

到了1935年，纽约州法律修改委员会建议，在估算女孩的生命价值的时候，应该增添新生的情感伤害因素。

1953年3月，约翰·马丁·康特尼在密歇根州圣克莱尔县的高速公路上被埃德加·W.艾博所驾驶的汽车撞倒。法庭依据养育男孩的花费和可能带来的收益推导出一个赔偿额。舆论哗然：“如果我们是家长，我们会把一个4岁的孩子当赚钱工具吗？法庭必须考虑父母是多么愿意在孩子身上花钱……这不是一项法律义务，而是一件愉快的事情。拥有孩子带来的快乐，要比金钱的成本有价值得多。”

到了1960年，史密斯法官在维克(Wycko)诉诺库特(Gnodtke)的案件中推翻了“把儿童当成劳动力”这一赔偿计算方法，转而判决这个意外死亡的14岁男孩的父母获得15 000美元的赔偿。他的依据是孩子的价值应该取决于父母在他/她成长过程中进行的投资。

……

NACCA法律期刊指出，史密斯法官的“道德优先论”反映了大多数美国法院的取向，他们在“关于儿童死亡案件的司法实践中，开始反对那些认为孩子没有金钱价值的观点——因为他们不能获得收入——这个一成不变的理论”。

在过去的20年，这一趋势成为一个更明确的道德标准。法院在确定赔偿额的时候开始考虑抚养子女带来的喜悦，甚至是小女儿的一个晚安吻。1961年，美国法院的一个判决具有里程碑意义。在这个判决中，传统的计算孩子经济价值的方法被进一步摒弃，法官直截了当地拒绝考虑抚养一个7岁孩子的成本。他说，“这是冷血的计算……会把一项不可弥补的损失变成货币上的得失。还有什么比抚养孩子更让生命有价值的呢?”事实上，如果坚持原有的赔偿计算方法，往往造成可笑而可悲的结果：原告的律师真的就去认真计算并阐述一个男孩制作的手工艺品值多少钱，一个女孩卖柠檬水能够赚多少钱。

……

在帕吉特诉肯库的案件中，律师指出要把孩子带回生活中。通过家庭录像和照片来回忆死去的孩子，“玩篮球，骑木马，在沙滩上堆城堡，或者坐在圣诞树下猜谜语”。为了表达这个逝去生命的特殊性，律师还会去拜访孩子的家庭，“花一点时间去看看孩子睡觉的房间，里面还摆放着他生前的物品……毛绒玩具和其他小玩具”。

陪审团开始考虑孩子父母的悲痛程度。在儿童死亡案中，母亲通常是非常有说服力的证人。原告律师通常会这样对陪审团陈述，“你们已经看到，听到了孩子母亲的情况，应该知道这个孩子对于母亲来说有多么重要，任何见过她的人都会明白，她是为孩子而活着的”。心理医生现在也会提供证明。在希伯特诉盖伊案中，心理医生提供的证词表明，“……这使得孩子的母亲遭受巨大的痛苦、长期的精神折磨，痛不欲生”。

……

1971年，在佛罗里达州的多米尼卡航运公司(Compania Dominicana de Aviacion)和纳普(Knapp)的诉讼案中，孩子的父母获得了1.8亿美元的赔偿。这笔巨款主要是为了抚慰死者父母精神上的创伤和感情上的痛苦。[1]

这本社会学著作非常详实地记载了交通事故中丧生儿童的赔偿金额和判决依据。我有意识地按照某种顺序罗列了这些案例，请读者注意：一是判决金额随着时间的推移而急剧增长；二是判决的依据逐渐发生变化。

19世纪末期，判决的金额是以“一场体面葬礼的花费”为依据的，孩子的父母很可能草草埋葬了孩子，然后用剩下的钱补贴家用。然后，判决的依据是孩子可能创造经济价值，因此出现了性别歧视，因为一个男孩可以做更多的工种，给家里带来更大的经济贡献。再往后，判决以母亲的痛苦为依据，孩子越是可爱，母亲越是痛不欲生。这样一来，赔偿金额就越来越大了。

关键不是对那个被马车撞死的可怜的“孩子”定价，而是对一个能够不撞死孩子的、高效而安全的“交通系统”定价。愤怒的报纸、哭泣的母亲、围观的人群、沉默的陪审团，这一切都和法院的高额判罚一起构成了决定估值的环境。但这个估值的标的物不是已经不幸逝去的儿童，而是未来更安全的交通系统。

一次又一次的车祸、一个比一个严厉的判决，最终使得全社会都有了共识、舆论、压力、判决、同情和立法，决心去建立一个更安全的交通系统。这个交通系统包括：更广泛地在公立学校推广有关交通知识的教育，更严格的公路执法，有过事故案底的

---

① 【美】维维安娜·泽利泽著：《给无价的孩子定价——变迁中的儿童社会价值》，世纪出版集团格致出版社2008年版，第143—147页。

投保人今后每年有更高的保险费，更完善的公路交通信号系统，乃至我们今天汽车上的主动安全装置，遇到行人自动停车的传感系统。这一切科技进步和社会管理的进步都来自那些一张比一张贵的判决。那些判决在其后的100年时间里，为美国建立了更安全的交通系统，培育了更谨慎驾驶的司机，促进了汽车安全技术的进步，最终减少了儿童交通事故死亡率。

请读者来到一个假设的场景。在另外一个虚拟的国家里，汽车撞死人以后，司机逃逸，扬长而去；法院对家属的判决依据他们的损失程度，而且要有发票佐证，赔偿的总金额受到数量限制。这个国家既没有建立一个针对“受害儿童”的估值体系，也没有建立鼓励研发“安全驾驶”技术的投融资体系。如果有人在这个国家投资研发一种主动刹车避让行人的传感器，他一定会输掉很多钱。他宁可把研发中心转移到那个赔偿1.8亿美元的国家，因为在那里，研发失败的风险不变，但研发成功的收益巨大无比。保险公司会迫不及待地写一张大支票给他。只要他的研发成功，保险公司就会要求所有投保车辆都加装这个装置。对于拒绝加装的车主，保险公司将对其收取极高的保费。保费市场也建立了与那些判决相一致的估值体系。这还只是开始，由于在这个国家研发传感器的风险小而收益高，导致大家都来研究传感器，结果就是形成了类似于“硅谷”的聚集效益，相互促进、相互竞争，为更大规模和更广泛地应用传感器提供了更大的可能性。最终，冶金、医疗、航空和其他各行各业都会从传感器的技术进步中受益。估值是一个体系，建立这个体系就相当于建立一个生态系统。

金融学里面有相似的案例。1971 年，诺奖得主肯尼斯·艾罗为美国环境署设计的二氧化硫排放权交易体系就是一个“影子交易体系”。表面上看，该方案是对发电厂排放的二氧化硫进行估值和交易。其实，这个交易体系相当于法院对儿童意外伤亡案的判决。这个估值体系真正的标的物是发电厂的减排技术。估值不是用来约束二氧化硫的排放量，而是用来提高二氧化硫的减排技术。对此，艾罗说过，只有标的物（二氧化硫）有价值，衍生品（减排技术）才会有价值。由于发电厂都要购买排放权，所以，就有了动机去投资购买减排技术，相关的研发投入就有了回报，投资于这些研发活动的风险也就相应降低了。建立整个体系之后的效果是惊人的。一开始，发电厂购买的都是类似于吸尘器里面滤网的技术。后来，随着排放权每年减少，其价格每年上涨，发电厂逐步发现要整体改造发电技术，于是就有了高温高压锅炉技术，这样就可以在同样的排放水平上生产更多的电。而高温高压锅炉技术的突破又推动了第二代核电技术和石油开采行业的压力管道技术。一旦你造出那只蝴蝶，它就会扇动翅膀，随之带来风暴。关键是要建立起能够诞生蝴蝶的热带雨林生态系统。

从这些案例的分析中，读者也许已经同意我的观点了，即对资产准确估值的关键是要找准真正的标的物——那个未必在交易所挂牌交易的资产，然后就理解了此时此地的人为什么会用这个标的物玩游戏。要理解他们的游戏，而不是盯着人们手里的标的物。经济学家和金融学家就是犯了“眼睛只盯着球看”的毛病。当你手里有一把榔头的时候，看什么都像是钉子。金融学家们数学学得太好了，于是，他们就开始用函数曲线刻画起起伏伏的棒球运动轨迹，然后试图预测球的运动轨迹，接着用别人的钱下注。后来的剧本你们都很熟悉了：换一个地方，换一波观众，换一个模型，继续募集资金，收取管理费。

好了，言归正传。读者也许注意到，在儿童意外事故案例中，对交通事故肇事者的“惩罚”和对科技进步的“鼓励”是一体的，体现了对儿童的人道主义“关怀”。在二氧化硫排放权案例中，对污染排放的“惩罚”和对科技进步的“鼓励”也是一体的，体现了对自然环境的“关心”。人道主义和环保主义是社会这个估值体系中的美德，“惩罚和鼓励”就是体现这两种美德的游戏。“判决书”和“排放权”就是这两种游戏中使用的“球”，我们需要球才能玩游戏，我们玩的游戏体现了社会倡导的美德，这种美德促进人类社会的进步。

请读者想得更远一些。在金本位时代，全社会提倡的美德是勤俭和孝顺。勤俭和孝顺是一对美德，一定会同时出现在同一个社会风俗和估值体系之中。一个人奉行勤俭节约往往是为了给自己的孩子积攒更丰裕的生活资料，他必然会期待孩子将来孝顺和供养他。这种期待很正常，也很合理。他会在平时的生活中把这种期待变成对孩子的教育：你长大以后一定要孝顺父母啊。想象一下，一个人一生省吃俭用攒下来几个金币，难道是他用一生勤俭来对金币进行了估值？恐怕不是。他是对自己孩子的未来进行了估值？恐怕也不是。他是对自己的老年生活做了安排。这就是启发我当年写《货币起源》的原因：人类学家发现，凡是挖到老年人骨骸的遗址都发现了货币；反之，则没有。

金币是勤俭节约游戏中使用的“球”，儿子是孝顺父母游戏中的“球”。“我现在勤俭节约”和“孩子将来对我孝顺”这两个游戏同时体现了社会的美德。“儿子和金币”都是工具，都是“勤俭和孝顺”这两种美德的载体。我们一定要同时玩这两种游戏，因为只有这样，才能解决这个社会的大问题：养老安排。这个估值游戏给予“我”和其他同时代的人最大的关切：对未来生活的安排。儿子和金币是“球”，勤俭和孝顺既是“游戏”，也是游戏所需要的美德。这两个互动的游戏共同构成了金本位时代的社会价值观。由于勤俭和孝顺成为美德，因此，我们容易忽略这两种美德恰恰来自两种游戏，就像灵活性和团队精神这两种美德分别来自棒球和篮球这两种游戏。

特别注重储蓄的社会，往往也特别重视生男孩，同时也一定强调尊重长辈和孝顺父母。这个体系不是人对金币、儿子或者美德的估值体系，而是个人对自己垂暮之年生活的总体安排。这种安排具有全社会的普遍意义，因此，勤俭和孝顺也就成为全社会的说教。分析这个问题的出发点就是人对于自己未来生活的安排。

我在《货币起源》里面介绍了日本人类学家松泽哲郎用黑猩猩做的实验。黑猩猩对未来没有预期能力，它之所以每天都这么开心，是因为它始终活在当下。我们人类有预期能力，有些人甚至还有远见卓识。总之，我们看得很远，想了很多。如果我们预见到自己未来衰老之后仍然还能开心地活在当下，那么说明我们已经对未来做出了规划。从这个角度去理解，就很容易看到资产估值体系、人口代际更替、社会道德舆论和技术进步趋势之间的关系。其实，有些发达国家或地区，比如日本和北欧，它们在废除了金本位之后，由于人口老龄化，社会需要一个稳定的物价，因此货币就比较稳定，甚至很早就进入了负利率和通货紧缩的状态。除养老之外，今天的人们如何应对未来的全球气候变化就是一个很好的例子，我将把这部分内容留在本书最后一章详细阐述。

我们再来看看资产估值和人类美德的关系。我在这一章只挑选了地产和股票作为后金本位时代的资产代表。首先来看看地产，我当房产中介的经历给了我许多观察购房者的机会。我认为，房产也像前面讲到的“影子估值体系”一样，具有相互促进的双重激励机制。

现代社会普遍使用纸币，而不再使用金本位。在纸币时代，你辛辛苦苦工作一辈子，攒下一堆钞票（而不是金币），等你交给孩子的时候，这堆纸币已经值不了几个钱了。所以，在金本位年代“勤俭”和“孝顺”的美德渐渐暗淡了。人们发展出来一组新的美德以适应纸币时代。我将这一组美德归纳为“勇敢”和“坚忍”。

首先来看“勇敢”。如果读者用维特根斯坦的语言分析方法来看待“勇敢”,就会发现“荣耀”和“勇敢”天然联系在一起。勇敢不仅仅意味着你刚才冒了风险,还意味着你在冒险的时候有一群将来评价你的人在围观。想想文天祥“鬼神泣壮烈”这句诗带给你的场景:围观的鬼神都被感动哭了,另外一句“一一垂丹青”也包含类似的场景:后世的人会读到这一桩一桩的英雄事迹。因此,“勇敢”这个词的用法天然就包含了被围观和被赞扬的语境。相应地,“荣耀”一词暗示了部落里面其他人对你的认可、羡慕和尊重。一个优秀的猎手在部落里面天然就有更荣耀的地位,他的勇敢就是部落认可的美德,他炫耀这种美德就提升了他的社会地位。让勇敢的男性在部落里得到荣耀,就意味着他获得了更多的交配机会,并有可能产生更多属于他的血缘后代。这就鼓舞部落里的其他男性变得更勇敢,最终部落全体变得更安全,更能防御入侵,更能抵御荒年。因此,“勇敢”这个词天然就包含了被部落其他成员赞美的含义。没有这些赞美,也就没有勇敢这种美德。一个人在丛林中无论表现得怎么惊险都只能叫生存本能,而不能叫勇敢。

除了勇敢以外,还有一种美德:“坚忍”。我做过两年的房产中介,见过那些来签约的年轻人。我不知道该怎么描述他们。

一个工薪阶层的年轻小伙子，要签下这么大一笔巨额欠款，几乎要把退休前能够挣到的绝大多数工资都用于还款，而且他不仅自己不能生病，还得指望自己的父母不能生病，辞职创业或者失业对他来说，根本就不能去想。他一定拥有坚忍的美德，能够承受巨大的压力。人类学家早就指出，当男性体内分泌并代谢压力荷尔蒙过多的时候，他的雄性荷尔蒙就被抑制了，他就有可能出现女性外貌特征。其实，这个研究早在20世纪80—90年代日本房地产繁荣时期就已经有了结论。人们发现，一个国家的房地产繁荣的时候，这个国家的女性往往喜欢脸上不长胡子的、皮肤光滑的、性格温和的、清清爽爽的和打扮得干干净净的“小男生”，并将其称为“暖男”。在房地产欣欣向荣的阶段，这个国家的女性往往特别不喜欢那些胡子拉碴的男性。

女性要么喜欢勇敢的男性，因为他敢于签下自己根本还不起的巨额贷款；要么喜欢干净清爽的“暖男”，因为他坚忍不拔地持续工作去偿还贷款，为此，他承受了巨大的压力。因此，拥有这两种美德的男性就得到了更高的社会地位和更多的传播后代的机会。

如果一个国家的经济刚刚起步，刚刚加入全球性的贸易条约，刚刚开放了国内市场，刚刚开始建立市场化的经济体系，那么，这个国家确实很需要“勇敢”和“坚忍”这两种美德。前者代表了冒险、开拓、进取、尝试新机遇和探索新天地；后者代表了勤奋和努力去实现任何一个新机会。这恰恰是这个国家在特定时代所特别需要的两种美德。只有拥有这两种美德，才能推动国家经济发展，推动社会进步。因此，一定要建立这样一个估值体系。在这个估值体系里，勇敢和坚忍的男性获得更高的社会地位。估值是全社会参与的游戏。全社会的风俗习惯、喜怒哀乐和审美情趣都是统一的，都是围绕某一个估值体系展开的。我不认为有人专门精心设计了这个估值体系。形成一个估值体系、一种社会风尚、一种时代精神、一种生存技能和一种发展方式，这些都是当时当地人们的自发选择。这个部落只有学会了玩这种游戏，他们才能生存下去。这可能就像维特根斯坦说的，并没有一种清晰的命令，而是一种说不清楚的东西在引导着你这样做。

说了房产，我再来说说股票。其实，最初推动我写这本书的原因之一是股票的估值原理。如果房产建立的是“勇敢和坚忍”的美德，那么，股票部落提倡的则是“独立和效率”这两种美德。我无法预测人类社会什么时候会用股票玩游戏，什么时候用房产玩游戏。我猜想，当一个社会处于人口红利期的时候，市场很难玩“提升效率”的游戏，而只能用房产来玩一场“地位晋升”的游戏。这时候，这个游戏让许许多多的年轻人背负巨额按揭贷款并努力工作，这个游戏也同时让那些持有房产的人的社会地位迅速提高。房产越贵，就有更多的年轻人为此努力奋斗，相当于他们都在为房东工作，房东的社会地位也就提高了。

当人口红利消失的时候，这个社会面临的问题就是如何提高劳动生产率，就需要用股票来玩一场提升效率的游戏。整个社会中上市公司的运营效率越来越高，同样的产量需要雇用的员工越来越少，整个公司的自动化程度迅速提高，公司的估值也会随之提升。“效率提升”游戏用高估值来鼓励上市公司雇用更少的人，就解决了社会人口红利消失的问题。

要看清楚整个社会在玩什么游戏，首先要分析清楚这个社会面临的最大风险和问题是什么。遗憾的是，我在这方面做得还不如那些被我批评的经济学家们好。我并没有意识到股票是“提升效率”游戏的“球”，房产是“地位晋升”游戏所使用的“球”。我把股票当成“地位晋升”游戏中所使用的“球”。结果呢？大家都已经知道了。我老婆劝我不要炒股，安心写剧本，于是就有了《估值原理》这本书。我自己炒股的时候总是很难把握买卖的时间。我的股票涨了吧，我舍不得卖——我希望它继续上涨，以便进一步提高我的社会地位；我的股票涨了吧，我又急着要卖——因为我担心它将来会跌下去，这样就使得我相对于其他股民的社会地位下降了。我关心股票的涨跌吗？不，我关心的是我的社会地位的升降——这也是促使我写《估值原理》的最初线索之一。

每当别人告诉我，某某同学炒股发了大财，我就很不舒服。如果有人告诉我，巴菲特赚了多少钱，我根本不在意。我发现，我之所以想赢怕输，是因为我在意我的社会地位。我之所以在意老同学而不是巴菲特的回报率，完全是因为老同学和我同属一个部落。

在我写作这本书的时候，茅台的股价已经突破了每股 2 000 元。相当长一段时间里，我经常担任被套股民的“心理医生”，听取他们的抱怨：为什么我的股票都在跌，只有茅台在涨？他们不需要我回答这个问题。这甚至不是一个问题，而更像是一种控诉。这对于我来说，并不陌生。中外股市都有类似的情况。股市从来就不是让所有人发财的地方。股市、社会和丛林一样，就是一个筛选机制。这个机制就是让一部分人富裕起来，激励更多的人向他们学习。但绝大多数投资人，终其一生都只是中产阶级，有些还会从中产阶级跌回到底层社会。每当股市中只有少部分股票在涨，绝大多数股票在跌的时候，我就知道，这一定又是筛选机制在发挥作用。它会不断地维持并强化社会的等级秩序，保持一个金字塔型的社会结构。无论我们怎么努力、怎么幸运、怎么追赶，都不能改变这个社会结构。对此，我们只能接受。

在我想通这个问题之后，我就明白了为什么巴菲特推荐普通人买指数 ETF 了。你买入了指数 ETF，类似于加入了社会主流游戏，从此以后，无论指数如何涨跌，你至少和中产阶级在一起。其实，买房子也一样，并不是房子这项资产会怎么涨涨跌跌，而是你一旦买了房子，就加入了整个社会的主流游戏，你的账面财富也许会涨跌，但你的相对社会地位就稳定在社会中层了。有一种“指数增强型”投资策略，俗称“130/30”策略，它的意思是融券做空指数内30%较弱的股票，然后用这笔钱去购买130%仓位的指数基金。这就类似于我们加了杠杆去参加社会主流游戏。

所以，在我看来，资产价格的涨跌体现了部落当前或者未来需要的"美德"。我们之所以对资产估值，并让这些估值体现当前社会的美德，是因为我们对自己的未来做了相应的安排。不要脱离这个框架去研究资产价格。我们究竟是用金币还是房产，抑或是股票来安排我们的退休生活，这取决于我们所生活的时代和风俗习惯。我们不能脱离历史条件去提倡、推行和尊奉一种大家都理解不了也执行不了的美德。如果那样，我们也就无从对承载这种美德的资产进行估值，也就无法安排我们的退休生活。

古人说，"无恒产者无恒心。"这句话的意思不是说有财产的人才会有道德观念。一个人有财产说明他参与了社会的主流游戏，服从了游戏规则。由此，他才获得了财产。由于他加入了这个游戏，所以他的行为都要符合社会的道德准则。而没有财产的人，因为其没有加入社会主流游戏，所以他们也不会遵守和服从社会的道德观念。

一个社会只有尽可能多地吸引人们来玩游戏，才能够使得大家在共同的游戏规则指引下捍卫社会公德，形成稳定的社会秩序。怎么才能吸引大家都来玩这个游戏呢？当大多数人都在玩一个游戏的时候，其他人即便不乐意也不喜欢，他们还是会加人这个游戏。这对于个体来说，是理智的选择。那么，怎么才能让大多数人开始玩游戏呢？这个游戏要解决社会面临的问题，体现社会传统美德，符合人的本性并且提升人的价值。一个社会找到一个游戏让大家一起来玩不是一件容易的事情。一旦大家开始玩某个游戏，游戏中使用的资产价格就会稳步上涨，直到人们改玩新游戏，去解决新问题。

"值"在其中

金融学家们这些年发明的估值模型不计其数。这并不能说明他们聪明和勤奋，这说明他们急于发财，急于出人头地，而且还不想弄得两手泥。无论是净现金流法、成本重置法、预期收益法、概率累进法还是市值参照法，都是他们发明的。我本来想专门列一章批判这些错误的资产估值方法，后来转念一想，这样做不仅打乱了这本书的结构，而且还变相提高了金融学家的社会地位。我打算根据本书各章节原有内容的需要，有针对性地提醒读者，上述金融学的估值方法错在哪里。

任何金融学的估值方法都只能让你在估值的时候"成竹在胸"，而不能让估值本身"水落石出"。资产的估值是在人的社会关系中形成的。但是，资产的价格，或者说估值，作为一个数字，是怎么体现出来的呢？长期以来，有两种思路：一是用模型来预测估值；二是让交易来体现估值。成竹在胸，蓝图在手，这当然是许多人的梦想。那么,金融学家到底是用一个数学模型来事先确定一项资产的价格,还是运用各种交易策略来使得资产的价值呈现出来呢?两种方式都有,看哪个对自己更有利。尤金·法玛说过,预测资产价格就像是向风中扔苹果的游戏。无论你怎么扔,苹果运行轨迹都大致符合抛物线——当然,如果风大就难说了。但是,谁又能准确预测风向和风速呢?我只知道风越小,预测模型越准;反之,则不准。建立一个估值模型就像是向风中扔苹果的游戏,如果我预测准了,并不是我的模型有多准,而是今天的风比较小;如果我预测错了,你们也不要责备我,因为今天风太大了。

资产和人的关系,不是苹果和风之间的关系。"向风中扔苹果"的游戏其实是为分析师们在预测中使用数学工具找理由,也为他们预测失败提前找借口。我认为,对某一类资产价格的估值更像是"向猴群抛苹果",其结果是可以预见的;对于另外一类资产,就像是"向黑猩猩群体抛苹果",结果很难预见。我这里说的预见是指模糊的正确。我们大致知道猴群领袖是谁,谁有食物分配权,哪些个体拥有优先享用权,这些都是可以通过观察猴子、黑猩猩和人类自身而事先可知的。猴群有严格的等级,你扔过去的苹果,如果落在一只小猴子的脚下,你可以放心预测,它是不会吃的,因为,它如果吃了这个苹果,它就会被猴王追着咬。对于猴群来说,天上掉下来的苹果只有猴王才有食物分配权。而黑猩猩群体则完全不同,谁先捡到,谁就有优先权。黑猩猩主雄对于美味的食物并不能独享，如果它没有参与捕猎的话，它就只能看着其他黑猩猩分享，自己待在一边伸手讨要一份食物。因此，对于猴群来说，无论风大风小，你都可以预测谁会吃到你扔的苹果。而对于黑猩猩来说，预测就难了，或者说，还真的取决于风把苹果吹到哪个黑猩猩的脚下。

我由此猜测，一个社会中的个体越强大、越独立和越自由，资产价格就越符合随机漫步。你也就很难预测这个社会里资产价格的变动，就像你很难预测风把苹果吹到哪个黑猩猩的脚下。一个社会等级越森严、个体的自由越小，你就越容易预测资产价格。关于自由和等级的问题，我在《市场本质》一书中有详细的论述，此处不再展开。

我一直试图将金融学、人类学和社会学调和起来，做出一道更美味的“水果色拉”。我尝试了许多次，都只是写一些含混晦涩的文字。于是，我想到了一个好方法，就是举一个例子，这个例子能够把我和金融学里面的数学家们的分歧说清楚。

这个例子的主体思想来自 Baum-Welch 发明的“机器学习方法”——是隐马尔科夫过程的一种应用。这个方法被广泛应用于金融学。在隐马尔科夫过程中，我们只能观察到现状，不能观察到导致现状的那些因素、变量和条件。因此，我们观察到的是某种隐含过程的结果。棒球就是一个典型的例子。每次投掷的结果只取决于投手当前的状态，而与过往的经历无关。如果我没有打过棒球，我读到这里的时候，一定已经被金融学家们忽悠了。幸亏，我不仅是一个棒球迷，还会打棒球。我平时戴棒球帽(波士顿红袜队、芝加哥小熊队和得克萨斯游骑兵队)，我的车里还有一根棒球棍——我一直不知道我为什么一定要带着它，但总觉得带着它出去心里才舒坦。

在我看来，投球手是一个有血有肉的人。他有记忆，也有情绪。他心里当然知道他已经投出 3 个坏球或者 2 个好球，他当然也知道对方现在三垒有人，他更知道他此刻面对的是对方的明星击球手，他当然还知道现在电视直播镜头正对着他呢，他也一定清楚这次比赛的重要性事关个人奖金和集体荣誉，家里还有一堆账单要付，孩子要看牙医，父母要来住几天，就在比赛前一天，银行刚刚催告过按揭贷款。因此，他不是一个人在战斗，他和一群人的生活互动使得他下一次投球变得不那么符合马尔科夫链。在金融学家看来，他的下一次投球与上一次的失误无关。但是，上述一切环境因素、心理因素和社会因素使得上一次投球的失误在他心里产生化学反应，从而对他的下一次投球产生了影响。为了能够应用马尔科夫链而直接假设资产价格必然符合这一数学过程，这是许多急于在资本市场上发财的投资人或者急于在金融学期刊上发表论文的学者们经常犯的错误——我是不会犯这种错误的。

因此，本书没有估值模型——我倒是要批判各种估值模型。我只提供看估值的视角。我知道几乎每个人都有一套属于自己的估值方法，这就是他的世界观和价值观在股票投资领域的体现。无论你用什么估值方法，有一条是肯定的：事先并无确信可靠的估值方法，而事后总能找到一个说得过去的估值方法。

我是资本市场上的“老兵”了。我过去有一肚子故事，但是，这些年来，沉淀下来的真不多。下面这个故事提醒我，资产的估值取决于当时当地人们正在玩什么游戏。资产只是他们游戏中使用的工具，重要的是观察游戏者之间的互动关系，而不是关心飞来飞去的棒球。

2008 年金融危机期间，有一起股票逼空事件，至今给人留下深刻的印象。从 2005 年开始，保时捷公司就开始策划收购规模比自己大得多的大众汽车公司。他们通过认购大众公司定向增发的股票，买入大众汽车公司 19%的股份。对外界来说，两家公司形成了股权纽带并结成了战略同盟关系，将共用一个平台开发新车型。这当然没有引起投资人的怀疑。成为大众公司的战略投资人之后，保时捷公司继续在公开市场上慢慢地收集大众的股票和认购期权。依据德国的法律，保时捷只披露了收集股票的情况，而未披露持有认购期权的情况。这就为日后的法律纠纷埋下了种子。

对于公众投资人来说，大众公司另有 25%的股权控制在当地政府手里。政府此前已经多次保证，为了维持本地的就业和经济发展，不打算出售这部分股权。而根据德国和欧盟的有关法律，要控股一家公司的话，必须要有 75%的股权。这就意味着，只要普通投资人手里还有 1 股大众汽车的股票，保时捷公司就凑不齐 75%的股权，也就拿不到控股权。

不少机构投资人基于这个判断，认定即便保时捷买再多的股票也不能控股大众。因此，他们开始做空大众的股票。做空的理由当然有许多，主要的意见都是财务专家给出的，比如，估值过高。他们依据其他可比汽车公司的市值，比较了大众当时的市场份额和毛利率，预测了未来的现金流，考虑了品牌溢价等各种因素，得出结论：当前的大众股价被高估了。于是，他们融券（当期借股票抛出，承诺未来偿还股票外加利息）做空了大众股票。

没想到在 2008 年 6 月底，保时捷与大众的政府股东另外达成协议，直接购买了这部分股权（金额未见披露）。保时捷此时宣布将推动完成对大众汽车的并购。

这一下子就引爆了那些空头，他们被迫高价买入股票平掉空头。2008 年 10 月，全球资本市场陷入了因雷曼兄弟公司倒闭而引发的金融海啸，而大众汽车的股价却从每股 200 欧元涨到每股 400 欧元左右。10 月下旬，对冲基金进一步加大了对大众的做空力度，通过直接融券卖空和衍生品，卖空仓位相当于大众总股本的 12.9%。在 10 月 26 日收盘之后，保时捷突然宣布，已经持有了大众 43%的股份和另外 31%股权的认购期权，也就是说，保时捷对大众股权的控制从 6 月底的 50%多上升到 74.2%。

卖空大众的对冲基金彻底慌了。考虑到萨克森州政府仍然持有20%的大众股票，市面上流通的大众股票只剩下总股本的5.8%，而卖空仓位却高达12.9%，这就意味着许多卖空者将无法买入股票来平仓，空头在交割日会自动爆仓。当大家都明白过来以后，他们在10月27日开盘时抢购大众的股票，完全不顾自己卖空的成本价；10月28日在盘中创下1 005欧元的高价，大众汽车的总市值高达3 000亿欧元，超越埃克森美孚，成为世界第一，且超越了当时中国和印度两个国家股市流通市值的总和。当天的德国DAX指数因为大众占有17%的权重，也被推涨了10%以上，甚至还带动美国标普指数反弹超过10%。

10月29日，保时捷宣布将用现金结算，而不是要求实物交割5%的大众股票期权，以免市场价格过度扭曲，这也就宣告了这场史诗般经典的逼空大战全面胜利。用现金结算的意思是保时捷不要求卖空期权的投资人兑现大众的股票，而是和该投资人约定一个价格相互结算盈亏。有人估计对冲基金在遭遇空头轧平时损失超过200亿美元，大众汽车逼空事件无愧于金融史上最经典的逼空案例。

时隔12年之后，类似的一幕又在美国股市上演。2021年1月2日(周五)，多年来一直被认为是业绩平平、一路坎坷、毫无亮点且一直捉襟见肘的公司——美国游戏机商店GameStop突然暴涨了51%。因涨幅过高过快，两次触发了交易所规定的"冷静熔断"机制。交易所披露的资料显示，GameStop有全美最高的做空比例。截至2021年1月15日，该公司130%的流通股已经被做空。令人意外的是，这居然是很多散户投资人看上它的原因。这些散户投资人通过在社交媒体 Reddit 软件上交流而抱成一团，他们默契的行动把机构逼空了。把股价在短期内炒高，逼着那些做空的机构在高位回补空头，从而顺利抛出自己手里的股票，获利了结。由于该公司被做空的股票数量已经超过了该公司全部流通股的数量，所以，有很大概率会出现空头相互踩踏、竞相回补的逼空现象。策划这场抱团逼空行动的投资人披露自己的账户在短短半年取得了 210 倍的回报。由于这只股票的涨幅远远不到 210 倍，我推测他是买入了该公司的看涨期权，从而放大了自己的收益。我不肯定散户投资人在社交网络协商默契一起玩这样的逼空游戏是否违反美国交易所的有关法律。

其实，在那些看空 GameStop 公司的对冲基金经理中，不乏成功人士和投资明星。我相信他们看空的理由也一定很充分，那就是估值过高。是的，你永远找得到足够多的理由在事后解释股价的变动。一个公司的估值是过高或者过低，怎么说都说得过去，多空双方都振振有词，都洋洋洒洒，都毕业于金融学系！其实，我或多或少地同情那些被逼空的机构。他们有点儿“无辜”，只是没有意识到市场突然变化了游戏主题。

我的老同事朱文春是经历过“3·27 事件”和“5·19 行情”的资本市场上的“老兵”了，他总结过一句话：“每次到逼空的时候，行情就快结束了。”我听了他的话，感觉很受启发。我仔细比较了一下资本市场上各种不同游戏的情况:“价值投资”游戏需要上市公司经营产生现金流来提供流动性;“大水漫灌”游戏需要央行印钞票来提供流动性;“逼空”游戏则需要空头回补来提供流动性。等到“逼空”的时候,就意味着这些股票的估值不仅不能由公司经营现金流提供支撑,就连央行提供的流动性也无法支持这么高的估值,只能由场内的空头被迫平仓来提供流动性以维持这个估值。一般来说,“估值过高”就是行情到头的最好理由。

因此,请把估值看成一场游戏,把股票(或者其他什么类别的资产)看成人们手里的棒球棍。人们有可能在 1 月 5 日扛着棒球棍去参加棒球比赛,同样一拨人也有可能在 2021 年 1 月 6 日扛着棒球棍去参加围攻美国国会山的示威活动。这一切取决于当时当地的人们决定要玩什么游戏。

股票当然可以是价值投资的工具。当然!我信任并推崇价值投资,这没有什么好怀疑的。那些从事价值投资的投资人其实在玩一场特殊的游戏,我给它冠名“猜业绩游戏”。投资人使出浑身解数,用各种方法和手段来预测上市公司未来的现金流,这就相当于复制了一个类似于债券的品种,然后,你就用贴现的方法计算出它现在应有的理论估值。如果高于当前市场价格,你则可以融券做空;如果低于当前市场价格,你则可以融资买入。你还可以执行成对交易,找一个现金流差、经营不稳定的公司,融券抛出它的股票,然后买入现金流充裕且经营稳定的好公司的股票。那些最精准地预测现金流并复制债券的投资人就获得了最高的回报，相当于本垒打次数最多的运动员获得了最有价值球员奖。这就是为什么价值投资总是强调研究基本面，总是强调要持有报表过硬的好公司的股票。

但是，股票也可以被用来玩另外一场游戏："逼空"。上面说的保时捷和 GameStop 两个公司的案例就是这样的。投资人突然从"猜业绩游戏"开始转而玩"逼空游戏"——用的仍然是股票。有时候，股民们又用绩差股、重组股和退市股来玩"击鼓传花"游戏；还有的时候，机构用绩优股、题材股和蓝筹股来玩"抱团取暖"游戏。这就像两个孩子既可以玩围棋，又可以玩五子棋，用的是同样的棋盘和棋子。

维特根斯坦说过，不要讨论一个东西的本质是什么，而是要观察人们拿这个东西去做什么？在什么场合？怎么使用它？本书很少讲资产本身的涨跌，更关注人们在用资产玩游戏之后的悲喜。一个事物的意义就在它的用法。本书后面的章节还会专门讨论股票的"用法"，而不是股票的"本质"或者"意义"。

这就是我发明的"估值游戏论"。这个理论，不，这不是理论、观点、视角和方法，这是我自己的心理治疗方案。有了这套游戏论，我对于任何估值都不再迷惑、困惑、糊涂、惊讶和耿耿于怀。这套我发明的心理治疗方案的重点是去分析并发现人们正在玩什么游戏。我发现这个方法很有用处。

我发现，每次市场疯狂的时候，人们在玩的游戏不是"逼空”，也不是“猜业绩”，而是一个完全不同的新游戏，我将其称为“朋友圈财富排位赛”或者“邻里亲友炫富展”。在牛市进行了一段时间之后，人们突然发现周围炒股票的人开始炫富，他们的社会地位提高，他们明显出手阔绰了，他们的成功会刺激周围的人尽快开户并买入。大家在这个阶段玩的游戏就是争先恐后地追赶跑在前面的邻居、同事、亲戚和朋友。每个人都害怕自己被落下一大段，从此沦为更低阶层的成员。他们感觉只要买入了股票就可以至少保持自己的阶层等级，而且还有可能进一步跻身更高等级。这个阶段就是投行们常说的“拥挤的交易时段”——游戏的性质已经变了。

当然，最好的状态是整个社会都来参与一个“创新竞赛”的游戏。整个社会的价值取向都是改进生产工艺，实现技术进步和鼓励科学探索。这样一来，全社会的效率就提高了。在一个效率提高的社会，人的地位更高，人更自由也更独立；反之，如果一个社会不太注重提高效率，它就有可能诞生且孕育各种相互粘连的关系网，每个人都被黏在网上动弹不得，被迫花更多的时间和精力来维护这个网络。我在《市场本质》一书中谈到过这个问题，当时我认为，人如果不能独立于自己的部落，市场就不可能形成。现在看起来，这个结论还应该有另外一种表述：部落的组成方式以及个体之间的互动关系决定了他们在玩什么游戏。资产就是这个游戏中使用的玩具（也可以将其称为中介、媒体或工具）。玩一个游戏需要默契地遵守规则。部落里面一定有口口相传的舆论和价值观宣传机制，使得每个人都接受并遵从了游戏规则。整个游戏看起来是某些资产的价格上涨了、某些资产的价格下跌了，但是，游戏的实质是对人进行筛选和分类。正如所有游戏一样，这个“资产游戏”也一定有胜负，胜利者所拥有的资产价格上涨，胜利者本人也随之获得了更高的社会地位；失败者所拥有的资产价格下跌，失败者本人也随之沦为社会底层，不得不继续努力挣扎，争取下一场比赛的资格。经过了这场资产游戏，每个人都找到了自己的位置，社会就拥有了秩序。

好了，还是言归正传吧！我大致把人类借助或者使用资产来玩的“游戏”归纳为四大类别：A. 实物资产。同类间竞争的胜者赢得更多的生存资源和机会。B. 金融资产。从资本市场上购买“时间”。C. 知识资产。科技进步提升资源使用效率。除了这三类之外，还有第四类资产(D)，个体并没有做出什么特殊的努力，但由于社会整体的进步、包容和多样性而获得了个人发展繁荣的机会。

这四类资产“游戏”分别对应了“公平”“公正”“效率”和“包容”四种社会秩序。首先，要确保同类间的竞争是公平的；其次，资本市场要对融资请求保持合理的定价；再次，要鼓励社会保持进步的心态；最后，要保持社会的多样性和包容性。其实，这四种形态又可以分别用“房产”“债券”“股票”和“艺术品”作为代表。但本书的写作格局不是按照上述四种类别的资产而安排的。请注意，我特地按照“人与人之间的游戏”，而不是按照“资产类别”来安排本书的结构。

为此，我设计了一个具有普遍意义的例子，把这四类“游戏”(而不是四类资产)浓缩在周末你带孩子去看的棒球比赛里了。现在请把 A 类资产想象成那个飞来飞去的棒球，B 类资产想象成裁判手里的计时器，C 类资产想象成主席台上的奖杯，D 类资产想象成观众席上叫卖的热狗。

先来看 A 类资产。是的！就是那个球！人们交易资产，不断换手，就像篮球比赛过程中球被不停地倒手。不是球在倒手、资产在换手，而是人们在玩游戏。只要比赛没有停止，球就不会停；只要一个游戏没有停止，游戏中使用的资产就会不停地上涨。一旦游戏结束，资产价格就会下跌。人们会使用新资产开始新游戏。什么时候游戏结束？一个社会固化了，各个阶层之间没有垂直流动，同一阶层中每个人都有了自己固定的位置。这时候，金融危机往往就会突然到来。把一切打回原形，人们又开始新游戏。

我建议读者把 A 类资产联想成房地产。社会同类之间的生存竞争需要一个竞赛规则，就像体育比赛一样。你也可以把“房产”这样的有形资产想象成你喜欢的乒乓球或者篮球，然后把你自己想象成正在观测地球的火星人。比赛总有规则，乒乓球规则会选拔出灵活的运动员，棒球运动会选拔出敢于冒险的人，篮球比赛会选拔出善于团队合作的运动员。并非运动员手中的乒乓球、棒球和篮球很值钱，而是运动员很值钱。更具体地说，是运动员的灵活、勇敢和团队精神在这三项运动中很值钱。运动员需要一个载体来体现他们的灵活、勇敢和团队精神。这个载体就是乒乓球、棒球和篮球。运动员们需要借助这个载体来淘汰对手、赢得胜利，提升自己的社会地位，为自己赢得更多的资源。我见过泪流满面的球迷，他们愿意付出自己的全部积蓄为中国男足赢得世界杯的入场券。他们的一切情感、诉求和努力都是为了在这场比赛中分出胜负、淘汰对手。观众越是喜欢某项运动，拥有该项运动关键技能的运动员就越值钱。房产就像乒乓球、棒球和篮球，是全社会玩的一场游戏。它虽然没有体现灵活、勇敢和团队精神，但是，它一定体现了某种其他特性和美德。而这些特性和美德恰恰是这个阶段或者这个社会所需要的，由此体现为房产价格的上涨。只要这个社会仍然需要这些美德，房价就会继续上涨。

再来看 B 类资产。对，就是裁判手里的计时器。如果你参加一场训练赛，时间无所谓长短，你能够玩得开心吗？没准儿也行。如果裁判根本就没有打算叫停比赛，他本身兼任教练的角色，你感觉这场棒球赛能够分出胜负吗？恐怕很难。每个人都会打到自己筋疲力尽，耗尽了下一次打球的兴趣。一场永远不会被吹停的比赛不仅分不出胜负，还会消耗大家的乐趣，使得大家都没有积极性去改进自己的球技，只是无谓地消耗自己的体能。如果我们不能从这种游戏中提高自己，那么这种游戏就让我们失去了乐趣。现在，请把 B 类资产想象成地方债。票面到期日永远不用担心，总有办法偿还的。投资人根本不担心也不关心那些钱到底用于什么目的，他们只关心地方政府是否“还想玩下去”。这种游戏中，没有裁判吹停比赛。地方债几乎永远可以借新还旧。大家只关心对手是否还想玩下去，仅此而已。

当然，并非所有的棒球赛裁判都是地方债的发行人。绝大多数比赛都是要到点叫停的。尤其当比赛时间剩下不多而你们队落后的时候，时间对于你来说特别值钱。这个时候，你甚至愿意花钱买时间。问题来了，时间值多少钱？金融学所有的至高秘籍就是要解决这个问题。

再来看C类资产。请把股票想象成主席台上等待颁发的冠军奖杯，或者是挂在大象眼前的那串香蕉。奖杯值多少钱？那不是由风险—收益比决定的。香蕉值多少钱？那不是由供求关系决定的，而是由大象的体能、香蕉的香味和赶象人剩余的工作量决定的，是由赢得冠军奖杯以后的鲜花、掌声、美酒和拥吻决定的；或者说，那是由体内的激素水平决定的。

最后再来看D类资产。如果你是那个卖热狗的小贩，你会发现这样一个朴素的规律：棒球比赛越是激烈，双方水平越高，打得越是认真，运动员发挥得越精彩，你的生意就越好。是的，热狗就是棒球比赛的衍生品。你就是这个棒球生态系统的受益人，你也因此变成一道亮丽的风景线——在职业大联盟决赛的观众席上吃一个热狗，被认为是文化标记，具有仪式性的意义。

相应地，如果一场比赛是“不吹停”的训练赛，则卖热狗的人根本没有生意。如果一个资本市场上，一个实体经济中，都是地方债发行人那样的僵尸公司或者平台公司，那个社会的文化艺术一定非常落后。

我特地把上面这段话写得匆忙一些，显得神龙见首不见尾，目的是引起你的兴趣，慢慢读下去。但是，本节的意思是很明确的：只有把“市场中的资产”和“人们玩的游戏”结合起来看，才能理解资产的估值。

棒球比赛需要灵敏的击球手，那么，市场（请把大学入学招生办公室想象成交易所里投资者的估值模型）就会自动给那些灵敏的、反应快的选手（同时也是高中毕业生）很高的估值。这些好苗子就会获得很高的奖学金，从而激励更多的有潜力的年轻人投身于这项运动。这就是估值。不能脱离棒球比赛来讨论体育奖学金。灵敏就是棒球比赛中制胜的禀赋。你也可以把禀赋这个词推广到更宽泛的领域：美德、品行和特征。读者一定注意到，每项资产都和一种或者多种美德联系在一起，因为每一种游戏背后需要的禀赋和特长都不相同。

请回忆一下本章提到过的金本位年代吧！黄金和节俭这种美德联系在一起。金本位时代提倡储蓄。节俭在当时既是一种生存技巧，也是一种风尚和美德。为什么金本位时代提倡储蓄？你最好还是去读一读我的《货币起源》，里面有更详细的介绍。银行为了鼓励储蓄，甚至还给储户支付利息。在纸币时代，通过储蓄获得利息似乎是天经地义的事情。但是，在金本位时代，你怎么才能让地下金库里的黄金产生利息呢？在我写的《金融工程学》里有一个详细介绍某银行理财产品的案例。你必须利用期权组合手段，把黄金价格的波动率转化为与之挂钩的理财产品的利率。而这一切操作在金本位时代是不可想象的。那么，问题来了。金本位时代银行是怎么支付利息给你的呢？答案简单而残酷：金本位时代市场上流通的其实是纸币。英国还有专门的法律规定，不得用黄金铸造5英镑以上的大额硬币。这一切都指向这样一个冰冷的事实：金本位国家发行的纸币远远大于其实际黄金储备量。它们实际流通的都是纸币，因此，它们才能支付利息，并不是你存在银行保险箱里面的黄金产生了利息，而是银行用创造货币的办法放贷，然后让储户分享部分放贷收益。

不知你是否看过老电影《欢乐满人间》(Mary Poppins)？里面有一个场景非常有意思，银行家们围着一个小男孩劝他把手里的两个便士硬币省下来，不要去买鸟食喂鸽子，而是存入银行吃利息。小男孩当然不乐意，他喊了一声“把我的钱还给我”——结果引发了一场银行挤兑。

为什么金本位制度下要鼓励储蓄呢？哈哈哈哈！绕了这么一大圈，你还没有明白吗？英格兰银行表面上是鼓励储蓄，其实是防止大家提取实物黄金——因为它的黄金储备根本不足以应对。它最希望的事情是你把实物黄金存入银行，这样就充实了银行的黄金储备量，它发行的纸币更坚挺了。即便你没有实物黄金储蓄,银行也鼓励你把纸币存入银行,而且给你利息,用利息“引诱”你不要把钱取出来。这样一来,银行就尽量推迟或避免了兑付实物黄金的义务。是的,金本位就是一个承诺。当你不相信大英帝国的纸币的时候,你可以拿着它印刷的纸币去指定窗口兑付实物黄金。英格兰银行保证照付不议。英格兰银行从来没有保证过它发行的每一张纸币背后都有法定含金量等值的黄金储备——但它鼓励人们这样去想。当人们都这样想的时候,人们很幸福,物价很稳定。是的!物价稳定是金本位造就的迷雾。根本原因是人们热衷于储蓄,全社会提倡省吃俭用、勤俭持家和量入为出的美德,由此导致金本位国家的物价稳定。物价稳定之后,社会也就稳定了。经济学家们吹嘘黄金数量稳定导致金本位国家物价稳定其实是对金本位本身的巨大误解。你一定会看到,金本位是一场游戏、一场比赛。这场游戏中使用的“球”就是黄金。表面上,人们在追捧黄金,其实,拥有更多黄金的人也同时具备了省吃俭用的美德,拥有这种美德的人在当时的社会(工业化社会早期)同时拥有了更高的社会地位。当人们都开始玩这个游戏的时候,英国社会的物价就很稳定。普通的英国人都急于去海外拓展殖民地以获得更多的黄金,以便回国以后提高自己的社会地位。

当大家都相信英格兰银行有能力兑付实物黄金的承诺时,就没有人会去要求兑付黄金了,他们宁可把黄金交给英格兰银行,然后“吃利息”。这样一来,英格兰银行就可以发行更多的纸币了。因此,鼓励储蓄,提倡节俭的美德,把勤俭节约的人树立为社会楷模就是大英帝国金本位制度生存的关键。“节俭”这个美德就此和耀眼的黄金联系在一起。

醒醒吧!你读过的任何一本经济学的书(尤其是英国经济学家撰写的书)都不会告诉你这些真相。而我也是苦思冥想很多年才大彻大悟的。

有时候,人们用房产来玩游戏。房产这项资产和勇敢这种美德联系在了一起。勇于进取是房地产时代的主题。房产大涨的年代已经不是金本位时代,而是纸币时代了。有人总是说,通货膨胀或者通胀预期导致房产价格上涨。其实,你动一下脑筋好好想一想:理论上讲,对付通货膨胀最好的工具是黄金,而不是房产。但是,在印刷了这么多的纸币之后,黄金价格的涨幅远远低于房地产价格的涨幅。这说明了什么?这说明了我们现在和金本位时代在玩两种不同的游戏。金本位时代玩的游戏相当于大英帝国时期玩的板球联赛,纸币时代玩的游戏则相当于棒球的职业大联盟。两者适用不同的规则,需要不同特质的运动员,提倡不同的社会美德,筛选出不同品行的人进入上流社会。

当一个社会用资产来玩游戏时,要么是解决它面临的问题,要么是化解潜在的风险,要么是实现人的进步和社会的繁荣。因此,只要人们还在用资产玩游戏——无论是用什么资产来玩游戏——都说明这个社会走在一条和平发展的道路上。如果资产游戏已经玩不起,那就意味着剧烈的社会动荡。

想通了这一点以后，我就对金融危机和经济衰退有了新的看法。这些危机与衰退只是宣布了一种新游戏的启动或者老游戏重新开始一局新的比赛。金融危机把许多成功人士及其家庭成员重新拉回到社会底层，让他们的后代重新从底层开始奋斗。只要人们还在玩游戏，这些排名的升降总是不可避免的，这是游戏的一部分。这总比破坏秩序和稳定的社会动荡要好得多。

我在写作本书的过程中认识了一位研究人类学的女博士(不是和我一起进行田野调查的李博士)。她的研究课题是金融机构从业人员的迷信活动。她一说这个题目，我就眼前一亮，认为可以和她交流一下我的估值游戏论。她的研究课题让我想起了绰号为“兔爸爸”的投资人老戴，他每天开盘之前一定要上一支香。他可能会耽误了晨会，但绝不会忘记佛祖的生日。我当时问这位女博士，迷信的投资人的回报率是否显著高于或者低于不迷信的投资人呢？她十分鄙视地回答我说，“人类学不会去研究投资回报问题。”我大失所望，一个很有价值的田野调查成果被浪费了。最有价值的资料恰恰被研究者本人刻意忽略了，相当于漂浮在杯子顶端最鲜美的奶油被故意撇掉了，以便消费者品尝纯粹的咖啡。可惜之余，我也提醒自己，在写《估值原理》的时候，可以嬉笑怒骂经济学家和金融学家，但不能背叛和抛弃金融学的视角，那毕竟是我的本行。

我希望今后有更多的人类学家来研究金融学，而不是看到与钱有关的课题就绕着走。我更希望今后有更多的金融学家、股票分析师、投资银行家和央行雇用的经济学家在做投资决策之前不是去看报表、去调研上市公司，而是走入街头巷尾，观察普通人的生活，理解他们的喜怒哀乐，观察普通人在玩的游戏，理解他们的游戏规则，从而找到整个社会的脉动、步伐和方向。资产价格的变动是社会各阶层互动的结果。而金融学之前的许多努力是试图在两个结果之间建立因果关系，而不是去找真正的原因。那个事关涨跌的原因深深地扎根在人们的生活里。

请把这本书视作旅行指南。我也许没有揭开人类学的新篇章，也没有解决金融学的老问题，而只是罗列了一堆新奇有趣的故事。但与此同时，我刷新了自己对于风险、资产、估值和人类社会的认识。法国作家马塞尔·普鲁斯特在《追忆逝水年华》中有一句名言：真正的发现之旅，并不是发现新风景，而是拥有新眼睛。希望这本书既能递给人类学家一副新眼镜，又能给金融学家打开一扇新窗户。

估值任责论

在资产游戏中，人们为了追求更高价值的
资产（更高的社会地位）而努力工作，
且进入自己最擅长的领域，
并全力以赴地承担自己的责任，
发挥自己的特长，扮演自己的角色，社会由此繁荣和进步。

上一章我试图让大家把估值想象成一场游戏。

现在,请想象你来到美国棒球职业大联盟(Major League Baseball,MLB)的年度新人选秀现场。你碰巧旁听了两个职业星探之间的私下交谈。

星探甲:“查理绝对是一块好料子。”

星探乙:“是的。他右上臂摆动隐蔽而有力,会是一个优秀的击球手。”

星探甲:“什么?击球手?我现在缺的是外场接球手,而他的速度快得像一匹种马。”

星探乙:“外场接球手收入低,还没有前途。他这么年轻又有潜质,怎么会愿意去当外场接球手?”

星探甲:“把这些年他欠我们的账单扔给他,他就愿意了。”

现在问题来了,没有人会事先具体而明确地知道,自己所在的部落即将玩什么游戏。部落成员在切换游戏的时候有着惊人的默契。在部落游戏切换时,并没有任何通知、动员、调整和准备期,游戏主题就会突然切换。原先游戏中的赢家一下子面对新游戏会显得无所适从。部落成员会默契地选择新玩具去玩一场新游戏,以便解决他们面临的新问题,从而诞生一批新贵族。

马尔萨斯早年研究过英国“光荣革命”之后100多年各阶层的变化。他发现,英国社会存在着“中产阶级不断贫困化”的现象。一次又一次,英国的中产阶级凭借自己的努力进入社会中间层，他们为自己的努力和幸福而感到欣慰，他们也有理由相信自己完全配得上眼前的幸福生活。但是，一场又一场的金融危机和经济萧条像洪水一样把他们再次拖入底层社会。马尔萨斯甚至认为这是一件“好事”：经历了几次经济危机之后，英国的底层社会充满了原来的中产阶级，整个英国社会的素质得到了全面提高，实现了国家的整体进步。

这个结论听起来当然不那么令人舒服，但仔细一想，恐怕也只能这样。因为如果大家都成功奋斗进入上流社会的话，整个上流社会将人满为患。因此，绝大多数情况下，社会有正常的垂直流动机制。上层社会的后代往往沦入底层社会，这样才能留出空间并使得大家相信游戏的公正性，从而鼓励更多的人在新“游戏”中努力奋斗，争取进入上层社会。

我成长在一个有名望的家庭。我的童年非常幸福，祖父祖母把我带大。他们对我只有溺爱而没有教育（我祖父曾经引用孟子的话说，“如果你不能放纵他，那么，你还不能去教育他”——但我从来没有找到孟子这句话的原文）。祖父母去世以后，我自己对此十分不适应，不仅自己的社会地位下降，周围人对我的反应也完全变了。我的父母对我的表现十分失望。他们经常批评我：“周家就是败在了你手里。”我理解父母希望我尽快振作精神，努力工作，出人头地。但是，我发现我既没有能力赚大钱，也没有能力当大官。我属于在社会主流游戏场外热烈欢呼的热心观众。我父母经常苦口婆心地批评我，“某某某的爷爷连副处级都不是”“你就是被爷爷奶奶宠坏了”“你要是有某某某一半的努力就好了”。这些判断可能是正确的,但它们不能在逻辑上立即推导出“周洛华应该比某某某成功”这个结论,也不能得出“周洛华不成功是因为他不如某某某努力”的结论,甚至不能得出“某某某成功是因为他努力”的结论。但是,同父母争论常常是徒劳的。我尝试过,最后放弃了。但我很快发现了一条发财的道路。我经常在父母面前自我批评,有时候声泪俱下,主动告诉他们:“周家就是败在我手里了”“我对不起你们”“我要从明天开始努力工作,我一定要向谁谁谁的儿子学习,我还要超过他。”总之,我表现得就像法庭上请求轻判缓刑的回头浪子,主动“认罪伏法”。我把自己事业上的不成功和生活中的不努力联系起来,并保证这次一定痛改前非并重新做人。我父母通常会兴奋一阵子,觉得自己的晚年有了盼头,周家终于又有了希望。不过,久而久之,他们就发现我只是通过“忏悔”来向他们要钱,以便去股市补仓那些深度套牢的股票。所以,后来我再去找他们主动自我检讨的时候,他们就知道我一定又有股票套牢,也就不再给我钱了。

我自己的经历告诉我,社会不仅是分层的,而且是可以垂直流动的。经济学教科书里面有两种“和平方式”来实现垂直流动,分别是:个体提高效率和全社会经济危机。前者能够提高勤奋努力的人的社会地位;后者能够清空社会上层和中层拥挤的人群,为下一场游戏提供足够的比赛场地。有趣的是,我发现每次切换游戏之后社会的主流价值观和风尚也会变化。人们会谴责前一场游戏中的胜者（他们往往已经在金融危机中沦落到社会底层），在他们身上找出一大堆缺点和毛病，并将其视为他们的财富消亡的原因。与此同时，社会还会崇尚一种新的风尚，用来解释为什么有些人在新经济繁荣中胜出。这些人往往被赞誉为具有某些新的特征、品格和美德。其实，归根到底，是社会改变了游戏。原来的游戏可能是因为社会各阶层固化而无法刺激大家努力奋斗，也可能是因为社会遇到了新问题和新风险，总之，就是玩不下去了。

想通这一点以后，我就释然了。每次金融危机发生之前，社会总是一片繁荣。人们已经习惯于相信自己的才能、努力、智慧和眼光，相信这些因素给自己带来了更多的财富和更高的社会地位，相信自己配得上这一切，相信这一切会永远保持下去。但是，游戏突然变了。每次发生金融危机之前，社会中上层都已经人满为患。这是因为资产价格的上涨提升了这些人的社会地位。资产价格如果继续上涨，对这些人的激励和刺激作用就减弱了，而没有资产的底层社会的人哪怕再努力也追不上。牛市末期有一个很重要的特征：大家都在谈论财富自由和提前退休。想退？没门！大自然是不会答应的，它是不会让那么多人都实现财富自由，然后都进入上流社会安享晚年的。那将是一场生态灾难。

到我写作本书时，我经历过的金融危机总共有四次，分别是

1991 年的日本银行业危机、1997 年的东南亚金融危机、2001 年的全球互联网泡沫破灭和 2008 年的美国次贷危机。每次危机之前，都是房价暴涨或者股价暴涨。如果一大批中产阶级在这个时候兑现资产并持有现金的话，一定会造就一大批上流社会的人。好在那个时候，人们不仅不抛售资产，反而争先恐后地借钱投资。他们把每一个子儿都省下来投入股市或者楼市，他们希望尽快实现财富自由，他们希望尽快超越同侪，他们希望一劳永逸且不可逆转地带着子孙后代进入上流社会。

20 世纪 90 年代的日元快速升值，使得日本人的财富大量增加，同样的房子如果用美元标价的话，值很多钱。这就相当于全体日本人的国际地位随着日元的升值而普遍提高了。一下子有上亿人同时轻松地进入“地球村”的上流社会，这真是不可想象的事情。于是，一场资产价格的调整也就如期而至。1990 年，日经 225 指数从 30 000 点开始下跌，一直到 2021 年才再次站上 30 000 点，真的是跌了一代人的时间。我不知道等到我晚年修订这本书的时候，还会经历几次金融危机，但我估计，每次情况都差不多。

其实，估值对应的不仅仅是社会分层，还有社会分工。一个社会对其核心资产的估值过程就是个体在社会中找到自己的位置并承担相应责任的过程。在房子涨的过程中千千万万的年轻人变成努力工作的程序员、工程师和快递小哥。他们一定会在工作中发挥自己的特长，否则，他们要么坚持不下去，要么凑不齐首付。遥遥无期的按揭贷款促使年轻人持之以恒地发挥自己的专长、挖掘自己的潜力并承担自己的角色，社会由此表现出繁荣和进步的特征。

我在前一章解释过了，估值并不发生在交易所和市场上，它是人的主观意识，是全社会的认知。青铜鼎在我国古代西周时期就是极其贵重的器物，这不是因为市场对青铜鼎的需求旺盛，也不是青铜鼎的制作成本高昂，而是因为这是一种礼器。它代表了贵族和国王确认了相互之间的关系，确定了各自的身份、地位和职责。一旦他们之间的关系得到确认，整个社会的秩序就奠定了基础。因此，青铜鼎很贵重，只能说明贵族和王室都重视社会稳定的重要性。青铜鼎在西周时期是一项重要的资产，但并没有市场对其进行估值。它的价值来自王室和贵族各自同时郑重任责，而不是任性。

在我开始写作不久，王水雄老师就给我发了一段话，作为鼓励和启发。我记得其中有这么一句话很有意思：一项资产之所以具有价值，是因为在这个社会中一部分人对另外一部分人承担了某种责任。他强调要把英文的 commitment 译成“任责”，这对我启发非常大。一项资产之所以在交易所里面有价值，是因为在社会上有人对它承担了责任，即一部分人的资产是另外一部分人的负债。房子为什么值那么多钱？因为有一个年轻人向银行承诺他会努力工作 30 年。你转让房产证的时候，这种承诺并不发生改变。资产把这种人与人之间的关系建立起来了。

投资银行和交易所使得这种关系契约化和标准化。资产价格暴涨的时候,往往也是全社会负债爆炸式增长的时候。这符合弗兰克·莫迪利亚尼的理论。社会学和金融学在这里汇合了。王水雄老师认为,有效、可信的"承诺"包含着"任责"。人一旦做出承诺就相当于要进入某一种角色、承担某一种责任、履行某一种义务。一个好的社会形态就是让能干的人都去各自最擅长的岗位/领域/角色承担责任(用王老师的话说就是去"任责")。

他的话启发我意识到一项资产之所以有价值,是因为社会上有人为此承担了某种责任,而拥有这项资产的人不需要支付酬谢,不需要报恩,不需要反过来对别人承担义务。想想任何一个刚刚签下巨额按揭贷款合同的年轻白领。房子之所以在我们社会有价值,是因为有千千万万的年轻人愿意为之奋斗 30 年。[①] 他们承诺要努力工作到退休,会在各自的岗位上坚守、加班、"任责",以便每月还款。我有理由猜测他今后 30 年都要过着"996"式的生活。这就是他和社会的互动关系,也就是他与这个社会之间的"礼"。一个人一旦确定了他与社会其他成员之间的关系,也就同时确立了自己在社会中的位置。人在社会中的"位置"、人与社会上其他人的"关系"以及体现这种位置与关系的资产的"价格"会同时确定。

金融学只看到资产价格的涨跌,社会学只看到人与人之间

---

① 王水雄对此的评论是:"躺平"意味着什么?"躺平"是不是社会在给宏观经济一个信号?

关系的变化。我认为,应该同时关注整体。这个整体包括资产、人和社会。假设某个“黑色交易日”的早晨,股价突然下跌20%,吸引了许多散户拿出积蓄去博取反弹。散户心里已经有了“高价记忆”,他们认定这只股票应该值每股100元。散户是资本市场对个人投资者的一种称呼,同样一批人,放在社会这个大环境下,他们可能就是中产阶级、白领、出租车司机、程序员、医生和护士。他们希望借助这只股票的反弹,把自己的总财富提升20%。于是,这只股票在下跌20%并充分换手之后,以更快的速度凌厉地下跌,根本不给你改正错误的机会。下跌的过程伴随着一批散户融资盘的爆仓,上市公司也爆出了许多之前被掩盖的丑闻,最终这个公司要么被退市处理,要么长期在低位徘徊且交易清淡。这一幕想象出来的场景对于我这个老股民来说,似乎在现实股市中也不陌生。现在,我在想这样一个问题:这样的一场财富洗劫是否能够把这批“接飞刀”和“博反弹”的散户们锁定在自己原有的社会阶层并继续努力工作10年?这样一场暴跌会不会使得出租车司机每天自愿加班1小时?同样一场暴跌会不会使得程序员小伙子为保住现在的工作而放弃向老板提出加薪的要求?消灭了这群中产阶级的财富之后,全社会的劳动生产率是否得到了提升?

我们必须现实而冷静地考虑一下,假设有这样两个社会:一个社会经常有大量的人上上下下,阶层垂直流动的人流量很大;另外一个社会各阶层人民都长期保持在自己原有的阶层,变化的只是他们的情绪。后者是否会比前者稳定一些？毕竟，纸上富贵发生变化时，个体只要调整自己的心态和对未来的期待就能重新适应。这比法国大革命那样朝三暮四地朝令夕改、横七竖八地颠来倒去的社会动荡要好得多！

我在《货币起源》中指出，“礼崩乐坏”是我国古代有历史记载的第一次通货膨胀。我把“礼”看成人与人之间的关系，“乐”是社会进步的动力。在那个令孔子悲叹的“礼崩乐坏”年代，诸侯和大夫们纷纷制作奢华的青铜器，取代天子按照“礼制”赐予自己的青铜礼器。你也可以说那是一个青铜器贬值的年代，但那不是因为经济学家所说的供求关系变化导致的。西周末年的这场通货膨胀从表面上看，是因为青铜器发行量过大；实际上，是原有社会关系的瓦解。当“礼”这种体现天子与诸侯之间关系的社会制度被破坏以后，体现“礼”的青铜器这种资产就贬值了。与此同时，原来社会的稳定、和谐、进取和包容的力量都没有了——孔子将其称之为“乐之失”。

当通货膨胀到来的时候，社会各阶层之间原有的各种“关系”（即“礼”）就被破坏了，社会失去了保持稳定和取得进步的动力。我一直认为，通货膨胀是一种可怕的社会疾病。通货膨胀一旦发生，就很难用金融学的手段去解决问题。格林斯潘之所以每次说话都模棱两可、似是而非，完全是因为他理解并实践了芝加哥学派里面的“货币效率派”。央行的货币政策就像是庙里的泥菩萨，对人只有心理作用，“信则有，不信则无”。通货膨胀就是“礼崩乐坏”,旧秩序正在瓦解,新秩序还没有建立。这个时候社会不稳定、人民不安心、科技不进步。与此同时,社会贫富差距迅速扩大。人和人之间原有的关系被破坏了,新的稳定的关系没有建立起来。于是,人们会怀念过去,哀叹“人心不古”。通货膨胀其实在为更大范围和更大程度的社会变革积蓄力量。直到全社会建立新的秩序,各阶层之间建立新的关系,社会重新获得了前进的动力,通货膨胀才会消失。经济学家将其称为经济周期。其实不然,这不是同一个周期的反复。在两次经济繁荣的间隔期,人们所玩的“游戏”已经完全不同了。在“新周期”里面,人们会追捧新的资产,因为他们所在的社会里,人与人之间建立了新的关系。新社会关系要求找到一种新的资产,并发明一种新的玩法,配套一种新的教条、风俗、舆论和说教。然后,人们开始了新游戏。

所以,我不觉得通货膨胀是从天而降的。它一定是因为原有的社会关系中有不能维持下去的因素,而当这个社会的货币发行当局又比较软弱的时候(请参见《货币起源》,里面提到了只有道德高尚的国家才能发行纸币),通货膨胀就会发生。通货膨胀一旦发生,中央银行完全就像一个由手无寸铁的乡绅组成的“地方维持会”,只能提供一些心理安慰,而并不能解决问题。是的,用货币政策对付通货膨胀就像是给病人提供安慰剂一样。

请读者回忆一下吧,20 世纪 30 年代的英国最终经历了痛苦的社会整体转型才走出了通货膨胀。这次转型包括许多殖民地变成了财政上自收自支的自治领、许多中小企业主甚至贵族家庭破产、英格兰银行恢复金本位的尝试彻底失败等。20世纪80年代的美国最终改革了劳工法案，允许公司更方便地开除非工会员工，并限制了工会的活动，才提高了劳动生产率，并逐步摆脱了通货膨胀。21世纪第一个十年里，瑞典不得不改革高福利的社会保障制度并实行浮动退休金制度，这才稳住了克朗的汇率并走出了通货膨胀。一句话，要克服通货膨胀，就要重新确定各阶层之间的关系。关系一旦重新确立，各阶层的人们都会“消消气”，接受事实，安心工作，握手和解，齐心协力地在新角色中任责，然后努力工作，提高效率，这样才能使得整体经济走出通货膨胀。

所以，通货膨胀是结果，不是原因。具体来说，通货膨胀是一个社会各阶层、各团体、各利益集团和个体之间原有的关系出现了不合理和不公平的情况，从而不再能够凝聚大家。于是，社会内耗增加，大家相互抱怨、扯皮和指责，不再努力工作。劳动生产率下降最终导致通货膨胀。不同国家、不同社会和不同历史时期的社会关系都是不同的，所以，每次通货膨胀出现的社会原因也一定是不同的。因此，不能用整齐划一的“货币政策”来对付不同的通货膨胀。

有些国家的房价保持长期上涨，累计涨幅巨大惊人；而且这个国家的央行向市场提供了巨量基础货币。如果按照经济学家们的预测，这个国家的通货膨胀一定非常惊人。实际情况并非如此，请把这个国家房价上涨的过程，看成这个国家建立“礼制”的过程，看成社会各阶层调整和确立相互关系的过程。一旦确立了一种“人人努力就有好日子过”的社会关系、一种“公平社会努力奋斗就有盼头”的礼制，这个国家各阶层的人都会调动自己的积极性，努力工作，改进工艺，发明创造，争先恐后地奔向自己合适的岗位，整体社会经济反而很有效率，根本不会发生通货膨胀。捋顺社会关系，个体主动任责——这是克服通货膨胀的关键。

那么，在确立社会关系的过程中，资产扮演了什么角色呢？请回到前一章的“估值游戏论”：请把这个确立社会关系的过程看成一群人在玩棒球游戏，资产就是那个棒球。在有些国家，这个棒球是房子；在有些历史阶段，这个棒球是黄金；在有些社会，这个棒球是股票。至于在某个国家、某个社会、某个历史阶段，人们为什么选择某项资产作为他们的棒球，我建议读者对此保持“概观的理解”。当时当地人们的风俗、习惯、信仰、文化和历史决定了他们会选择最适合他们的“游戏”。我们事先无法预测下一个游戏具体会是怎样的，也就不知道“棒球”具体是什么，当然也就无法对普通人声称自己能够准确预测。我们只要看到他们在玩游戏，而且这个游戏解决了这个社会的问题。

无论他们玩什么游戏，资产价格不断上涨的过程，就是每个人根据自己的特长找到自己在棒球队最合适位置的过程。一旦各种能干的人都在各自最擅长的位置上承担责任并发挥作用，这支棒球队就一定能够打出好成绩——社会就不会有通货膨胀。

人总有天然的动机去追求更高的社会地位。要赢得更高的社会地位,最公平的办法就是“让专业的人去做专业的事”。专家在其拿手的领域有天然的地位。社会要把合适的人输送到他最擅长的领域去成为专家,这样对他个人和整个社会都有利。资产价格的变动促使个体的人在追求更高地位的动机下努力发挥自己的特长,努力贡献自己的才智。在房价不断上涨的国家,年轻人都争先恐后地加班,努力积攒首付款。而且只有当他们找到适合自己的岗位,才最能发挥自己的特长,他们才能干得更好,赚取更高的工资,早日凑齐首付。

请读者把“任责”的思想进一步应用到股票估值上来。某只股票之所以值这个钱,很可能是因为公司的管理层和股东大会有业绩对赌的承诺,也可能是因为员工的劳动合同中有量化指标考核的承诺。这些承诺使得管理层和员工相应地“任责”,进入各自的角色。你手里的股票在涨,根本原因是公司的高管和员工在各自岗位努力任责并相互通力协作,一派“礼乐齐鸣”的喜人景象。所以,支撑公司股价的基础是公司治理。老练的投资人对公司估值的第一步往往是研究该公司的公司章程和公司治理结构。相对于公司治理来说,业绩、分红、净资产、增长率和题材概念都是次要的。公司治理决定了管理层是否对股东任责,这是股票估值的基础。

我用同样的逻辑来看股票分红的问题。管理层是真心想要回报股东的吗？他们真的“任责”了吗？还是只对自己和任命自己的上级领导负责？管理层如果不任责，不承担责任，不敢冒风险，不肯对全体股东做出更高水平的具体分红承诺，这只股票的估值就很成问题。因为我甚至都不能建议你把它当成一款利率水平相当的债券来估值。请想象以下场景：股票A的管理层对股东大会承诺每年分红水平是每股1元；股票B的管理层对股东大会承诺每年分红水平是每股收益的50%；股票C的管理层对股东大会承诺每年分红是每股收益的50%且不低于每股1元。毫无疑问，C公司的管理层对股东最“任责”。在其他指标差不多的情况下，该公司股票的估值也应该比其他两家高。

一个不承担清晰任责的承诺就不是一个承诺，有时甚至更可怕，那可能是一个陷阱。一个公司、一个组织、一个社会，如果个体相互之间关系不明确，每个人的责任也就不明确。他们还没有找到那个适合他们的“棒球”，还没有开始认真玩资产游戏，还没有找到激励机制和路径把合适的人送到合适的岗位上去。只要他们还没“玩真的”，他们就是在“逗你玩”。

等到大家各归其位、各尽其责，人人心情舒畅，都感觉前面有盼头和奔头，感觉自己的汗水和泪水都很值得。于是，每个人都尽职尽责，社会就重建了“礼”，个人就有了“乐”(即前进的动力)，经济也就没有了通货膨胀。

“张敞画眉”的故事说的就是这个道理。张敞经常在家给妻子画眉毛(而且开着窗),长安城中传说张敞画的眉毛很妩媚。有司就用这些事来参奏张敞。皇帝问张敞有没有此事,张敞回答:"臣闻闺房之内,夫妇之私,有过于画眉者。"他认为做恩爱夫妻没有什么伤风败俗的,自己在家做一个好丈夫,在朝才能做一个好的"京兆尹",这是典型的任责论。

把张敞画眉的故事进一步推广来看,孔子提倡的"君君、臣臣、父父、子子"也包含着同样的"任责"期待:每个人都扮演好自己的角色,捍卫好相互之间的关系,承担好自己的责任,这就是一个礼乐齐鸣、和谐进步的社会。

在这本书的写作过程中,我经常打扰王水雄老师。他总是不厌其烦地解答我有关社会学和人类学的外行问题。一开始,他还是非常客气地把我当成金融学系的同事来对待,甚至考虑我曾经担任过一定职务的因素。因此,无论我的问题多么无知与外行,他都要先绕着弯子表扬我的问题,赞美我的观察力很敏锐,并饶有兴趣地假装自己第一次听说这么有趣的问题云云,然后再回答我的问题。而且回答我的问题时,他还要注意观察我的反应,既不能伤害我的自尊心,但又不能任由我"伤害"社会学。总之,他既像是信访办的干部,又像是移民局的官员。后来,我们熟悉了,相互都不"装样子"和"摆架子"了。我请求他们(另外还有赵旭东老师和谢桂华老师)把我当成他们的本科生来对待。这样一来,问题反而解决了。我们之间的关系确定了,各自摆正了位置,沟通的效率反而提高了。他们和我就直来直去地谈话，直截了当地指出我的错误认识，并告诉我应该怎样看问题。我感觉自己写书的过程像是读了一遍人类学或者社会学的本科。我经常产生那种“朝闻道，夕死可矣”的欢悦。这一定是一本好书，因为我写作的过程很欢快。

“礼”不外乎是把人与人之间的关系“优化”，让最恰当的人选去做最适合他的工作。这个时候，人最快乐，社会的效率也最高。估值就是要通过社会游戏让人达到这种任责的状态。在这场游戏的过程中，资产得到了估值，人调动了自己的积极性，参与了游戏并承担了相应角色中的责任。资产达到了合理的估值水平，人达到了最佳的任责状态，这两句话是从不同的角度表述同一个命题。

关系与规则

许多书上讲的都是理想状态：社会规则制定了以后，人与人之间的关系得以确定。随后，个人进入自己适合的岗位，在特定资产（想象一个棒球）的激励下开始努力工作，他们努力工作又使得激励他们的资产进一步升值（每个队员努力就使得球赛更加精彩了）。

但是，在许多情况下，一个松散的群体并没有明确的游戏规则和行为规范。群体成员相互之间既没有明确的关系，也没有严格约束的契约。个体没有明确的位置，也没有外部权威为这个群体制定行为规范。这下可就麻烦了。这时候群体成员之间就需要人情、面子、潜规则、暗箱操作和社交联谊，以便确定各自的位置和相互之间的关系。

我想着怎么举一个反面的例子来说明“估值任责论”。当人们都不任责的时候，资产的估值水平就会降低。巧的是，我刚开始写这部分内容不久，就被叫去参加了一场“联谊活动”。结果呢，我喝得烂醉如泥，至今不记得我那天是怎么回家的。我根本不知道——也不想知道——我喝醉以后的事情了。此后很长一段时间，我一直担心有人来找我，告诉我那天晚上我说了些什么和干了些什么。

我以前喝多的几次都发生在“有任务的社交”场合。每次情况都差不多：男性都假装没有看见同桌的女性，仿佛她们根本不存在一般，然后就是男性之间相互猛灌对方，而我往往是交叉火力的受害者。话说我在英语国家的时候，倒是没有喝醉过。这并不是因为我的酒量好，而是因为我很少遇到劝酒和灌酒的人。我的那些外国同学们都是男女“捉对厮杀”或“靠边私聊”，然后同时从视野中“成对消失”。如果你喝多了，既没有人帮你叫出租车，也没有人在事后嘲笑你，总之就是既没有人在乎你，也没有人搭理你。

在这些英语国家里，人与人之间的“感情”比较淡漠，相互之间很少问候和走动；但是这些国家个体之间的“关系”却很清晰，相互之间有着明确的契约。在中文语境中，我有时候会把“感情”和“关系”这两个词混用；而在英语的语境中，这绝对是两个不同的概念。

我想，归根结底还是社会形态不同、风俗习惯不同导致的。那个把我灌醉的人，也是替我叫出租车的人，也是第二天醒来打电话慰问我的人。他既“惩罚”我，又“关心”我。除了他以外，那些看我在酒桌上“出洋相”的同胞们，平时也在工作中监督着我。而那些在酒会上对我爱理不理的美国同学，既没有监督我的责任，也没有关心我的兴趣。他们并不打算和我玩一种关系不明确的游戏，也就不需要用喝酒这种办法来组织一场热身赛、排位赛或者预选赛之类的活动来拉近距离，放松警惕，联络感情，并为今后的其他互动关系做铺垫。

我想着能不能把坏事变好事。我就从喝酒开始说群体缺乏任责的情况。在我看来，许多“酒桌游戏”像是一个临时组成的群体为了确定各成员的身份、位置、角色和相互关系而精心组织的热身赛。组织这场热身赛的目的是要结成由“感情”而不是“契约”联系起来的人际关系，并最终回避那些本该由自己承担的社会责任。

在我看来，许多人热衷于喝酒建立感情，是为了让感情屏蔽责任，使自己避免或者尽量少地在本职工作中“任责”。喝酒之所以有这种作用，根本原因在于喝酒的人不独立于“部落”。我在《市场本质》中分析过这个问题，个体如果不能独立于部落，就不会追求自由，也就不会遵守契约，市场机制也就无法发挥作用。

相互独立的人通过契约联系起来，他们不需要用酒精来培养感情。那些精神上不独立的人热衷于用酒精培养感情，以便自己获得所谓的“安全感”和“特殊关照”。其实，这种特殊关照使得自己进一步深陷于特定的关系网中不可自拔，最终完全失去了独立性。从这个角度来看，热衷于用喝酒来“表忠心”，来“拉帮结派”，这也是逃避任责的表现。有时候我在想，为什么有人宁可喝醉也不肯任责？恐怕是因为干好了和自己没有关系，那么，干得不好，或者不干活，就对自己有利了。在某些国企，员工宁可和领导喝醉一场，也不愿意好好干活。他们认为“为领导喝醉”“陪领导喝醉”和“使领导喝醉”都是立功的表现，能够且应该得到领导在工作中的特殊关照，这就使得他们在喝酒的时候很“任责”，想方设法要让你喝醉；这也使得他们在工作的时候很“不任责”，想方设法不让你给他们安排任务。

总之，我对于喝酒充满了反感。这种反感是因为酒精被用来“和稀泥”“联络感情”“加深友谊”“减轻责任”“避免任责”和“屏蔽契约”。如果一个国有企业里有这些回避任责的文化，最终会使得国有上市公司的估值降低——这也是我一直呼吁国有企业改革的原因之一。

好吧，我接下来还是具体分析一下人们是如何通过喝酒来化解自己原有的任责的。归根结底，酒精只是一个工具，就像是一个棒球。关键还要看人们用酒精玩什么互动游戏，企图达到什么目的。

我有一个美国校友，他来中国创业许多年了。有一次，他和另外一个女同学在校友聚会上表演节目。他们模仿中国两个商人在酒桌上的行为：两人竞相压低自己的酒杯，一路弯腰低头，以表示对对方的尊重。他们表演起来动作很夸张，还用方言模仿中国各地敬酒时的套话，很有喜剧效果。

他们的滑稽剧进一步提醒我注意酒桌上的这个习俗。我自己在酒桌上也会情不自禁地压低酒杯，我不知道我是从什么时候开始养成这个习惯的，反正我周围的人也都这样，仿佛只有这样才能获得某种“安全感”。

我不仅会在酒桌上压低自己的酒杯，还会在开会发言的时候先做一番自我批评。我会主动地自我嘲讽、自我揭短和自我调侃。这样的开场白很容易获得观众和同行们的好感。这些谦虚的客套话等于告诉大家，我是一个“服从、顺从、温和、听话的人”“我不会来搅局，我不会破坏你们原有的生态体系，我不会改变任何你们的利益格局”。这样谦虚的姿态有两个效果：第一，我表明了我是一个“无害”的人；第二，我把自己的地位放低就意味着我主动把“提拔”“奖励”和“肯定”我的权利交给了他们。无形之中，我抬高了他们的地位，使得他们可以“影响”“决定”或“掌握”我的命运。给对方更高的地位和更大的权力，就同时给自己安排了更安全的位置并免除自己被酒精处罚的危险——这个压低自己酒杯的动作很有意思。

一般来说，只要我压低酒杯、放低姿态，他们在接下来的发言中，往往就不会再对我“落井下石”了。相反，他们很可能会帮我“平反”，说很多好话，表示对我这个“无害之人”的宽容和欢迎——就像一个有道德的地方乡绅会伸手把一个摔倒在地上的外乡陌生人拉起来，然后再帮他拍掉身上的泥土一样。我的这些客套话究竟是“谦虚”“低调”还是“美德”？还是对我所身处的社会环境的被动适应？抑或是一种聪明的生存技巧？我还真没有答案。反正，我发现人们总是喜欢那些有着明显的缺点和错误，动不动就摔一跤的陌生人；人们对于那些光鲜亮丽、近乎完美的陌生人则充满了警惕、戒备和提防，时不时地找机会要灌醉他，看他出丑。

一般来说，一个高大上的陌生人很容易在酒桌上成为被默契围攻的对象。我现在回想起来，自己年轻的时候不仅在喝酒时，而且在其他场合，都表现得非常高调、非常自信和非常豪迈，结果招来了蜂拥而至的灌酒队伍。酒桌上首先被搞倒的就是我这样的人。那些来敬酒的人相互之间仿佛有一种默契，他们相互之间不敬酒，而只想让我尽快喝醉，而且最好是出一通洋相。这样一来，等我明天酒醒之后，他们的手机里和记忆中就有了我的“黑材料”。他们就像捏住了我的把柄一样，对我确立了道德优势地位——他们变成了陪审团的成员，而我变成了“犯罪嫌疑人”。由于昨晚喝得烂醉如泥，不省人事，我只能模糊地记得自己说了许多丢人现眼的话，做了一些不堪入目的事情。于是，我就自然而然地觉得自己在这些目击证人或者陪审员面前低人一等了。而且,以后无论遇到什么事情,我都会想起这不堪回首的一幕,我会对这些把我灌倒的人“服软”。即便我在项目组的职务比他们重要,但我的权威却由于我喝醉而丧失。我会在工作中放松对这些“目击证人”和“陪审员”的要求,允许他们迟到早退,给他们一些小恩小惠,因为我有“把柄”捏在这些人手里。我对于那个把我扛回宾馆房间的小伙子会格外手下留情。对那些曾经旁观我丑态百出的同志们,我也会格外宽容。因为,我希望他们闭嘴,不要到处乱说。总之,只要我喝醉一次,我醒来以后对他们的要求就会降低,他们就可以避免任责。有些低效率的国有企业从表面上看是有一个爱喝酒的领导,其实,他的背后有一大批不爱干活的员工。归根结底,喝酒使得领导和员工都不任责了。

我慢慢地想明白了,默契地将那个高调的陌生人灌醉,就能够在他酒醒以后拥有对他的“当面调侃权”和“舆论批判权”。那些灌我酒的人既不在意我的健康,也不珍视我们的友谊,他们在乎的是自己在这个松散的酒桌群体中的社会地位。他们并不是排队向我敬酒,而是对我进行“围猎”。一旦我喝醉,我就成为他们的猎物。

因此,压低酒杯就是对这种“围猎”文化的被动适应。压低自己的酒杯看起来是压低了自己的地位,其实是保护自己。总的来说,那些谦虚、低调、主动压低自己酒杯并弯着腰向别人敬酒的人，在酒桌上活得很滋润。而且，他们往往在生活和工作中也能把方方面面的关系处理得游刃有余。

说一千道一万，等我明白过来，一切都已经晚了。我已经不喝酒了。本节讲的这些道理都是我在桌子底下躺了几次之后才想明白的——但不要告诉我："看来那些酒没白喝。"

所以，我现在很害怕收到邀请去参加一场"非常正式""规格很高""餐厅高级"以及"还有×××也来"的宴会。因为这种宴会像是一种庄严的宗教仪式，重要人物先举杯说几句话，就像是大主教在"布道"，随后各级别的神职人员和普通信众纷纷举杯，要么向主教大人"欢呼"，要么进行"自我忏悔"。

我在山东、河南、山西和陕西等北方地区都喝过这样场面的酒。结果呢，我很不舒服，感觉自己的各个器官都受到了不同程度的伤害。在这种高规格的宴会上，座位、摆盘和桌饰都有讲究。谁坐哪里？谁先说话？谁陪谁？（还真的有"主陪""副陪"等这样的角色）哪些人先敬酒？哪些人先说话？谁敬酒必须喝掉？哪些人可以坐着喝？具体到某一个人应该敬几杯酒或者应该在第几轮开始站起来敬酒——这一切居然都有心照不宣的默契。这种默契的存在揭示了丰富的人际关系互动。这应该是一种等级社会特有的人际关系互动游戏。

维克多·特纳在《仪式过程》一书中提到，"仪式是一种反结构的阈限。在仪式过程中，原有的组织结构被暂时打破，原有社会中的负面情绪和潜在冲突得到消解。仪式过后，组织重新回到原有结构中。”年末的公司酒会就明显有集体宣泄的作用。我们的文化往往不怎么提倡去看心理医生，我们往往通过K歌、旅行和年终酒会来宣泄内心积累的不满情绪。是的，宣泄情绪是许多公司年终酒会的主题。这没有什么不好意思的，我们的大脑运行起来有点儿像电脑的运行方式，每隔一段时间就要产生一大堆临时文件。如果这些临时文件得不到清除的话，就会拖累运算速度。但是，除了社会学家们对“仪式”这个词的解释以外，“仪式感”本身带给我更大的启发：我们喝酒往往是仪式性的社交活动，我们社会生活中那些丰富而热烈的酒桌游戏源自我们的“单位文化”。外国人喝酒是个体买醉，我们喝酒是一种集体社交互动。

我在国有企业工作过，也在外资企业工作过，还曾经和伙伴一起创业，那就相当于民营企业了。我对于不同所有制企业的文化有过对比、分析和感受。我接下来要讲的话，并不具体指向任何所有制企业，尤其与我曾经服务过的国有企业无关。

有些国有企业的人际关系很模糊。是的，我认为是“人际关系模糊”，而不是“人事关系复杂”。国有企业的员工并不仅仅是法律意义上的雇员，他们还是政治意义上的主人。员工不仅是雇员，他们还是群众。“群众”这个词从属于“人民”的概念。因此，国有企业的员工相应地享有较高的社会地位。国有企业的领导并不是法律意义上的老板，他们还是公仆。他们有政治上的义务去为群众“谋福利”和“办实事”。国有企业的考核不仅仅是国资委对报表的考核，还需要群众填表格来给领导打分。这些特色都体现了我们的制度优势。

我曾经在我们自己创立的民营企业（就是那个参加混合所有制改革的房产中介公司）担任董事长。我的痛苦、纠结和压力来自不断的融资压力——根本就没有银行愿意借钱给我。之前，我在国有企业担任首席财务官的时候，认识许多银行家，他们都很乐意把钱借给我所在的企业，我于是错误地以为他们对我个人有信心和对我个人有感情（这属于“巫术思维”，我在后面的章节里会分析到）。结果，当我“下海”之后，再开口向他们借钱的时候，他们无一例外地婉拒——其实是相当粗暴地拒绝了我。他们一眼就识破了我约请他们吃饭的真实目的是融资，因此，他们根本就不肯和我吃饭，这样就免得我开口了。

尽管如此，我仍然感觉到某种程度的轻松。因为，我们这个民营企业里面的人际关系非常简单和清晰（人际关系往往因规则清晰而简单，而人际游戏会因规则模糊而变得复杂）。人与人之间的互动充满了信任、坦然和踏实。25 个程序员和我一起自愿下海参加混合所有制改革，他们是和我一起创业的“元老”，和我一样持有公司的股份。他们和我的关系就是那种创业伙伴之间的关系——相互支持，直来直去。在国有企业的时候，我是他们的分管领导，每次我讲话的时候，他们就奋笔疾书地记笔记，一言不发，有的人还频频点头，假装在思考我的话，仿佛在体会我发言中的深刻含义。到了我们一起下海以后，我无论说什么，他们都极其不耐烦地打断我，然后直截了当地告诉我："你说的全都不对"或者"你根本不懂互联网"。下海以后，我突然发现我在群众心目中迅速从一个权威专家沦为一个草包外行。还有一种可能性是他们一直认为我是个草包，只不过以前不告诉我，现在，我们之间的关系发生了变化，他们变得直截了当和直言不讳了。

以前在国有企业的时候，每次吃饭，只要我还没有入席，他们谁也不动筷子，都说自己不饿，眼看着一桌子菜晾在那里，就是没有人吃。下海以后，每天中午，我们就在一个平时开会用的长桌上吃饭。我的饭点一般比较晚，等我去吃盒饭的时候，桌子上的菜已经只剩下一些大蒜末和辣椒丁。汤里可能还漂着几片葱花，但绝对没有肉剩下。刚刚吃完饭的小伙子会一边抹嘴一边吩咐我："周董，你吃完把桌子收拾一下。"奇怪的是，他们这样对我，我并不难过。我感觉我们之间的关系从来没有这样亲切、自然，彼此都不用照顾感情和面子，我们都有一个共同的信念支持着组成了一个利益集体。清晰的关系使得我们都努力任责、彼此宽容和互相团结。

对于后来加入公司的员工，他们就不是持股的股东了。我和他们的关系与那 25 个"元老"就不同了。他们把我当老板，执行我的决定，但绝不对我太好，也从不拍我马屁。他们就是来自职场的帮手。如果其中有人工作不努力或者没有达到我们原先雇用他的预期，公司很快会解雇他，并通知他："某某某，你做到下周一。”他也不会“一哭二闹三上吊”，而是安静地收拾东西离开公司。他走之前还会来和我打招呼，根本就没有什么仇恨的样子，走了以后还会和我保持联系。

这在国有企业是不可想象的。在国有企业，就连党委书记都很难下令解雇任何人。我曾经试图缩减员工队伍，提高劳动生产率。为此，我对于合同到期的员工采取了不再续约的行动，结果反响极大，我几乎是在无意之间引爆了“核弹”，后果远超我的预期。我感觉自己做了一件比喝醉酒更愚蠢的事情。时至今日，我仍然心有余悸，以至于我仍然不敢把当时发生的事情原原本本地写下来。很多年前，我的心理医生曾经告诉我，“当你不愿意把一件事告诉别人的时候，你试图隐瞒什么的态度恰恰告诉了他们更多的东西”——他说的对极了。

国有企业有一个普遍的文化或者规则，我称之为“无辜者生存原则”。你只要能够证明，或者你能够成功地在其他人心目中植入这样一个印象：“我没有做什么错事啊！”这就相当于你压低了自己的酒杯，你就获得了安全。没有人能够解雇你。没有人！他们可能会给你一些小鞋穿，让你自己受不了，辞职走人。如果你熬得住，他们也拿你没办法。这就在国有企业建立了一种逆向淘汰机制，其结果就是那些能干的人往往忍受不了“穿小鞋”的待遇，自己辞职走了，而剩下来的人则往往都是能够忍受各种“小鞋子”的“老兵”了。他们什么也不做，不承担任何责任，开会的时候压低脑袋记笔记，喝酒的时候压低酒杯敬领导，耐心等着领导喝醉或者犯错误，这样就可以确保自己的安全。他们平时什么错误也不犯——因为他们几乎不做什么事情。同时，他们充分发挥主人翁意识，擦亮眼睛，竖起耳朵，时刻监督领导的一言一行。他们并不一定会向有关部门举报，但是，他们会收集你的“黑材料”，并在恰当的时候巧妙地透露给你这样的消息“我已经知道那件事情了”或者“我暂时还没有告诉别人”。于是，他们就获得了更好的自我保护，你再也不能拿他们怎么样了。他们平时出工不出力，开会特别积极，还很喜欢在政治上表现自己的忠诚。这样就使得任何人，任何企图将他们裁员的人置于一个政治上错误的地位：“你想要裁员？你为什么裁掉一个在政治上无比忠诚的好同志？你是不是搞打击报复？他人挺好的，无非就是能力比较差。你是领导，不是老板。你的责任是帮助他，不是抛弃他。组织不能抛弃任何一个同志！”我担心的是，一旦基层出现了这样的文化，上级国资委布置的许多改革措施就很容易在基层走形式，无法得到真正的落实。

插播一条重要的提示：我写作这本书的初衷之一是呼吁推进国有企业改革。我写作过程中提及的国有企业并不真实存在，这些国有企业中的人和事都是我按照我老婆有关“好好写一个侦探剧本”的指示精神虚构出来的。如果这些虚构的场景使读者产生“似曾相识”的感觉的话，那只说明我认真地写了一本以国有企业改革为背景的现实题材侦探小说。

我遇到过的国有企业员工也许并没有代表性，但他们给我这样一个印象:他们好像都很懂得潜规则,并且很好地利用了潜规则。我现在突然想通了,潜规则的目的就是"不任责"。读者可以自己比较一下,股市上同一行业的两个规模、技术水平和市场份额差不多的公司,民营企业的估值水平往往高于国有企业。我猜测,其中很重要的原因是民营企业的员工"任责"程度比较高。员工越是任责,公司的估值就越高;反之,则低。

我在喝酒喝多的时候还想过这样一个假设性的问题:如果一个投资人对国有企业员工的任责态度不满意,转而想要做空国有企业的公司治理,他该怎么操作呢?最简单的办法可能就是做多贵州茅台的股票。在我写作这本书的时候,贵州茅台股票的总市值超过了2万亿元,毫无疑问,这是好酒,这也是好公司。我的猜测是,它作为一个投资工具,还具有做空其他国有企业公司治理的作用。未来,随着国有企业改革的进一步深入,是否茅台股价才会下跌呢?迄今为止,茅台股价的巨大涨幅是否意味着做空国有企业公司治理的投资取得了巨大的回报呢?用30%的保证金融券做空沪深300ETF,然后用这笔钱去做多茅台股票,这个交易策略在过去20年间的回报是惊人的。这个交易策略揭示了我们社会在玩的某种游戏。

茅台或者30年陈酿的精装茅台对我以及其他不喜欢喝酒的人来说,就像护士手里的酒精棉球。但是,这些酒卖得越来越贵,而且越贵越好卖(截至我写作本书的时候情况仍然如此。我预计如果我的这本书在你的书架上停留足够长的时间,这种情况则会有所改变)。

我想了很久,发现只有当这些酒很"贵"的时候才能暗示参与酒会的人这场酒会很"重"。这种酒只有卖得很贵才能体现很强的仪式感,越是庄严隆重的仪式,越是需要昂贵的酒。并不是中国喜欢喝酒的人多了,而是中国喜欢应酬或者希望通过应酬来提高自己社会地位的人多了。那么,究竟为什么有人会认为通过社交应酬有可能提高自己的社会地位呢?

过去,我总认为是通货膨胀预期导致茅台酒涨价,我现在有了不同的解释。20 世纪 90 年代,我们国家经历过更严重的通货膨胀,连续好几年,物价同比上涨幅度达到两位数,远比现在要高。但当时的茅台酒卖得并不贵,喝的人也不多。关键在于当时正是国有企业改革处于攻坚克难的高峰时期。经济增速保持在高位,各地都在大力引进外资和民营企业,而国有企业则经历了一场减员增效的改革阵痛。新世纪开始以后的 20 年是国有企业改革收获成果的 20 年,是国有企业扩大影响和提高在整体经济中占比的 20 年,也是茅台酒涨价的 20 年。我当然不是说"国有经济扩大"和"茅台酒涨价"这两者之间存在真实意义上的相关性。我是说,这两个现象同时在过去 20 年发生,这启发我去思考国有企业团队、管理者、相关方和基层员工之间是否存在着巨大的仪式性社交互动的需求?这种社交活动是否出于前面分析的那几种目的?茅台只是一瓶酒,只是一个工具,只是一个载体,只是一个棒球,人们是用它在玩一个社交游戏。人与人之间社交互动得越频繁，这种社交需求越旺盛，对昂贵的茅台酒的需求就越大。

其实，我脑子里面的疑问还有很多。如果人与人之间的关系很清晰地定义过，如果人与人之间的感情无论冷暖远近都不能影响他们之间的关系，如果人与人之间的行为更加默契地基于对契约和合同规定的责任义务的共同理解，我们还会产生这样巨大的社交游戏需求吗？是不是人与人之间讲感情就意味着要模糊地处理两者之间的关系？为什么我会愿意把我和另外一个人之间的关系保持得模糊，而不是保持清晰？这样是否给了我操纵利用他的机会？我是否可以绑架他的荣誉感，进而用兄弟情谊去感化他做出对我有利的事情？市场经济发达的地方喝酒不劝酒是否意味着他们更尊重契约精神？

“茅台会涨到什么时候？”经常有股民来问我这个问题。我只要一听到这个问题，就可以确定三件事情：第一，他说的不是茅台酒涨价的事情，而是茅台股票上涨的事情。第二，他一般不喝酒。因为，股民普遍都省吃俭用，他们心心念念地把每一块钱都投入股市，希望增值。第三，他并不持有茅台股票。否则他不会这么焦虑地问我，而是会故作轻松地炫耀。

好吧，我现在就来回答这些关于茅台的问题。茅台酒也好，茅台股票也好，可能会一直涨到我们的社交需求下降为止。或者说，我们换了一个游戏来玩，新游戏不需要茅台酒来当“棒球”使用了。我甚至有一种预感，它会一直涨到国有企业的市场化改革成功为止。如果我们的国有企业都像衙门一样运行，如果国有企业团队内维持着等级或者行政级别，如果这样的国有企业在经济运行中继续占主导地位，那么，茅台就会继续涨下去，而且越贵销量越好。茅台并不是一瓶酒，而是一种工具，一种在等级社会特有的社交游戏中所使用的工具。它越贵，互动游戏的效果就越好。就像足球越圆，足球比赛的效果就越好。

在某些国有企业，劳动法也好，考核办法也好，对付某些"老兵"可能根本不起作用。他们在公司里面工作并不像是要对国有股东"任责"。相反，他们认为国有股东应该对他们"任责"：国家应该照顾他们的家人，改善他们的生活，体谅他们的苦衷，确保他们的工作，提高他们的待遇。当发生这种情况的时候，这个国有公司的股权就很难估值了，因为股东不仅不能要求员工对公司任责，还要承担巨大的"隐形"义务。当然，当发生这种情况的时候，另外一项无形资产的价值就升高了：国有企业员工的身份。这是我观察到的事实，不是我胡扯。我当房产中介的时候，清楚地记得，来我公司买二手房的国有企业员工可以享受到远比私有企业员工更优惠且更便捷的银行按揭贷款——当然绝大多数都来自国有商业银行，这不能不说是国有企业员工特殊身份带来的特殊待遇。我猜想，商业银行评估以后会这样认为：国有企业员工的工作比私营企业员工更稳定也更有保障。具有相同收入的两个贷款人，一个在国有企业，一个在民营企业，前者的风险更低，还款能力更强——尽管后者的工作能力可能更强，在工作中可能更任责。

无论银保监会和人民银行怎么发文件要求平等对待民营企业及其员工，事实就是国有企业员工比民营企业员工办理按揭贷款更容易的现象在我从事房产中介期间仍然普遍存在。还是维特根斯坦说得好，“一个得不到执行的命令不是一个命令。”一份得不到执行的文件就不是一份文件。孟德斯鸠早就说过，法律的执行情况取决于当时当地的风俗习惯，而与法律本身的文本条款无关。如果有关部门不去触动产生这种风俗习惯的社会环境和生态，而只是发文件要求金融机构不要被动适从于这种社会环境，那么，发这份文件的目的可能就是避免自己对这个问题“任责”。

回到喝酒问题上。1974 年，邓小平同志率团出席联合国大会的时候，遇到了基辛格博士。基辛格对他说，“我认为只要喝足够多的茅台，就可以消除我们之间的所有分歧，解决所有的问题。”据说，邓小平同志当场回应道，“你提醒我了，我回去就扩大茅台酒厂的生产规模。”我特别钦佩邓小平同志的这种既豪迈又机智的幽默感，体现了大国领袖的胸怀和气魄。

基辛格的话倒是启发了我。人在喝高了以后可能会做出昂扬的自我牺牲式的决定——“杯酒释兵权”说的可能就是这样的场景呢！至少我喝高了以后，经常愿意做出豪迈的保证：承诺别人去做超出自己能力范围的事情，承诺对别人好一些，承诺对别人放松要求，承诺不执行严格的人事纪律和考核制度。

请想象这样一个场景：一个企业、一个团体或机构，人与人之间的关系不很明确、不很清晰，规则和法律形同虚设，一切都取决于当事人当时当地的感情和情绪决策。这里即便有了文件、法令和规则，也一定“朝令夕改”，或者“虽令不从”。喝酒时，人与人之间仿佛能够产生一种默契：“我们都是一伙儿的，我们相互之间要讲面子，重情谊，相互关照，相互制约，相互提携，提防和抵御那些共同的威胁。”

反正，我在国有企业工作时候的应酬远远多于下海以后。我的感觉是，喝过酒之后，尤其是喝醉出丑以后，彼此再见面时，相互之间心照不宣。我们都默契地遵守“潜规则”，开始照顾彼此的面子，开始重视彼此的情谊，而不是开始想方设法地执行市场化契约和落实上级国资委布置的改革要求。我们会找出冠冕堂皇的理由，以便我们可以不去执行契约，不去落实文件。这些冠冕堂皇的理由往往包括(但不限于)：“稳定压倒一切”“马上要召开××重要会议了”“这个地方的历史包袱比较重”“情况比预想的复杂”“这事儿牵扯到一些敏感问题”“这个改革方案涉及面广，政策性强，搞不好要出乱子”或者“我们班子是想落实上级指示精神的，但是，群众反响强烈”。总之，我们不再任责了。

为什么喝醉一场以后，男性之间容易结成这样的“潜规则同盟”并开始相互关照对方了呢？我不知道，我也没有答案。但我克制不住自己的联想：根据野外观察者记录，两只雄性黑猩猩在结成临时同盟共同对付主雄之前，会相互捏一下对方，就像两个哥儿们相互交个底儿一样——我们手里都捏着对方出丑的把柄是我们俩结成临时同盟的可靠保证。

一个地方的人们越是想和你喝酒，就越说明他们想和你建立一种绕过契约的交情。建立交情的目的是避免或减少自己在契约中的任责。一个人人不任责的公司，它的股票无论多么便宜，都缺乏投资价值。所以，我现在看到哪个公司喝酒成风，我就坚决不买他们的股票。因为，这些喝酒的人往往只有开会时候的豪言壮语，到了落实上级文件和执行市场契约的时候，他们往往以“维稳”的名义，抛出各种“暗器”，使得上级制定的改革方针陷入“泥潭”，上级布置的国有企业改革方案往往在这些地方寸步难行。某些人只在“誓师动员大会”和“总结表彰大会”上落实上级布置的工作。

竞争与淘汰

灵长类动物群体都有某种程度的“政治”活动。这些活动主要涉及交配权、食物分配权和主雄产生的方式。你平时在动物园看猴子们争夺饲养员投喂的橙子，你可能以为猴群追捧的资产就是橙子；你在交配季节看到雄猴们激烈地相互打斗，你可能以为雄猴们追捧的资产是交配权。但我认为，猴群最核心的问题还是“主雄产生的方式”。这意味着在猴群中权力是怎么分配的、怎么产生的、怎么对个体发挥作用以及怎么移交给新猴王的。在灵长类动物群体中，主雄产生的方式决定了这个群体的食物在个体中的分配方式以及低地位的雄性个体获得交配权的机会。所以，主雄产生的方式必须是明确的。猕猴、山魈、狒狒和黑猩猩等灵长类动物各自都有不同的产生方式，它们的群体差异也就非常大。

灵长类动物群体主雄（包括猴王、阿尔法猴、首领雄狒狒等）的产生方式千变万化。黄山短尾猴和黑猩猩是其中两个极端的代表。我先来介绍一下黄山短尾猴。这是我国特有的猕猴品种，属于藏酋猴的一个亚种（藏酋猴这个名字最早出现于 1922 年出版的《动物学大辞典》，仅仅是因为它的拉丁学名中用了一个“西藏”的地名。事实上，藏酋猴并不产于西藏，而是广泛分布于我国的四川、陕西、安徽、贵州和湖北等地）。它们的等级社会是很独特的。一般来说，它们群体中有一个猴王（我将其称为 A，也有专业人士会将其称为阿尔法猴，或者主雄），5—6 只地位仅次于主雄的壮年雄猴（我将它们称为 B），以及 20—30 只地位更低的年轻雄猴（我将它们称为 C）。C 获得更高地位的方法就是联合 A，形成二对一的优势去攻击 B，只要讨得 A 的欢心一起攻击 B，就能取而代之。但是，新上来的 C 在 B 的位置上也待不了多久，因为 A 很快会抛弃这个临时盟友，转而联合其他更年轻的新雄猴来攻击 C。

黄山短尾猴的进化程度高于我国另外一个著名的珍稀猴类：金丝猴（属于叶猴）。短尾猴群落里有“临时结盟，顺位攻击”

的特征。每个猴子的地位都不是固定的，而且随时会发生变化。野外观察者发现，当猴王开始攻击某一只地位较低的年轻公猴时，刚刚还和这只年轻公猴在一起相互梳理毛发，表现得相亲相爱的另外一只猴子会突然翻脸，主动帮助猴王一起攻击它刚才的好伙伴。有时候，亲兄弟也会很快反目，因为黄山短尾猴普遍采取“痛打落水狗”的策略。这种对猴王“全面迎合”、对兄弟“翻脸无情”的做法能够迅速提高一只猴子在群体中的地位。

黑猩猩比猕猴更接近人类，它们的群体特征则完全不同于短尾猴。雄性黑猩猩们采取“长期结盟，对抗主雄”的策略。它们自发组成一个松散的长期同盟，成为群体中一个稳定的中间层，共同制约被称为“主雄”的首领黑猩猩。黑猩猩的首领是不能为所欲为的，它的权力受到许多制约。而短尾猴猴王的权力不仅不受制约，而且还能经常得到猴群底层个体的主动效忠和捍卫。位于猴群底层的雄猴通过效忠并联合猴王来攻击其他地位比自己高的雄猴，从而为自己赢得更高的地位、更多的食物和交配机会。相对来说，黑猩猩群体中的个体地位是相对稳定的，短尾猴群体中的个体地位是很不稳定的。

在我们人类看来，黄山短尾猴这种反反复复、打来打去的“结盟游戏”和“政治斗争”显得十分可笑和无聊。但是，这种斗争对于拱卫主雄的地位是至关紧要的。表面来看，是年轻的雄猴 C 经常取代资历更深的雄猴 B，实际上，是那些最接近于主雄位置的雄猴 B 经常被 A“算计”，被老练的 A 联手年轻的 C 一起

“打回原形”。那些最有可能接替主雄位置的 B 经常被年轻的 C“淘汰出局”，从而无法参加争夺最高权力的决赛。这样一来，主雄 A 的地位就安全了，它就可以更长久地统治整个猴群了。

黄山短尾猴的故事总让我想起 30 多年前听说过的一个有关苏联的笑话：监狱里面关着三个囚犯：第一个说，“我因为反对罗曼诺夫而被捕”；第二个说，“我因为支持罗曼诺夫而获罪”；第三个说，“我就是罗曼诺夫”。这个笑话有多个版本，但意思差不多，即通过攻击自己的上级就能够迅速提升自己的地位。苏联的最高权力者也许明白那些来自底层的揭发材料许多是杜撰的，实际情况并不是自己的部下变节了，而是部下的部下想要获得提拔，于是他就捏造、举报和揭发自己的上级。但是，最高权力者可能乐于促成这样的游戏。因为这个游戏会防止群体内出现一个制约他权力的中间层，还会不停地把接近最高权力的潜在挑战者打倒在地。这两种情况都有利于最高权力者巩固自己至高无上的绝对权力。在一个人人自危、相互提防、盛行揭发的社会里，是不会有科技进步的，人们只会考虑自我保护或者人际关系。

如果一个社会的构成类似于短尾猴的话，那里则一定盛行着相互背叛和揭发，那里一定推崇谦虚、内敛的美德。其实，在那种环境下，谦虚并不是美德，而是生存技巧。你要主动把自己放到一个更低的位置上，就能够防止陌生人的攻击。请回想一下，“压低自己的酒杯”这究竟是文化，风俗，礼貌，还是生存技巧？在一个不敢冒头的文化里，搞发明创造和出人头地都需要巨大的勇气。

在黄山短尾猴的群体中，个体和个体之间缺乏相互信任的合作机制，人人都要自保，稍微一出头就容易被出卖和背叛，沦为被斗争的对象。只有那些远离权力中心的雄猴个体才获得了安全，而代价就是更少的交配机会和更少的食物分配。请把"交配机会"换成"被人敬酒"，把"食物分配"换成"酒精饮料"，看到这里，你是否明白了些什么？为什么平时在工作中表现得不怎么样的人会突然在酒桌上表现得很积极？为什么地位较低的人几乎不会去灌"一把手"的酒？为什么他们总是针对酒桌上的"二把手"或者"三把手"去灌酒？而且当他们这样做的时候，"一把手"为什么往往是默许或者含笑不语？我总感觉酒桌上的某些潜规则体现了黄山短尾猴的"智慧"。

黄山短尾猴构建了一个等级森严的社会。那么，如果有一个类似于短尾猴这样的人类社会，等级标识物就会很值钱。"等级标识物的估值很高"和"地位很重要"是同一个命题的两种表述方法，只有这样，才能激励个体去追求更高的等级。这是黄山短尾猴群体的进化动力。

与之相反，黑猩猩构建了一个等级不如短尾猴那么明显的群体。雄性黑猩猩之间会相互结盟，共同制约主雄，以便获取更多的交配机会和食物分配。有研究显示，黑猩猩主雄的交配机会占群体中全体雄性交配次数的比例远远低于短尾猴主雄所占的比例，或者说，短尾猴主雄对群体的控制更强，拥有更多的交配机会，甚至趋于独占全部雌猴的交配机会。

如果有一个类似于黑猩猩这样的人类社会，那么，信用就很值钱。因为雄性之间结盟的前提是相互信任，而“信任”（trust）来源于个体用捍卫“信誉”（reputation）的方式赢得的“信用”（credit）。在短尾猴的社会里，信任、信誉和信用都是没有用处的，也就没有价值。它们同侪之间没有结盟机制，也不需要相互信任。它们会毫不犹豫地相互背叛，它们只有对更高等级的拜服。

有人说，自由的社会也往往是宽容的社会。其实，宽容和自由并不互为因果，而是同一个原因的共同结果。那个共同的原因就是相互独立的雄性之间结盟默契。如果一个社会的男性之间相互猜忌和提防，他们就不具有结盟默契，他们也就不会宽容地对待对方的疏忽，不会容忍对方的冒犯。这样的社会男性之间不能结盟，他们就不能形成一个约束政府的社会中坚力量，这个社会的自由市场机制就不能形成。所以，我们往往看到发达国家的人相互之间容忍度高，人际关系比较疏远，比较提倡个人自由和人格独立，经济发展水平较高，对政府的约束程度也较强。这些都是统一整体的分别反应。

读者一定要理解，并在理解的基础上原谅我的啰唆。一本讲估值的书，为什么翻来覆去地讲喝酒的事情，还掺杂着猴子们的“等级和规则”以及黑猩猩们的“竞争和淘汰”？这些都是有关估值不得不说的背景资料。一定要分析清楚那个追捧某项资产的群体究竟是怎么组成的,在玩什么游戏,才能理解他们为什么追捧某项资产,才能理解为什么他们会对这项资产给出不可理喻的惊人估值。

无论哪个社会,建立了等级就实现了分层,就建立了秩序。接下来的问题就是培养、激励和筛选了。一个社会玩什么游戏,打什么牌,用什么资产提供激励机制,怎么用这项资产来鼓励个体“任责”,以及最后怎么对该资产本身进行估值,这些问题看起来涉及方方面面,其实就是一个统一整体的分别反应。

我想先用一个例子来展示一下“淘汰”这个问题。这个例子涉及“好牌手”和“好赌徒”之间的差异。在我的印象中,每次打牌都会遇到这两类人:一个“好牌手”总是能够精准记牌、算准概率。他偶尔也有灵光一闪,押中小概率事件的机会。在灵感没有降临之前,他总是能够控制自己的情绪,不会任由情绪左右自己的决策。而一个“好赌徒”则不怎么记牌,他更善于观察对手的情绪变化,会细心分析赌桌上其他赌徒的面部表情,根据他的社会阅历经验或者大数据模型刻画的人物心理画像,大致猜测对手目前的情况。他需要煽动、调动并利用对手的情绪,让别人做出情绪化的决策,然后就可以利用别人的错误赚钱。我从来没有见过两者皆备的人。这两类人似乎是相互筛选、相互促进、相互培养和相互成全的。一场牌局同时有了这两种人才会精彩。

现在请把“好牌手”和“好赌徒”同时放到资本市场上。前者代表了“价值投资”的理念，后者代表了市场的“随机性”特征。然后，请再把“好牌手”和“好赌徒”放到你的日常生活中去。如果一个社会的个体都很任责，都是好牌手，都已经找到各自最合适的岗位并努力工作，那么，整个社会的情况怎么样呢？这幅美好的静止画面坚持不了多久。人人都通过学习、实践、进步并成长为好牌手并晋级。届时社会中上层会人满为患，但上帝给不了那么多冠军奖杯。

人经过自身努力可以成为“好牌手”，但这种个体的进步要符合社会的整体需要。社会需要的是人人争取进步的精神状态。在这种精神状态下，社会矛盾会自动化解，个体追求进步，社会生产效率提高，社会物质财富丰富。但归根结底，人类社会并不需要所有人都成为“好牌手”并成功晋级上流社会。我们无法维持一个大多数人通过自身努力都成为全国桥牌冠军的局面。据说玩桥牌游戏，可以使阿尔茨海默病早期发病率明显下降，这样为全社会节约医保支出。为此，我们需要淘汰许多优秀且无辜的人。那么，怎么淘汰他们才符合我们自己宣扬的“真理、正义和说教”呢？怎么淘汰他们才使得这一幕悲剧看起来还比较公平和公正呢？答案就是随机性。人类需要经历悲喜剧来不断刺激自己的激素分泌。“好赌徒”（或者说就是随机性）就像是《浮士德》歌剧中的魔鬼仆人靡非斯陀（Mcphist）一样，时时刻刻给我们肉体的诱惑、财富的捷径、精神的痛苦和人生的悲喜。

该是靡非斯陀上场的时候了。

好赌徒之所以能够生存，是因为我们对随机性的理解经常发生偏差。我们不是将其视作资本市场固有机制的一部分，而是将其视作天外飞仙和神来之笔。我经常读到类似的消息："华尔街有一个音乐天赋很高的数学家，他把外汇期货的实时价格转换成钢琴音符，价格涨，音调就高一些，然后让老鼠预测下一个音符是高是低。预测对了，就自动投食，否则电击。每天持续训练5小时，连续3个月之后，把胜率<52%的老鼠淘汰，剩下的精英老鼠互相交配，优选出第二代。结果，第二代中的冠军交易员（起名叫摩根）胜率达到57%，高于很多基金经理。"我每年都会听到类似的故事，细节很详实，情节很生动，故事的主角一般都是动物，有章鱼、牧羊犬、黑猩猩、鹦鹉和仓鼠等。人们乐于津津乐道它们的"神灵"。其实，这些动物并不比人更聪明、更有智慧或者更懂股市。它们之所以能够"战胜"市场，是因为它们比资本市场里面的投资人更随机，因此"淘汰"了部分人类投资者中的"好牌手"，它们就是资本市场的"好赌徒"。大自然安排的淘汰赛里本来就包含了随机性的比赛项目。你为什么很难用双手拍死蚊子？蚊子飞得并不快，但它能够突然变换飞行路线，使得你扑了一个空。绝大多数昆虫飞行能力都不如鸟类，但它们没有全部沦为鸟食。我见过小鸟追逐蝉，蝉能够突然大角度地变换飞行路线，这种突然性就是随机性的一部分。昆虫和鸟类都在接受大自然的筛选，科目之一便是对随机性的适应能力。

启发我这样思考问题的另外一条线索源自 *Silicon Dream: Information, Man and Machine*。该书的作者罗伯特·勒齐(Robert W. Lucky)曾经是贝尔实验室的负责人。他介绍过一个有趣的实验:1974 年,贝尔实验室在大门口放置了一台欢迎来宾的机器人。这台机器人有一个拿手的把戏:猜硬币。你只要和机器人玩 8 次猜硬币的游戏,它不仅能够持续战胜你,而且还能猜出你心里想的是正面还是反面。听起来是不是很熟悉?这台机器人和那只在选股游戏中战胜人类投资者的猴子一样。原理很简单,机器人需要先了解一下你的猜测习惯。所谓猜测习惯,就是你的大脑对随机性事件的模拟方式,一旦了解,机器人就能够比你更随机,因而能够战胜你。由于猜硬币是一个"非正即反"的游戏,因此它猜中硬币的同时,也猜出了你心里想的结果。机器人只是比来宾的思维更随机而已。生活中我经常听到有人向我推荐量化投资的产品,也经常有人吹嘘自己的估值模型最近又战胜了指数(当然也战胜了我)。这些估值模型和量化投资的方法并不比我的主观判断更接近股票的真实估值。它们只是比我更随机而已。它们扮演了"好赌徒"的角色,把我这个不幸的"好牌手"淘汰出局了。"章鱼帝""预测鼠""炒股猴"和"猜硬币机器人"一样,它们永远有市场,因为市场永远需要"好赌徒"。"好赌徒"并不知道估值真相,他也没有战胜市场,他只负责淘汰有感情、有血有肉、有情绪变化、有主观思维限制的人类。他的任务是让上流社会始终有空缺。

估值并没有一个绝对真相，也没有一个相对区间。估值就是一场游戏、一场牌局、一场比赛和一轮竞争。我们并不想探求永恒的真理，我们只在乎提高自己的相对社会地位。这场社会地位排位赛就是估值游戏。人人争先恐后地努力向上，社会就随之进步了。

人类需要分层，需要垂直流动，而随机性帮助人类社会实现了这一目标。只有当上层社会名额有限时，通往上流社会的门票才有价值，对人才有激励作用。一个比较好的社会结构是橄榄型的，那里大多数人是中产阶级；一个比较差的社会结构是金字塔型的，那里大多数人在社会底层挣扎。决定这两种社会形态的关键是"好牌手"和"好赌徒"之间的比例关系。"好牌手"多的社会更趋于橄榄型；"好赌徒"多的社会更趋于金字塔型。一个社会如果只有好牌手，那就是一群神仙打架的奥林匹亚山。一个社会如果只有好赌徒，那就是"水浅王八多"的小池塘。无论是"金字塔"还是"橄榄球"，都是一种社会秩序。任何社会都同时包含这两种人，否则就无法维持秩序。

分工与分层

像几乎所有的灵长类近亲一样，人类社会天然就会分层。个体天然就有动机去追求更高的社会地位，晋升更高的社会阶层。但是，如果只有分层的话，人类就只有"政治"游戏。我们就只会彼此斗争、结盟、厮杀、欺骗和拉拢。那样的话，人类就停留在我们的“近亲”黑猩猩和巴诺布猿的进化水平上。

人类既要分层，又要分工。请想象一个棒球队的分工，估值就是棒球队内的选拔赛，把合适的人放到合适的位置上。跑得快的当跑垒员，力气大的当投球手，反应快的当击球手，嗓门大的当啦啦队。各就各位。

我们由此发明一种以资产为载体的估值游戏，其目的就是通过玩资产游戏把个体追求更高社会等级的动机转换为更好地发挥自己特长的动力——或者说，借助人类天然的分层动机，去鼓励大家承担各自不同的社会分工。只要我们每个人都去做好各自的工作，发挥各自的才能，整个社会就实现了繁荣和进步。

自己持有的资产在增值，使得人类个体以为自己通过努力提升了自己的社会地位。实际上，他是在发挥自己的特长。资产价格变动的目的就是要把合适的人送到合适的岗位上。所谓“合适的人和合适的岗位”，就是此时此刻部落特别需要的人去做特别急迫的事情。

我曾经在基层发改委工作过。发改委的书记老王是一个严谨、刻苦的人，凡事都精益求精。作为一个完美主义者，他对工作要求极高。糟糕的是，他把这种完美主义者的自我要求带到生活中去了。有一个周末，我们几个同事陪他打牌（我使用“陪”而不是“和”，已经部分预示了牌局的结果）。老王是一个典型的“好牌手”，他把牌算得很清楚，并经常放下手里的牌，批评我这个搭档出错牌，还说我打牌和工作一样不动脑子。其实，我很委屈。因为陪打的另外两个科长根本就没有打算赢。他们比老王更加刻苦地算牌，然后挖坑自己跳下去，最后还要巧妙地掩盖自己刻意让牌的痕迹，以便让我和老王这对领导组合赢得漂亮。所以，尽管我根本不动脑筋，那晚我和老王这对组合还是赢了。我在想，如果我也动脑筋算牌的话，另外两个陪打的科长会不会更累？总之，老王和我都没能通过这样的牌局来进一步提高牌技，成为更好的牌手，而另外两位陪打也没有成为更好的赌徒——他们俩的演技倒是突飞猛进。

我有时候在想，那场牌局中四个人的现实意义：一个是一心求战且想方设法赢得漂亮的"战士"，一个是看破局势却一言不发的"哲学家"，两个是智商极高且演技一流但不做实事的"演员"。我们这四个人组成的牌局没法把王书记培养成"好牌手"，也没法把我培养成"好赌徒"，倒是把那两个科长培养成了"好演员"。后来，王书记这位我尊敬且喜欢的"战士"积劳成疾地倒在了工作岗位上，我至今想起与他共事的那一段日子仍然情不自禁地哽咽。我这个信奉机会主义的"哲学家"辞职下海当了房产中介，另外两个陪打的科长已经提拔到更重要的岗位上发挥作用了。

想到这里，我觉得王水雄老师总结的"任责"实在太重要了。但是，任责只能在各方都遵守游戏规则的情况下才能发生。如果大家都处于那种"心照不宣""看透不说透""尽在不言中"和"此时无声胜有声"的无形关系网和潜规则之中，人们就会想方设法地躲避任责。如果我们不能用一个游戏来刺激大家任责，我们也就无法让资产来体现估值对人的正面激励作用，整个社会的运行效率就会降低。

《管子·国蓄》中有这样一段话："先王为其途之远，其至之难，故托用于其重，以珠玉为上币，以黄金为中币，以刀布为下币。"其实，这段话是语言的迷雾，并不是先王用货币把人分层了，而是给不同的人安排了不同的分工。不同分工的人必须使用不同的货币——因为不同层次的人适用于不同的道德体系和价值观。国王的目的就是把不同的人组合起来去实现远大而艰巨的目标。由于使用了三种货币，因此国王相当于是三个部落的酋长。这三个部落的人适用不同的道德，使用不同的货币并玩着不同的游戏。现代社会要把不同部落的人融合起来，使用同一种货币，适用同一套道德体系。相应地，我们现代人玩的游戏就会复杂得多。

> 根据马克斯·韦伯的理论，社会是天然分层的。所谓社会分层是一种根据获得有价值物的方式来决定人们在社会中的等级和类属的持久模式。他进一步指出，决定社会分层有三个维度，分别是财富（经济地位）、权力（政治地位）和声望（社会地位）。①
>
> ……

① 【美】戴维·波普诺(David Popenoe)著:《社会学》第11版，李强，等译，中国人民大学出版社2007年版，第238页。

> 所有的分层制度都有意识形态的支持，捍卫上层社会利益的意识形态从各个方面证明原有的分层制度是正当的。而且这种意识形态又说服社会中下层人民他们所受到的不平等待遇是合理的。如果没有这套意识形态的话，那些在“财富”“权力”和“声望”竞争中失败的人（占社会的绝大多数）就很难心平气和地接受失败的结果，社会也就很难保持稳定。①

我当房产中介时，接触过许多买房的年轻人。他们的经历启发了我的写作，使我从个体筛选和社会分层的角度来理解房产的价值。关键不是房产本身的价值，而是社会在用房产作为工具和载体玩一个游戏。这个游戏实现了社会分层，促进社会稳定和发展。房产就像是孩子们手里的棒球，在玩一场欢乐的游戏。孩子们在游戏中组织起来，各自在游戏中找到了自己最适合的位置。

一对买房的年轻夫妇对我说，他们从老家的父母和祖父母那里筹钱，凑足了首付，来上海买房子。另外一个在我公司挂牌卖房子用于置换的中年妇女对我感慨地说，她当年运气好，没有犹豫，“胆子大一记”，夫妻俩从同事、朋友和同学那里借钱凑了首付。我看了一眼她的产证，她指的应该是 2003 年，那是国家第一次房地产调控的“严打期”。然后，她略带歉意、侥幸、无奈

① 【美】戴维·波普诺（David Popenoe）著：《社会学》第 11 版，李强，等译，中国人民大学出版社 2007 年版，第 272 页。

和令人不解的神秘微笑，说道，“我的小姐妹们就可怜了。她们把钱借给我以后，自己后来买房就贵了，还有的就一直没有买，到现在还住在老房子里面。我到现在还觉得对不起她们。”

这两个客户很好地启发了我对房地产的看法。房价上涨就是一场淘汰赛，把钱从几个家庭汇集起来交给其中一个家庭，让这个家庭买房，从而提高该家庭的社会地位。问题是，我们应该怎么选择这个幸运的家庭呢？我们按照什么标准来组织这场淘汰赛呢？

> 作为一种有效的机制，一个社会必须用某种方法把成员分配到不同的社会位置中去，并诱使他们承担相应位置的责任。社会必须从两个不同的层次考虑这些诱因。对合适的个人灌输获得特定位置的愿望，以及一旦获得那些位置就要相应承担那些责任的担当。即使社会秩序可能在形式上是相对静止的，但还是会有持续不断的新陈代谢过程，新生的个人会加入其中，随着年龄的变化而转移，然后死去，所以，必须使用某种方法去安排或激发他们，使他们到系统位置中去，无论系统是竞争性的还是非竞争性的。竞争性系统更加重视激发个人去获取位置，而非竞争性系统则更强调个人去承担责任。不过，在任一系统中，这两种激发都是必需的。
>
> 如果与位置相关的责任使人感到愉快，这些位置对于社会生存同等重要而且位置所需的天赋和能力也一样的

话，那么，谁占据什么位置就没有什么区别了。但事实上，谁占据什么位置有很大的不同，不仅仅因为一些位置在本质上比另外一些位置更令人愉快，更因为一些位置需要特别的天赋和训练，并且一些位置的功能比另外一些位置更重要。同样地，根据重要性的不同，付出相应的努力去执行位置所需的责任也很重要。所以，一个社会理所应当必须具备：(1)可以作为诱因的报酬；(2)根据位置的不同，对报酬进行分配的途径。这些报酬和分配乃因此成为社会秩序的一部分，社会分层因此而产生。①

看来，经济学、金融学和社会学有着共同的祖先，它们也应该研究共同的对象，这个对象就是人和人类社会，而不是从属于人和人类社会的资产和商品。从这个意义上讲，我不是在改写金融学，而是在提升金融学，让它具有观察社会的眼光和关心人的同情心。

资产帮助人类社会形成等级(分层)和秩序(分工)。关键不是研究资产价格的变化是否符合随机漫步的过程，而是要观察人类社会为什么建立了当前的这种等级？这种等级和这种秩序需要什么资产来维护？

我一直认为印度对人进行分阶层是为了实现某种社会秩序，但这是一种“简单粗暴”的办法。费雪·布莱克曾经说过，人是最无法估值的，因为人的未来有无限种可能性。但是，如果开

① 【美】戴维·格伦斯基著：《社会分层》第二版，华夏出版社2005年版，第38页。

始用阶层作为游戏规则来限制一部分人的自由，那么，自由就不再是所有人的“无限的可能性”了。自由在等级社会里变成了一部分人的特权和身份象征。由此，自由就有了价值，奴才和工具相应地都有了价格。自由在自由社会里是人的未来发展的无限种可能性，它是无价的；自由在等级社会里是一种特权，它是可以有价格的。所以，估值体系在不同的社会是不一样的。

美国社会学家戴维斯和摩尔在1945年提出了社会分层理论的功能论。他们认为：

> 任何系统都存在引起分层的普遍需求。所有社会都必须设计出一套方案和机制，以促使最优秀的劳动者去承担最重要和最复杂的工作。这一“激励机制问题”可以通过许多方法来解决。最简单的办法就是建立一套报酬等级制度，包括声望、财富和权力，以此对于承担重要工作的人给予特殊的报酬。
>
> 这实际上意味着我们有意识地构建了一个职业上的不平等体系，即一个分层体系。该体系中不同职业的分工就是报酬和补贴的发放渠道。
>
> 所以，我们或许可以认为，“在有意识地确保最重要的岗位上都有最胜任者的过程中，社会无意识地发明了分层体系。”①

这个观点在社会学领域饱受争议和抨击，这种情况在学术

---

① 【美】戴维·格伦斯基著：《社会分层》第二版，华夏出版社2005年版，第11页。

界很常见,这也是我每次见到学者都有些害怕的原因之一。不过,该观点还是得到了一些人的支持。格伦斯基在 2001 年提出,“一个成功的社会激励体系包括让最胜任的人去寻找最重要的职位”。

王水雄老师曾经这样回答我有关“为什么社会有分层”的疑问。他说:“可以用冲突论加交换论来解释。如果社会和谐而平等,人口的增长就会远远快于物质财富的增长,从而造成物质财富的相对稀缺。这导致人们针对物质财富的争夺与斗争加剧,有些人会胜出,有些人会失败。为了让人们及其后代认可这一胜败格局,减少人际比较和由此导致的心理失衡,需要建构某种分层的秩序。胜利者及其后代会把持较多的社会资源,他们中的某些人会倾向于将其部分资源馈赠给弱势方。弱势方无以为报,将倾向于以服从和忠诚来交换,也就是认可胜利者及其后代的权力和权威,遵从被日益确立起来的分层秩序。”他最后说,“胜利者特别是其后代如何将以往集聚的资源传递给弱势方,以便维持社会运转,而不至于让社会陷入贫困和冲突困局,确实应该是金融学的一个重要主题”。王水雄老师虽然年纪比我轻,但他在学术上是我的导师。我感觉这一次他不仅提升了我的认识,也推动了金融学的发展。

社会分层之后一定要有一种机制来实现阶层之间的垂直流动,如果一个群体长期处于社会底层就会诞生“贫困文化”,这是指一套穷人所共有的规范和价值观。这一思想是由人类学家奥斯卡·刘易斯(Oscar Lewis)在对墨西哥和波多黎各的贫民窟进行研究之后提出来的。刘易斯认为,贫困文化是全世界许多城市穷人共同的特点。当特定人群几代人都忍受经济剥夺带来的贫困之苦的时候,就会产生适应这种贫困的文化——它能够使得穷人克服这种极端环境。这种贫困文化包括屈从意识,不愿意规划未来,没有实现理想的能力和怀疑权威。贫困文化一旦存在,它就会代际传播。贫民窟孩子在六七岁之前通常已经接受了这种亚文化的基本价值观和生活态度,他们在心理上已经不能利用人生中出现的任何发展机会和动能。①

既要实行分层,又要实现垂直流动。为此,人类发明了一整套说辞和价值观——资产的估值体系在其中扮演重要角色。

种姓制度和房地产

赵旭东老师②曾经对我说:"估值是一个社会意愿的问题,

---

① 【美】戴维·波普诺(David Popenoe)著:《社会学》第11版,李强,等译,中国人民大学出版社2007年版,第302页。

② 我至今仍然记得第一次在中国人民大学人类学研究所遇到赵旭东老师的情景。传言他是一个傲慢的人。于是,我遇见他就说:"是李友梅校长派我来看你的。"——其实不是,但事后我向李校长说明了情况,得到了她的谅解和哈哈大笑。赵老师当场像被电了一下,类似坐山雕初见杨子荣时,抖开毛皮大氅,身体一震,向后靠坐在了椅背上。"原来是师姐派你来的……"他热情极了,急忙招待我坐下。他把前一拨访客留下的半盏凉茶倒在地上,然后给我倒上新茶——杯子没有洗过。壶里面的"新茶"也是凉的。我犹豫了一下,最终还是假装豪迈地一饮而尽。随着时间的推移,那半盏凉茶在我心里逐步从耿耿于怀演变成津津乐道的故事。

体现社会互动关系。大家喜欢买楼房，那是土地的一种象征，是拥有感的文化表达。如此一来，楼房的估值自然攀升。等到房子估值不攀升了，人们也就关系淡漠了，不在乎别人怎么看，不在乎家人怎么看，甚至没房子流浪也无所谓，但那是文化衰落的表现，西方的衰落首先表现在房产衰落上。”他给我的寄语提醒了我：对房子进行估值不完全是一件金融学意义上的事情，要在人际关系中理解房产价值。

大家不能只看到房价，或者只注意房价的上涨，抑或只期待房价的下跌。房价的上涨和整个社会的舆论、个体的喜怒哀乐、某些人社会地位的上升或下降和人口变化都是统一的整体。是的！我特别提醒读者回忆一下房价和舆论之间的互动关系。房价曾多次打破著名经济学家的预言继续上涨，也曾多次顶住舆论，一片喊跌看空的声音继续上涨，更是持续颠覆普通人内心对房价下跌的等待而继续上涨。一个人，反复被舆论引诱着幻想房价下跌，并被经济学家灌输了房价泡沫破灭的念头之后，最后被房价持续上涨了将近 20 年的事实教育(其实是棒喝)之后，他对于房价形成的主观判断不再是一种“估计”和“认可”，而是一种“拜服”和“皈依”。他一定已经放弃思考房价走势，放弃幻想房价下跌，转而全力以赴赚钱还房贷。

赵旭东老师推荐我阅读法国人类学家路易·杜蒙的《阶序人》，他还邀请我参加他的学生们针对这本书组织的研讨会。说实在的，我没有听懂多少，但我阅读这本书的收获极大。我带着金融学有关风险控制理论的框架对印度的种姓制度有了概观的理解。

诺贝尔经济学奖得主，金融学家罗伯特·C. 默顿[①]说过，控制风险只有三种手段，分别是保险、对冲和分散化。在我看来，种姓制度是一种“分散化”的风险防范措施，相当于印度社会针对传染病风险采用的隔离措施。许多金融学的模型都讲过，只要你能确保一个投资组合里面的各项资产“两两不相关”，就能降低这个投资组合的整体风险水平。那么，怎么才能确保任意两项资产的价格变动两两不相关呢？印度人发明了种姓制度。这个制度听起来、看起来和闻起来都像是种族隔离制度的翻版。但是，你从金融学角度看问题就会得出完全不同的结论，种姓制度相当于流行病时期的卫生防疫隔离措施。种姓制度使得印度社会被划分成各个种姓，每个种姓内部又有不同的阶层和分工（印度人称之为卡斯特）。各个种姓和各个卡斯特之间限制来往，限制接触，限制通婚，甚至不能说话，不能触碰对方坐过的椅子。这就把全体印度人划分成一个又一个小的资产包，而且规定各个资产包之间要相互隔离，相当于使得各项资产变得“两两不相关”。这就降低了印度社会的整体卫生风险。当传染病大流行的时候，印度社会即便没有社会救援和巨灾保险机制（保

① 你一定读过罗伯特·C. 默顿的《连续时间金融》，但如果你没有读过，也丝毫不会影响你阅读本书剩余部分的乐趣。他的父亲罗伯特·K. 默顿是一位著名的社会学家，晚年骄傲地宣称自己是“经济学家的爸爸”。我发现许多社会学系的老师都喜欢提到老默顿有一个著名的儿子，而金融学系的人则很少提到小默顿有一个著名的爸爸。

险),也没有特效药和疫苗(对冲),仅把种姓制度和卡斯特制度(分散化)作为风控手段,就不会被传染病“一锅端”了。1947年,印度脱离英国人的殖民体系独立以后,种姓制度的法律地位才被废除,各种种姓分类与歧视才被视为非法。而在此之前,种姓制度一直在印度社会扮演相当重要的角色。

我是带着这个观念去《阶序人》一书中寻找证据的,结果发现“犯罪现场根本就没有被人动过”。总之,证据太多了。我不想把这本书写得太学术化,因此,我仅摘录一小部分原文。

> 这是一份刊于1901年的人口普查报告,试图以当时英国统治下的印度各省为单位,理出其阶序。报告的目标是以当地人的公共意见为基础,建立一套等级次序排列的卡斯特分类表。区别各卡斯特的标准包括:婆罗门是否接受该卡斯特成员提供的饮用水,是否由高等级婆罗门、其他婆罗门或者自己所属等级的祭司替他举行祭祀仪式,是否实行童婚,是否禁止寡妇再婚,是否有理发师为其服务,是否有其他专门人员为其服务,是否能够进入某些神庙,能否使用社区共享的水井,是否被限定在特定区域居住,是否要在路上避让高阶层的人。
>
> 这些规定里面,有些是绝对的和直接的,比如对婚姻和职业的规定;有些是相对的和间接的,比如理发师在为婆罗门和另外一个卡斯特成员理发时的态度。两类混在一起,还有一些其他的标准:以婆罗门是否接受对方递过来的饮

> 用水，接受对方煎过或者煮过的食物为标准，高低次序由此排列。低级卡斯特的身份可以按照他的接触是否对水、陶罐和青铜器造成污染为标准排列出他的等级。低等级可以接受婆罗门递给自己的水；反之，则不然。
>
> 印度北部的婆罗门和南部的婆罗门有较大的不同。北部的婆罗门会从较低的卡斯特手里接受水和食物（视这些卡斯特的职业情况而定）；南部的高卡斯特则只能从本卡斯特或者仅次于本卡斯特的次卡斯特成员手里接受水和食物。在马德拉斯省（即今天的喀拉拉邦），不但接触贱民会被污染，甚至接近他们也会被污染。大体而言，南部对于“不洁净”比北部更敏感。[①]

不知怎么的，我读完《阶序人》以后，不再把印度的种姓制度想象成等级森严的金字塔了。我感觉种姓制度更像是一幢传染病医院的隔离病房大楼。想象一下，在印度南部那样的炎热、潮湿的环境下，各种细菌、真菌和病毒都比北部更容易滋生和传播。因此，限制人际互动和交往，就在某种程度上实现了社会的集体安全（卫生）。

印度种姓制度和卡斯特制度中级别越高的人被认为越“洁净”，地位越低和越卑贱的人被认为越“肮脏”。这是一条很重要的破案线索，指出了古代印度构建这种制度的根本动机。在他

① 【法】路易·杜蒙著：《阶序人》，王志明，译，浙江大学出版社 2017 年版，第 153—155 页。

们看来，“高贵”和“洁净”是一体的。这就说明了社会估值针对的内容是“洁净”，玩的是“隔离”游戏，用的棒球是“种姓”。

在古代印度人看来，越卑贱的人越肮脏，越高贵的人越洁净。所以，我现在把印度的卡斯特和种姓制度视作防疫隔离措施。这是古代印度人在特定历史条件和自然环境下的进化选择。

从表面上看，种姓制度和卡斯特对阶序、等级和地位进行了定价。其实不是，整套制度的核心是对安全、洁净的生存环境进行定价。全社会自发地维护某一个卡斯特或者某一个阶层的至高无上的社会地位，使得这个阶层的人们始终处于一种被“隔离”和被“保护”的真空状态。那些“贱民”或者“低卡斯特”成员根本就不能触碰他一下。由此，高种姓和高等级卡斯特拥有了相对来说最安全和最卫生的生存条件。普通人和这个阶层的人交配就能够使得自己的血缘后代待在这个更安全的环境里面，享受到更卫生的生存条件，他们的后代也就有了更高的生存可能。所以，整个种姓制度是用隔离的方法来维护卫生条件的，他们定价的对象是“安全卫生的生存环境”，而不是种姓和地位。

古代印度社会的核心，乃至有可能任何一个社会的核心，就是建立并维系一套说辞、一套秩序、一种信念、一种规则和一种舆论，来激励某个特定团体中的人积极努力、奋发有为。他们的努力会解决整个社会面临的最大风险，从而推动社会整体的进步。为此，印度发展了一套纷繁复杂的说辞，建立了种姓制度和卡斯特制度。这些说辞往往到最后复杂得浩如烟海，最终掩盖了建立者的初衷和真实目的——但还是被我一眼看破。

古代的印度人创造了社会分阶层制度，他们用这种制度实现了秩序，解决了自己社会面临的最大风险。任何社会都需要在解决问题的过程中前进，这就需要对制度进行顶层设计。最简单的办法就是保留甚至激化男性之间的竞争，从灵长类动物4 000万年的进化史来看，这是推动社会进步最可靠的力量。

我有时候按捺不住自己过分活跃的联想，经常把印度的卡斯特制度与房地产市场进行对比并展开联想。“北上广深”这四个城市的房价已经高得令人咂舌。直至我写作本书，上海的普通工薪阶层夫妇很难在没有父母的支持下支付购房的首付款，即便在双方父母掏出毕生积蓄给孩子们凑齐首付款之后，夫妻俩也必须要在婚后过上十多年紧巴巴的日子。他们不能出现失业的情况，他们不能花钱大手大脚，他们不能要许多孩子，他们自己及家人都不能生病，这样他们才能按时偿还银行按揭贷款。

设想有这样一个社会，在这里有房子的人也拥有更高的地位，同时也拥有了和心仪女性结婚的更大可能性。与此同时，整个社会的等级和阶层之间保持开放，年轻人只要努力奋斗并勤奋工作，他们就可能支付首付，并买到房子，同时也就晋升到上流社会。一个国家的年轻人努力工作，就一定能够推动整个社会进步。

现在，我很难指责印度家庭有“重男轻女”的封建思想，我也很难指责中国家庭有“传宗接代”的封建观念。我脑海中经常想象这样两幅场景:(1)一个印度中年男子倾尽自己毕生努力的积蓄给女儿置办了奢华的嫁妆,然后把宝贝女儿嫁入一个更高等级的家庭,我怎么能够指责他重男轻女呢?(2)一个中国三线城市的父亲找到七姑八姨去借钱,最终七拼八凑再卖掉自己的房子,才给在一线城市工作的儿子凑齐了在当地购房的首付款。这两个父亲之间具有哲学上的相似性。

我过去曾经认为是央行过分宽松的货币政策导致房价的上涨,我现在不这么认为了。我认为,全社会默契地选择了房地产作为标的物和载体来玩一场“晋级游戏”。房价不停地上涨,不停地打破下跌预言,不停地打开上涨空间,不停地用上涨伴随着一代又一代年轻人的成长。事实不停地教育、灌输、引导和说服大家:“房价上涨不仅是历史和现实,更是上帝的意志和大自然的规律,是不可战胜、不可违逆和不可扭转的历史趋势。”这样一来,随着“房价会涨”逐步成为全社会的普遍认识,房子就成为玩晋级游戏的好载体。央行印钞票并不是房价上涨的根本原因,最多只能算是推波助澜、顺水推舟和成人之美。央行印钞票印多了的话,房价涨得更快更猛;印钞票印少的话,房价涨幅会趋缓。总之,央行没有创造和改变什么,就像印度央行没有创造种姓制度一样,指责央行制造了房价泡沫是不理智的。

房价上涨有一个重大的好处,即在此时此刻的社会,房价上涨能够让许许多多的人“任责”。他们甚至任责到了兢兢业业、如履薄冰、谨小慎微、忍辱负重和自我压抑的地步。每个人都害怕自己陷入一种负面的幻想:生怕自己失去工作,下个月就不能支付按揭了,再下一个月就被银行收走房子了,再往后,孩子就不能就近入学了。为了防止这些糟糕的幻想变成现实,我今天一定要努力工作。

房价上涨,就像是往一个封闭的氧气瓶里面加压灌氧气一样,每个氧气分子都被压力牢牢地压在了罐壁上,这就是任责。我当然不认为我们的房地产和户口制度就是印度的种姓制度和卡斯特制度,两者完全不同,甚至不具有可比性。我只是感觉印度的种姓制度给了我思考中国房地产问题的启发。这种启发是哲学意义上的,也是抽象的。

在我国,大城市给年轻人的机会多,各种基础设施的硬件和软件都是一流的,大城市里的教育、医疗、交通和娱乐的条件好,你在大城市落户就获得了更大的发展机遇(就像你在婆罗门家庭落户就获得了安全的卫生条件一样)。

即便是上海这样的特大型城市,每年的二手房交易也只有35万套左右(其中主要还是置换的),新房不到5万套。这就意味着每年真正新加入买房队伍的人是很少的。房价的涨幅和涨法一定要同时满足以下两个条件:

(1)让新买房的年轻人决心今后许多年都要努力工作去偿还刚刚欠下的债务。

(2)让以前买房的年轻人(或者中年人)放心今后继续努力

工作，安心还贷。

房价的持续上涨就达到了上述目的。把人都送到合适的岗位上去任责，社会就表现为进步，经济就表现为繁荣，企业就实现了效率。全社会其实都有这种默契的意识，那些拥有房产的人自动在我们社会拥有了更高的社会地位。核心地段的房产证比偏远地段的房产证带来更高的地位；当然，还有就是更多的房产证会带来更高的社会地位。我接待过的买房客户中，许多都有户口的需求。户口当然不是变相的种姓制度，但是拥有户口就意味着你成为这个社会的正式成员，并同时拥有了正式成员的许多便利：社保、医疗和子女入学。嫁入婆罗门种姓的大祭司家庭，成为其中的一员，就意味着你的女儿和你的外孙以后拥有了安全和卫生，他们就可以活下去，活很久，躲过各种传染病。拥有上海产权房就意味着你的儿子可以办理个人户口，他从此将拥有个人购车牌照、子女就近入学和优质医疗的种种便利。这个广阔的发展机遇值得你付出一生努力去凑齐首付。

我在写这本书的过程中突然对古代印度的卡斯特制度产生了某种程度的敬意(这种敬意仍然是抽象和哲学的)。怪不得一代又一代的社会学家把印度作为研究基地，这其实是一项很伟大的制度发明，实施这项制度又是一项很伟大的社会工程。现在看起来，古代印度人倒是做到了。我想把印度种姓制度进一步抽象成我参观过的一个种子基因库。库里面收集了各种水稻或者其他农作物的种子，储存在低温氮气的环境中，每隔 6 年就要更换一批种子。这些种子基因库的作用相当于我们为生物多样性买了一份保险，当出现极端自然灾害的时候，我们能够从这个库里面恢复农作物的生产。

我感觉印度的高种姓婆罗门里面的大祭司卡斯特就是种子库里面的种子。婆罗门名义上是高种姓，但是，他们根本就不是等级社会中金字塔顶层的掌权者，他们不能为所欲为。与我们普通人的想象相反，婆罗门的生活处处受限，有各种禁忌限制他们的活动。他们就像待在基因库冰箱里面的种子，获得了尊贵的地位，受到了额外的保护，但是失去了自由。

人们尊奉这个婆罗门大祭司的目的不是追随他、听从他，而是防止出现一个对自己指手画脚的人。于是，大家默契地尊敬他、供奉他，但就是没有人听从他。只要有了婆罗门大祭司，部落里面就不能出现一个独裁者，独裁者的位置已经被这个半人半神的婆罗门占据了。这个婆罗门大祭司也很“识相”，他平时只说一些和神有关的虚无缥缈的事情，并不具体插手部落中的各项工作。于是，部落的广大贱民就获得了巨大的自由。

其实，人类学家很早就注意到了这个现象，印度高种姓家庭成员的个人自由度是最小的，他们拥有最高的社会地位，但这种地位并不自动使得他们成为中国传统戏剧中的“县太爷”“土豪劣绅”或者“恶霸地主”。他们在个人生活中处处受限，在部落中几乎没有什么权力，根本不能为所欲为。而且，越是高种姓的人，他在个人生活中的自由选择权越小。

这又是一条重要的线索。

地位与权力的分离，是一项巨大的社会进步。拥有更高社会地位的人并不能支配中下层人民的生活。底层人民拥有更多的自由选择权，这就为他们的奋斗发展和提升社会地位提供了更多的可能。对权力的限制会为资产的估值打开空间。

> 高等级的“洁净”相对于低等级的“不洁净”是宗教性的、仪式性的……然而，一种理想的阶序要存在且成立，单单把通常混淆在一起的身份和权力加以区分还是不够的(印度以外的其他地方可能也都如此)。纯粹的阶序要发展，还必须把权力视为绝对低于身份才行。两者相分离的情况很早就存在于婆罗门和刹帝利之间的关系中了。
>
> ……
>
> 按照纯粹的卡斯特要求，一个素食的商人的地位要高于一个荤食的国王。这当然很难实现，但在某种程度上，正是这套制度和说教实现了印度社会对国王权力的约束。[1]

我终于有机会在一本有关估值的书里写下一个数学公式了。

权力＋资产＝地位

这个公式倒是在社会学系激起“强烈反响”，我的社会学老师王水雄教授特地把公式修订了一下，并做出了三个推论：

资产＝地位－权力

① 【法】路易・杜蒙著：《阶序人》，浙江大学出版社 2017 年版，第 147 页。

或者，

$$资产估值=地位估值-权力估值$$

【推论 1：权力越是任责，越是受到约束，权力估值越低，同时社会认同的地位估值越高，将导致该社会中资产估值越大。】

【推论 2：权力越是任性，越是不受限制，权力估值越高，同时社会认同的地位估值将越是等同于权力估值，将导致该社会中资产估值趋近于 0。】

【推论 3：如果社会认同的地位估值偏低，而“有权就可任性”又使得权力估值高过地位估值的话，甚至会出现一个社会中资产估值为负的情况，在该社会持有资产反而是一种纯粹的风险，所谓“竖子无罪，怀璧其罪”。】

真相简单而直白：权力被约束的结果就是资产的估值空间被打开了。人要获得更高的社会地位，眼前就有一条光明正大的公平之路：参加社会主流游戏，拥有资产。只要你在这个社会游戏中努力奋斗，购买了体现这个社会意愿的资产，你的社会地位就得到了上升。在印度，把女儿嫁入婆罗门家庭就获得了洁净的生存环境；在中国，让儿子落户北上广深就获得了广阔的发展机遇——这两者都意味着社会地位的提升。权力受约束的地方，规则才能够发挥作用，游戏才能公平地展开，才能让游戏参与者看到希望，才能吸引更多的人参与游戏，社会意愿才能通过市场估值来体现。

我在《市场本质》一书中对等级社会和自由社会做了分析。

读者自己可以比较一下，权力和地位相当的地方，资产价格往往不高。权力远远低于地位的地方，资产的估值水平往往很高。恰恰是那些对权力有约束的地方，规则不能随意改变，那里的市场机制也比较健全，资产在那里的估值也就比较高。资产估值的前提条件不是契约精神，而是权力与地位相分离。这样一来，具有主观能动性的人就有了盼头，资产的涨跌就能够对这些人发挥刺激作用，鼓励他们去任责。他们任责以后就能够赚钱买资产，从而提高自己的社会地位，社会由此变得更好。在一个权力和地位相等的等级社会里，权力决定一切。所谓权力，就是部落酋长个人的意愿，他一个人决定了部落成员的荣辱进退。在这种部落里，规则反而不受重视。因为规则一旦发挥作用，部落酋长的权力就受到限制。当规则无法发挥作用的时候，部落就无法展开一场资产游戏，也就无法吸引人们参与这场游戏。因此，资产在这些部落就不能通过估值来发挥激励人的作用了。

我现在回忆起当年遇到的那些紧巴巴购房的小夫妻，他们的自由选择权似乎也受到了某种程度的限制。尽管他们的社会地位因购买高价值的房产而得到了提高。这符合上面的那个公式——不，更准确的说法应该是：上面那个公式符合那对小夫妻的实际情况。

印度的种姓制度和卡斯特体系确立了人的地位，同时也限制了顶层社会的权力，这就给资产估值留出了空间。资产估值的空间其实就是人的主观能动性，就是各阶层垂直流动通道的畅通性，就是个人向上晋升的可能性，就是社会保持稳定的灵活性，社会以此为基础构建了秩序。

中国高企的房价使得任何想要购房的年轻人都要背负巨大的按揭贷款。这么高的债务会限制人的选择范围。让年轻人背负巨债，因为他们的灵活性很小，承受不起更大的波动性，所以他们就会顺从命运的安排，服从工作单位领导的命令，努力工作，这样就能防止自己断供(爆仓)。于是，买房的年轻人地位提高了，但自由选择权小了，因为他手里的资产太贵重了，这就补偿了他自由度的损失。归根结底，年轻人追求更高的社会地位是人的本性。

我在印度卡斯特框架内理解了我国现阶段房价的形成机制，这也使得我用另外一种眼光来看待通货膨胀问题。通胀预期并没有直接使得房子上涨，而是提醒年轻人注意一个重要的事实:他的工资涨幅通常会低于物价上涨幅度。然后，这种提醒就会转化成一种无形的压力，催促年轻人尽快买房。为了买房，年轻人必须背负更大的债务。为了还债，他们必须更加任责，更加珍惜现在的工作，更加努力地工作。这样一来，他们努力工作就提高了全社会的运行效率，反而抑制了通货膨胀的过快上涨。这真是一击漂亮的本垒打。不要把房价上涨和通货膨胀混为一谈，房价上涨恰恰抑制了通货膨胀。

说到这里，我似乎已经面面俱到地分析了房价上涨方方面面的原因。但是，逻辑链条当中有一处跳跃:你说的都对，但是，为什么人们偏偏选中了房地产来玩这个游戏？其他资产为什么玩不转这个游戏？

这个问题比前面所有的问题都更困扰我。我几次欲放弃这个基于卡斯特的分析框架，因为我无法解释为什么人们会在某个特定时期选择房地产来建立阶序。好在社会学系的其他几位老师一致向我推荐了人口老龄化作为解释，这样就补齐了逻辑短板。这个逻辑补丁的大意是这样的：

问：当一个国家处于人口红利的时期，为什么这个国家其他类别的资产（比如股票）往往涨幅不大，而房价则迅猛上涨？

答：因为这个国家需要年轻人长期欠债，这样一来，为了还钱他们会长期坚持努力工作。而没有银行会为股票投资提供30年按揭贷款，这就否定了股票作为工具的可能性。

问：为什么是房子呢？难道我们只有股票和房产两个选择吗？

答：房子是无法实现机械化生产的，房子相当于劳动力ETF。工人年轻的时候建造房子的成本也很低，这就相当于我们把劳动力锁进了房子这个钢筋水泥做的时间胶囊里，请把这个时间胶囊视作"劳动力ETF"。假设你现在造一幢房子需要1万个工时。即便我们社会科技进步，但是30年以后，造同样的房子，仍然可能需要8 000个工时。造房子，乃至任何其他建筑业归根结底是一个劳动密集型的产业。30年以后的社会，人口老龄化将导致建筑工人的工资极高、建设成本极高，到那时候再建造房子的代价太大。

问:怎么才能让未来社会不再需要造那么多房子?

答:现在就造许多房子。房子的法律寿命有70年,它的物理寿命可能更长。这样一来,当老龄化社会到来的时候,我们就不需要去建造房子了。

问:怎么才能让人们现在就造很多房子呢?

答:让现在的人们拼命买房子。

问:怎么才能让现在的人们拼命买房子呢?

答:让他们相信房子还会涨。

问:怎么才能让他们相信房子还会涨呢?

答:让他们看到买了房子的人享受的福利增加了,获得的便利扩大了,发展的机遇提升了,最关键的是社会地位也提高了。人们并不在乎房子的涨跌,他们在乎的是自己在社会中的相对位置。

问:怎么才能提高买房者的社会地位呢?

答:捍卫人的权利,建立法制社会,这样就能够实现权力和地位的分离。两者之间的落差越大,资产估值的空间也越大。只要各阶层之间有了落差,资产就是实现各阶层垂直流动的通道,人们天然会有动机去追求更高的地位。比如:股市涨的时候,大家都疯狂买入。人们买入这项资产不是因为它有价值,而是因为他害怕出现“别人买入而自己没有买入”的情况,该资产暴涨可能导致他的相对社会地位下降。同理,股市暴跌的时候,大家都疯狂抛出，简直就是“无痛割肉”。人们抛出这项资产不是因为它没有价值，而是因为他害怕出现“别人已经逃走而自己还套在其中”的情况，他的相对社会地位就会下降。

问：如果房子上涨是一个游戏，那么这个游戏会一直玩下去吗？

答：人口红利时期往往劳动力过剩，工资很低。年轻人努力工作也很难齐首付。但是，除了努力工作你还有其他选择吗？当然！那就是更努力地工作，或者拉着全家一起努力工作。同样在这个阶段，年轻人越是自信，越相信自己能够还上贷款，他就越敢借钱，越敢买房，他的社会地位也就相应越高。他们相信房价会继续上涨，他们相信自己能够还完按揭贷款，他们相信自己的社会地位会永久性地提高，这三句话是等价的命题。等老龄化社会真正降临的时候，游戏就变了。为了解决那时候社会遇到的新问题，人们会设计出新游戏，并会为这个新游戏找到新工具，为此，需要打破旧格局。

老龄化社会不会奖励冒险进取，不会提倡寅吃卯粮，不会鼓励负债消费；相反，老龄化社会只会鼓励大家心平气和、互相宽容而不是相互攀比，量入为出而不是炫富消费。在那种环境下，社会风气会提倡奖励勤俭节约、废物利用和朴实无华。怎么样？我补上了这个逻辑短板，终于捍卫了这个源自印度卡斯特制度的房价涨跌分析框架——我的“送命题”就变成了“送分题”。

其实，积极进取和省吃俭用两者都是人类的美德。不，更确切的说法是，这两者都是人类在不同阶段的生存技巧。人类之所以掌握了这两种技巧，是因为我们的祖先在漫长的进化史中，曾经经历过完全不同的生存环境。

经济学教科书总是把美国走出20世纪30年代大萧条的功劳记在罗斯福总统的新政上。经济学家们宣称巨大的政府开支和财政赤字挽救了美国经济。其实，在大萧条时期成长起来的整整一代美国人都学会了省吃俭用和量入为出。他们比大萧条之前的一代人更注重效率，对于投入更谨慎，对于产出更关注，因为效率的改善是提振经济的关键。相对而言，扩张性财政政策的作用并不大。

金融学教科书总是把日本走出20世纪90年代经济衰退的功劳记在日本央行头上。金融学家们认为日本银行宽松的货币政策把日本拖出了衰退的泥潭。其实，整整三十年时间，日本社会的风气从浮夸炫富的消费主义逐步转化为勤俭节约的极简主义。新一代的日本人更勤俭节约，更注重循环利用物资，更注重效率改善。大自然物竞天择的规律表明，能源使用效率更高的物种获得更大的生存机遇，这才是日本走出衰退的关键因素。日本走出衰退说明他们找到了新的游戏，这个新的游戏开始激励社会成员提高效率，日本由此走出了困境。

个体学会了精打细算、量入为出和勤俭持家，社会就反对奢华和浮夸，转而提倡朴素、节约和效率。全社会都追求经济运行效率而不是表面繁荣，这符合大自然对任何物种的考核标准，也是一个经济体走出危机、萧条和困境的根本途径。

不考虑个体行为和整体社会风气的变化，转而讨论财政政策和货币政策，这是脱离人类去讨论人类。

问：难道经济学家和金融学家都错了？

答：嘘……别告诉他们，让他们继续犯错误，这样我们才能更方便地淘汰他们。

如果你接受了上面的分析框架的话，请考虑这个框架可能还有一个推论：绝大多数人没有多余的房产。绝大多数人都是自己拥有自住的房子，并背负按揭贷款。这个道理很简单，如果大多数人都有两套房的话，那么，房产就不会成为晋级排位游戏中使用的那只“球”。因为，它已经起不到激励人们的作用了。资产很昂贵，拥有资产的人地位才能很高。为了拥有这么贵的资产，大多数人必须承担巨大的按揭贷款。一旦承担了按揭贷款，人的自由选择权就被压缩，从而再次体现那个公式的平价关系。地位和权力之间的落差越大，对人的激励作用就越强。如果大家都有两套房，那么，可想而知，大多数人的自由度和社会地位都很高，房产对人就没有激励作用了。但是，我们在社会上口口相传着谁谁谁买了多少套房子，这样的信息很能引发羡慕，但这条消息只是催促你尽快签约按揭贷款去买房，而不具有普遍意义。口口相传一件事情并不说明这件事情很普遍，只说明大家对此很羡慕。这就反过来说明这件事不普遍，如果它具有普遍意义的话，我们反而不会口口相传了。如果我告诉你，某某某家里有10套房子,你可能到处宣讲。如果我告诉你他们家每套房子里都有一个抽水马桶,你是不会到处宣传的,因为那是常态。

社会分层人为地制造了人与人之间的地位落差,这使得资产有了估值的空间,从而鼓励人去任责。人人任责的社会必然有序。人是运动员,资产是棒球,他们在玩一场棒球游戏。游戏的奖励是个人实现更高的"阶",游戏的目的是全社会实现更稳定的"序"。这就是我理解的"阶、序和人"。

一个社会要实现地位和权力相互分离,让社会上地位高的人没有太多的权力,对他们的权力进行限制,这就为资产估值提供了空间。这样一来,普通人就能够通过努力工作(然后购买资产)来提升自己的社会地位。关键是要让许许多多的普通人参与游戏,努力工作,社会才能进步。为了让他们努力工作,必须给他们一个盼头。一旦他们心中有了盼头,眼前有了空间,他们就会努力工作。这时候,给他们扔一只球(资产),他们就会欢快地用这只球来玩"晋级游戏"。

估值时限论

时间有三种表现形式：

有限的生命、有成本的资金和有风险的机会。

当机会无风险、资金无成本时，

生命就无限静止，个体不会进取，社会也不会繁荣。

印钞票不是为改革赢得时间，而是为“不改革”赢得时间。

请想象你来到了美国大学棒球联赛的选秀现场。选秀赛的结果不仅将影响某些名牌大学的录取名额，还将同时决定被录取新秀的年度奖学金。因此，竞争是非常激烈的。但是，某些美国大学在“政治正确”的无形压力下有意识地提高有色人种的录取比例。为此，他们不得不打破某些天经地义的规则。当然，还是美国谚语说得好，“Rules are set to be broken”(我们制定规则就是为了打破它)。你正好听到了一场与之相关的私下交谈。

主裁：“什么？又是一个坏球？他怎么搞的？不是说好了让他喂球的吗？通知接球手身后的边线裁判，刚才这个算好球。”

教练：“里奇，大家都这么帮你，你怎么还不努力呢？你可是60年来第一个进入选秀赛的印第安裔土著球员啊！”

里奇：“我不想干了，你们只是要一个土著投球手来装门面，我简直成了你们装点派对用的圣诞老人。我不是你们的装修材料。我不玩了，因为你们根本没有打算带我玩。”

教练：“主裁，比赛能不能暂停？投球手的情绪有些波动，我去安慰他几句。”

主裁：“没问题。你快去安慰他。刚才那一节比赛不算，我会安排组委会重新计时。”

主裁不断打破规定，延长比赛时间的结果就是得到一支平庸的球队，以及充满抱怨的投球手。家长不断塞钱给一个赌徒的结果就是既害了孩子，又害了家人。无条件、无原则溺爱的结果就是得到一个很调皮的小孩。无限制、无节操地印钞的结果就是得到一堆懒散的国有企业。好心办坏事违反了大自然的法则，这条命运法则高于人类的一切智慧、法律和同情心，我们最终都将由它来审判。

时间有限，这是一切责任心的来源。一旦时间无限，那就会出现无人任责的情况。

"生死时速"

本章我试图对时间定价。

这是整个金融学的核心挑战。还记得"3·27国债"事件吗？那天最后8分钟的交易时间值多少钱？如果那一天市场参与者中有一方的资金来源合法且无限供应，那天的结局会怎么样？

我不想谈金融学有关时间的理论了。这些理论在过去30年里被我奉若神明但又囫囵吞枣。我长期处于"好像自己知道些什么，一旦你问我某些具体的问题，我就发现自己什么也不知道了"的状态。我且将其称为似懂非懂的状态吧。我和其他许多经济学家的主要区别就在于：经济学家们其实什么也不知道，但是当有人问他们的时候，他们反而会说得振振有词且充满自信。其实，我和经济学家们还有一个重大区别。他们说什么事情的时候，开头总是说，“我们认为……”；而我就会老老实实地说，“我认为……”我不在意有多少人赞成我的观点。多年炒股的经验告诉我，如果许多人都赞成我的观点，那我反而要小心我的判断了。

现在，我想从人类学的视角重新审视一下时间问题。

时间是金融学的基石（而社会学和人类学几乎不谈这个问题），那个决定任何一项资产的风险回报比的估值体系同时也决定了当时当地市场的无风险收益水平。这绝不可能是两个割裂的生态系统。请想象一下：巴西央行不仅控制着巴西里拉的供应量，还同时控制着亚马孙河的水流量。你还能指望亚马孙雨林保持生机勃勃的生物多样性吗？如果巴西央行告诉你，它们已经雇用了顶级生物学家，并构建了亚马孙雨林最优的供水量模型，而且它们只控制供水量，雨林的其他一切都仍然由大自然控制。这番试图宽慰你的话只会让你更担心亚马孙雨林的命运。

几乎所有央行雇用的经济学家们都试图把无风险利率（时间）的定价问题“私有化”，然后把风险资产的定价问题交给市场。他们认为（并吹嘘），经济学和金融学的模型能够推演出一个最优利率模型。这个模型“既”符合经济学原理，“又”考虑了充分就业的问题，“还”体现了对通货膨胀的关切，“更”有助于实现经济增长目标。请注意这个“既……又……还……更……”的句式，你是否感觉很熟悉？这套句式其实是经济学家们蒙蔽大众视线并借机提高个人社会地位的“阴谋”。

时间到底是什么？在维特根斯坦看来，时间就是空间的无限可能性；在生物学家看来，时间就是具有最强适应性基因的个体在竞争中逐步胜出的过程；在中央银行看来，时间就是向市场提供流动性，让各金融机构把“十锅九盖”的游戏继续玩下去；在背负按揭贷款的白领员工看来，时间就是剩余的还款月数；在某些国有企业领导看来，时间就是下一次换届前运作自己的空间；在大多数股民看来，时间就是未来某一天能够解套的希望。维特根斯坦说过，一个词的意义就在于它的用法之中——诚不我欺。

我没有背负过购房按揭贷款，但是，我用杠杆买过股票，这比按揭贷款的风险还要高。对于背负按揭贷款的年轻人来说，只要你有稳定的工作，每个月按时还款，即便房价下跌，(在我国法律框架下)商业银行也不会收走你的房子。但是融资买股票则适用不同的游戏规则，证券公司有权把我的账户强行平仓。那样的话，我就真的一无所有了。因此，我很理解并能体会背负按揭贷款的年轻人的思想负担。在我用足杠杆(俗称“满融”)之后，我当天晚上就很难入睡，我会提心吊胆。本来我对某只股票的前景很有信心，我已经把这只股票的基本面分析清楚，研究透彻，然后才加杠杆。但是，一旦我加上了杠杆，我就开始反省。我会发现自己过去的分析和研究漏洞百出，根本经不起推敲。第二天，我在害怕和动摇的情绪下，开始降低杠杆。而且股票越跌,我就越想止损。止损就意味着接受亏损,承认失败。但是这也是人之常情,人有尽快纠正自己错误的倾向。我特别害怕收到券商营业部的电话(如果股票跌到平仓线附近,他们就会打电话给我要求追加保证金,否则我就面临着被动平仓,那就意味着我将一无所有)。而且越是害怕,我就越是幻想着自己会收到这样的电话。于是,有好几次,我在心理压力下被迫平掉了我仔细研究的、千挑万选的、刚买不久的股票融资盘。一旦我平掉融资盘,还掉全部贷款之后,我就立即恢复了正常思维,我又开始活蹦乱跳了,我又变得亲切幽默了。又过了几天,被我平掉的股票开始猛烈上涨,一路不回头地向上突破,我又开始捶胸顿足,悔不当初。于是,我痛下决心,重新开始做功课研究股票,再经历一遍上述过程。如此反反复复,我的投资水平始终没有任何长进。更重要的是,这些年来,我的社会地位始终也没有通过炒股得到任何提升。

我从不责备自己,这里没有"吃一堑、长一智"的历史经验和教训可以总结。人体内有天然的自我风险防范机制,它通过激素来控制我的行为和情绪,防止我做出可能导致无可挽回的、自我毁灭的决定。

我本人的这段炒股"时间"里面包含了这样几个关键词:"激素""回报"和"地位"。其中,激素变化是我体内正常的生理反应并导致情绪"起伏",回报是股市中某只股票价格的"波动",地位是我追求的终极目标,也是我开始炒股的动机。股票涨跌决定了我的相对社会地位的“升降”，因此，不能把“激素、回报和地位”同“时间”割裂开来，我完全可以用“起伏、波动和升降”来描述“时间”。这四个名词只是从不同角度来描述同一场游戏，一场企图通过炒股来提升社会地位的游戏。

我们来看看另外一场游戏。2021年初，棒球界传奇人物汉克·阿伦(Hank Aaron)去世了。他一生在职业大联盟的比赛中打出过755次本垒打。这项纪录保持了40多年，无人打破。他的教练曾经说过这样一句话，“那天他打破职业大联盟原来的715次本垒打纪录的时候，全场沸腾。而他却平静得像是平时在训练场上随手打了一记好球。”优秀运动员最伟大的特征是稳定性。汉克·阿伦面对一个随机性的世界(对方投球手的发挥具有随机性)，能够长时间地保持稳定发挥。结果就是他创造了职业大联盟生涯总共755次本垒打的纪录。其实，其他的运动员很优秀，也很有才华，训练时也很刻苦。但是，他们的表现有时候优秀，有时候糟糕。所以，他们就不会创造纪录。

从这个角度来理解巴菲特对普通投资人的建议特别有意思：普通人应该定投标普500指数基金。投资人如果每天追热点，追涨停的股票，往往没有什么好的累计回报。投资人如果持之以恒地跟着指数走，反而会累积起来巨大的惊喜(755记本垒打)。所以，问题的真相不是汉克有多么优秀，而是他异常稳定的表现。在他漫长的职业生涯中，他凭借“稳定”击败了其他“优秀”的运动员。“稳定”这个词天然就和时间联系在一起。因为一次发挥、一场比赛、一个对手，都不足以评价一个运动员是否“稳定”。

巴菲特教人定投标普 500 指数的 ETF，其实是教人持之以恒地用“固定”的方法投资。这个做法未必能够战胜指数，但一定能够使得你战胜同侪，从而提高自己的社会地位。你投资股市不就是为了这个目的吗？你所谓的财务自由不就是看着别人干活而自己出去玩吗？

再来看一个我从田野调查收集的例子。2021 年 1 月 15 日，鳗鱼苗合法的捕捞季节已经开始了。当天，我在码头的联络人船老大黄双志给我发来这样几条消息：

> “年初几个大的养殖场在苗场订了全年的数量。白鳗苗每条 7 元。苗场当时就给鱼贩子们定了收购价格，每条给 5.5 元。这几天捞上来的鱼苗数量不够，贩子们急了，他们怕完不成对苗场的承诺。他们现在码头上开出了 7 块多的价格亏本在收购。”
>
> “贩子不能完成订单不仅要赔钱，还失去信誉，所以最近贩子们的日子也不太好过。”
>
> “我们有捕捞证的本地船卖的价格比较高，贩子专门压榨那些没有证的外地船。”

别担心，鱼贩子们总有办法把账打平的——否则，他们当不了鱼贩子，我这样有同情心的人也能够去当鱼贩子(最后那条信息已经暗示鱼贩子们是怎么打平自己今年的亏损账的)。

问题来了，时间对于鱼贩子来说是什么？

他面对今天码头上数量不足的鳗鱼苗，他面对明天捕捞量的不确定性，他面对等着糊口的一家老小，归根结底，他的时间就是明年继续玩下去的资格。鱼贩子们并不是在对此刻的鳗鱼苗定价，他们是在对自己明年的“执照”定价。如果他们没有完成苗场的收购数量，就丧失了向苗场交货的通道。明年，他们也就没有权利卖鳗鱼苗给苗场，将不再拥有当一个鱼贩子的“执照”了。时间对于他们来说，就是明年的“执照”，就是以现行方式继续生存下去的“权利”。

鱼贩子们并不乞求渔民们同情他们。他们很清楚，渔民们既不是他们的朋友，也不是他们的敌人。他们真正的敌人是其他鱼贩子。这场“亏本收购”游戏的目的，不是压低渔民的收购价——从来就不是——因为那样做无异于杀鸡取卵。这场游戏的玩法是今年淘汰其他鱼贩子，这样明年他们的盈利空间就大了。因此，他们千方百计地捍卫自己在苗场的信誉。我后来完全搞清楚了，鱼贩子们每年都会淘汰几个同行，并给这些出局者贴上“不讲信用”的标签。

请设想这样一种可能性：某一个鱼贩子具有无限的资金实力。他也许没有三头六臂，但真的有三姑六姨。在今年这样困难的行情下，他能够从乡里乡亲手里组织到资金，去高价收购鳗鱼苗并低价卖给苗场。这究竟是因为他“讲信用”还是因为他“人脉广”？市场究竟要筛选出什么样的鱼贩子参加明年的收购大战？这一切取决于鱼贩子所在的社会形态。如果这个社会里面每个人都相互独立，保持距离，尊重契约，那么这场游戏就是筛选“讲信用”的鱼贩子。如果这个社会里面充斥着人情世故和恩怨情仇，每个人都不独立于他所在的关系网，人与人之间强调重感情，那么这场游戏就是筛选“人脉广”的鱼贩子。只有人脉广的鱼贩子才能筹措足够多的资金应付今年的不利行情，那些没有人脉的鱼贩子借不到钱，也没有足够的资金玩下去，他们就被淘汰了。“信誉”和“人脉”是社会的两种组织形式。一个社会到底是对信誉进行估值还是对人脉进行估值，完全是由社会形态决定的，是当时当地人们的自主选择。

我还有一个问题，并不是追问读者的，而是拷问央行雇用的经济学家的。请想象一下，一个人脉很广的鱼贩子今年从七大姑八大姨那里借了钱去完成今年的收购配额，请问，明年他一定能赚到足够的钱还清这些亲戚们的贷款吗？答案是不知道。但他总有办法让七大姑八大姨相信他明年一定能够赚大钱，而且他赚了大钱以后会报答他们的。一个成功的鱼贩子背后总有一群一往情深的七大姑八大姨。

如果今年他淘汰了几个人脉不广的同行，那么，明年他的收成就会很好，他一个人可以取代码头上现在的几个鱼贩子。他赚的钱足够还清乡亲们的贷款。但是，如果码头上没有淘汰，没有出清机制，那么，明年就有更多的鱼贩子和他们的七大姑八大姨一起陷入困境。因为这个码头既不筛选人脉广的鱼贩子，也不奖励信誉好的鱼贩子。这个码头的一切都被笼罩在“稳定”之中。

各国央行都喜欢扮演圣保罗的角色。他们头顶圣保罗的光环(更确切的比喻是飞行员的头盔),坐着直升机给陷入困境的金融机构撒钱。我的第一感觉是央行出手就能挽救一切。但是,我思考之后发现,如果市场没有人被淘汰,没有人被出清,没有人被惩罚,那么,明年市场上所有人都将一起陷入更深的债务。许多发达国家现在债务负担沉重,我想这很有可能是因为这些年来,这些国家的央行过分慷慨地帮助了金融机构,其结果就是普遍陷入更深的债务。我们今天的困境恰恰是昨天帮助我们的人一手造成的:他阻止了我们在昨天就应该动手改正的错误,而我们将其视之为恩惠。

我现在简单总结一下前面的四个关于时间的小故事:“周洛华炒股”“本垒打奇迹”“定投指数”和“鱼贩子借钱”。这四个故事之间有着某种哲学相似性。周洛华无法稳定自己的情绪去炒股,所以他的回报很差;汉克能多年连续稳定地击中对方的投球,所以他的成绩创造了纪录;巴菲特建议普通人在固定的时间用固定的金额投资市场指数,就能取得惊人的回报;鱼贩子可以刷脸买到时间,对付今年的困境,明年继续经营。

无论炒股、打球还是贩鱼,淘汰那些发挥不稳定的同伴,时间就在你这一边。大自然筛选物种的法则亿万年来没有变化:基因稳定性强的物种得到明年的执照,今年借到钱,在困境中获得了时间，得以继续生存，直到顺境中再迎来繁荣和绽放。这四个小故事告诉我，时间就是个体克服不确定性的能力。

有人说，投资是一项时间游戏。也有人说，投资是一场反人性的修行。而费雪·布莱克说，时间有密度，而且密度不均匀。这些说得都对，但都没有说到点子上。我不试图用公式和文字来定义什么是时间，我只如实地报告我的观察：稳定的个体淘汰了其他同类，赢得了更多的空间，并且活得更长。因此，时间不是一个随机变量，不应该进入任何一个金融学公式。时间就是人类部落中稳定的人、执着的人、坚忍不拔和持之以恒的人。部落里具有上述基因的人负责整个部落的生存，其他不稳定的人往往情绪波动剧烈，他们为部落带来了多样性，增添了色彩。如果这个部落注重人情世故，那么你可以“刷人脉”买到时间；如果这个部落尊重个人权利，那么你可以“刷信用”买到时间。只要你明年能够偿还你今年借的“人情”或者“信用”就行，否则你将陷入更大的麻烦。

金融市场对一项资产的估值，只有在“时间有限”的前提下才有效，我将其称之为“估值时限论”。如果个体都知道自己的时间是无限的，它就失去了进化的动力，大自然也就无法筛选出具有稳定性状的个体。但是，“估值时限论”还包含着对时间的更深刻的理解，本章即重点谈论这方面的内容。

现在让我们来考虑这样一个问题：赢得更多时间的动机究竟是什么？活得长当然是每个人的天然动机，但活得长到底意味着什么？我罗列了三个表现方式，分别是："生育更多后代""延续自己的生命"和"提升自己的社会地位"。在渔村的田野调查期间，我遇到了与之对应的三个实际案例，分别是：赔钱的冷库、高价收购的饲料鱼以及老龄化的船老大。

案例一：赔钱的冷库

2020 年 11 月 2 日，我和人类学研究所的李飕飏博士前往舟山定海调研渔民。我们在定海区农业局渔政部门的安排下见到了邵成伟。他是船老大出身，后来上岸做了渔老板，再后来又做了冷库生意。

那天，他穿一件厚呢料格子西装，西装里面是一件条纹状高领衫。他不系领带，头发梳得很整齐，胡子刮得很干净。他舒服地坐在会议室带扶手的圈椅上，既有一种娴熟世故的练达，又有一种对森严体制的尊敬。他身上混合着精明、热心的渔老板和淡漠、沧桑的船老大的双重形象。向大海"讨生计"虽然艰苦，但是能够赢得同行们的尊重；在市场"做生意"则需要灵活地更换立场和心态去和原来的同行伙伴们周旋，并操纵他们的心理预期。

社会往往对"讨生计"的渔民寄予同情而对"做生意"的鱼贩子投以鄙视。但是，"生计"和"生意"在邵成伟身上似乎没有道德违和感。他很坦诚且侃侃而谈。事后，我才知道，李博士一直试图提醒我，在码头等固定区域做长线生意的人都可以从"黑社会"理论中得到解释。她说的"黑社会"

其实不是我们惯常使用的词，而是指一个排他性的，对不熟悉的人给出歧视性定价的机制，类似欧洲文艺复兴时期的行会自律组织。我忽略了她的提醒，直觉告诉我，邵成伟是一个曾经同大海和商海两种随机性搏斗过的幸存者——一个值得我尊重的老兵。

说着说着，邵老板突然略带哭腔地、悲愤且感慨地说起他的好朋友——鱼市场的李老板，前年春节吃进了足足500吨的小黄鱼，占满了整个冷库，结果呢，到现在还没有翻身。两个春节过去了，现在小黄鱼的价格比他进货时更低，这还没有算冷库的电费和房租呢！我记得很清楚，我听到这件事情时，突然对自己股票长期套牢一事感到不那么难过了，但我也不想去打听那位李老板现在的处境。

冷库给了鱼贩子时间，他们在这段“买来”的时间里，可以观望和等待。如果行情好转，则他们可以用更高的价格抛出冷冻的海鲜。但谁也不能保证海鲜入库以后，价格就会往上走。冷库只给了鱼贩子们观望和等待的时间，并不能帮助他们克服价格的波动性。

李飔飏博士给我介绍了她的另外一场田野调查——北方梨农和当地冷库的关系（她并不知道这个故事有多么打动我）：同一个县里种植鸭梨的果农们渐渐有了分工，其中一部分人继续种鸭梨，另外一部分人开始经营冷库。但是，冷库和果农之间从来就没有特别明确的协议。即便这两者之间有协议，也是乡里乡亲之间的口头默契。这种口头默契和心照不宣的“协议”很容易在鸭梨涨价的时候得到执行，也很容易在鸭梨跌价的时候被背弃。

而经营冷库生意的果农们又出现了新的分工：一部分果农继续经营冷库，另外一部分人开始演变成高利贷的放贷者。我追问李博士，他们这样分工以后又怎么样了？她怅然又有些不解地回答：都是一地鸡毛。我当时就欣喜若狂，从心里感谢李博士这个金融学的外行，这个“无知”的女向导无意间把我带到了伟大的未知真理面前。

渔民（或者梨农）、冷库经营者和高利贷放贷者，这三者有一种共同的联系：渔民面对价格低迷的鱼市，他们要有更多的时间来观望和等待。冷库可以帮助他们实现这个目标，但要收费。所以，时间有价格。对于渔民来说，冷库的租金就是时间的价格。同理，冷库的经营者也需要面对行情的不确定性。当冷库出租率下降的时候，他需要买到时间来观望和等待。这时候，高利贷的放贷者就出现了。他给冷库市场经营者提供了时间，让他们等到下一个捕鱼旺季。高利贷的利息就是时间的价格。整个链条就是用钱买时间，然后在买来的时间里等一个对自己有利的出货机会，当然，也可能等不到有利的出货机会。这样一来，情况就越来越糟糕了。

为什么买时间的结局总是“一地鸡毛”呢？因为买到的时间要么太贵，要么没有改变命运。那为什么不能继续买时间呢？

因为时间只会越来越贵，贵到你确信用这个价格买时间得不偿失，不得不放弃为止。小黄鱼的价格即便反弹也涨不了多少，而利滚利的高利贷只会一路走高。

如果没有冷库，则梨农该怎么办呢？他只有两条路：一是改良品种，种植水分更多、甜度更高、口感更脆的梨。他要用同样的成本种出更高品质的鸭梨。这样他就用科学手段把其他梨农打压到更不利的境地（直到被淘汰为止）。二是改进工艺，提高作业单产，降低人工、化肥和农药的使用，用更低的成本种出同样品质的鸭梨。这样他就用技术手段把其他梨农逼入一个更难竞争的角落里（直到被淘汰为止）。只要淘汰了其他梨农，他的生存空间就大了，他的未来就有了更多的可能性，他可以获得的资源就多了，这就相当于他的时间延长了。干掉竞争对手就是延长了自己的寿命，就是获得了时间，而买来的时间是达不到这个效果的。

冷库给了渔民和梨农观望的时间，但是其本身不能提升鱼和梨的品质和口感。冷库没有带来“捕捞”和“种植”技术的进步，没有为渔民和梨农赢得更低的成本和更高的毛利，也就不能给他们带来更大的市场和提供更多的时间。冷库给他们的时间是买来的。其实，更确切的说法是借来的，冷库的时间是他们借钱买到的。借钱的方法前面已经说了，要么是刷人情，要么是刷信用。借钱买来的时间如果到期不能偿还的话，则还会拖垮七大姑八大姨等一群债权人。

冷库不是一种技术进步，它的原始诞生地并不在鱼市场。冷库(借)给了果农时间，高利贷的放贷者又(借)给了冷库经营者时间。最终，明年上市的新水果敲响了游戏结束的钟声，算账的日子终于到了，游戏结束。如果新上市的水果在技术进步的推动下又便宜又好吃，那么，去年借钱买时间的果农、冷库、高利贷这三方可能都得遭受致命打击。

技术进步应该集中于培育口感更好、抗病能力更强的水果。创造时间不应该是冷库、银行和央行的事情。通过借贷这样的金融行为买到的时间为什么不能解决渔民和农民的问题？因为这相当于你在一场排球比赛中处于劣势，你叫了一次暂停。你得到了喘息的机会，但也用掉了一次暂停的机会。与此同时，比你强的那个对手利用这次你叫的暂停，也得到了休息。暂停结束之后，你们还得决出胜负。暂停不会改变排球比赛的进程。只有依靠技术进步才能淘汰掉对手，赢得生存空间；否则的话，买来的时间一旦过去，大自然会在未来安排更大的随机性，淘汰掉低效率的生产者或者发挥不稳定的个体。

我不会低估金融行为的影响。莫顿·米勒早就说过，金融活动本身不创造任何东西，它只为别人创造新东西提供估值激励。这也是伊曼纽尔·德尔曼的观点：金融机构只负责报价而不是对资产定价，定价是市场的事情。

当高利贷的利息越来越高的时候，冷库的经营就越来越困难；当冷库的租赁费用越来越高的时候，渔民和梨农维持传统模式经营的压力也越来越大，他们只能寻求技术进步。请把高利贷的利息想象成对时间定价，那么，金融活动对时间定价的结果其实是在给技术进步报价。当这个报价足够高的时候，就能够刺激科研投入，从而推动这个行业的技术进步。与之相反，如果你永远能够借到钱买时间，你是不会去寻求技术进步的。

从哲学上看，时间在这里有三种表现形式：捕鱼技术、冷库和高利贷。有更高的捕鱼技术你就能够淘汰其他同行，他们出局以后，你就能够拥有更大的发展空间，你可以捕到更多的鱼，相当于你的时间延长了。“花钱租冷库”和“高息借钱”都是花钱买时间。如果花钱买到的时间能够解决问题的话，那就说明捕鱼技术水平低的船老大也可以活下去。这不符合大自然的进化规律。花钱买来的时间一定比时间本身的价值贵。需要买时间的人，要么是捕鱼技术差，要么是冷库经营水平差，他们天然面临着被淘汰的风险。如果买来的时间很便宜，就没有人被淘汰出局，技术高明的船老大会继续挣扎，而不能脱颖而出。买来的时间看起来是一个缓冲、一次喘息、一条捷径、一个观望的机会，其实是把那些技术水平低的竞争者引向未来更惨烈的淘汰。这就是李博士说的，“最后一地鸡毛”。只要你需要买时间，时间就一定很贵。因为，此时此刻，你已经上了大自然眼中的“下一批拟淘汰的低盈利、高风险企业黑名单”了。

案例二：钱老板高价收购饲料鱼

2020 年 8 月 15 日星期六，奉贤中港渔区。这是 8 月 1

日开渔以后码头上最热闹的一天。我在码头上遇到了正在收购“饲料鱼”的钱老板夫妇。他们租了两辆10吨箱式卡车，雇用4—5个工人，另外还买了一车冰块。然后他们就在码头上等捕鱼船回港。

钱老板的老婆是一个体形巨大的女人，她让我想起法国文艺复兴时期小说家拉伯雷创作的《巨人传》中高康大的妻子佳嘉美丽以及大富豪游戏中那个精明能干的“钱夫人”。

渔船入港以后，钱老板夫妇赶紧招呼伙计们搬运“饲料鱼”(这些所谓的饲料鱼非常小，根本不能食用，只能运到苏北一带给螃蟹养殖户当饲料用，所以叫饲料鱼)。

我发现，今天的码头上堆了许多装满了“饲料鱼”的白色塑料筐，比我前几天来看的时候，稀稀拉拉的场景要热闹许多。前几天我去的时候，饲料鱼很少，价钱也低，大约为0.4元/斤，每筐30斤。今天饲料鱼捕获量很大，比前几天高了几倍，而价格反而提高到0.45元/斤。这里根本就没有教科书上的供求关系。

收购饲料鱼的只有钱老板夫妇这一个买家，其他鱼贩子不做饲料鱼的生意。钱老板一扫前几天的愁眉苦脸，他给我算了一本账:他租赁的厢式货车每天租金2 800元，购买冰块每辆车每天1 000元。如果满载发货到启东和南通的梭子蟹养殖基地的话，每天可以跑一个来回。工人工资还没有算，过去每人每天300元，最近找活儿干的工人多了，他把工人的工钱压到每天250元。

钱老板为了维持这些固定成本，必须要满载发车。如果今天饲料鱼不够的话，他就得在码头上再等一天，希望第二天收购更多的饲料鱼，凑满一个厢式车满载的10吨货物，然后再发车。但是，白白地等下去是有代价的，货车的租赁费、冰块费和人工费都还得付。白等一天省下来的钱只有路费和油费。

为此，钱老板就只能千方百计地去维持他的最低盈利水平，这也是他的最基本诉求。他会给捕到大批量饲料鱼的船老大开出一个慷慨的高价，从而确保自己能够满载发车。与此同时，他必须给那些数量不足一整车的饲料鱼开出一个低价，因为他必须在码头上多等一天，他要想方设法把这多出来的一天的费用算在当天的收购价上。于是，鱼越少，开价越低；鱼越多，开价越高。

钱老板和任何一个投资人一样，都要站在时间一边。他要确保每一趟买卖都要保本且最好有利可图，这样他才能继续玩下去。只有继续玩下去，才能等来将来某天发大财的机会。给大批量的饲料鱼开高价等于给自己买来了时间，让自己目前的经营模式，不需要技术进步，就可以继续维持下去，也许有一天，对他有利的不确定性光临，让他发一笔财。这个念想支撑着他购买时间的决定。

钱老板并不是对饲料鱼定价。请把他看作一个饲料鱼的做市商、一个持牌金融机构，他在给饲料鱼报价，让他自己现有的生意能够延续下去，他在报价购买时间，他在给自己的“牌照”定价。这张牌照不是渔政部门发的，而是上下游多年形成的认可。他在维持这一切，有了这张无形的牌照，他就可以活下去。只要有了更多的时间，他总有一天会等来惊喜。

案例三：老龄化的船老大

2020 年 4 月我去舟山定海的时候，就听到当地人说，已经没有年轻人当船老大了，所有的船老大年龄都在 40 岁以上。我和一批船老大们座谈的时候，他们七嘴八舌地抱怨年轻人不肯接班。有的说，年轻人怕苦，只知道玩手机；有的说，安徽来的年轻人太多了，现在全是安徽人承包了舟山本地的船；有人反驳说，那批安徽人是 10 多年前来的，现在也不年轻了。相互反驳一番以后，他们又轻易达成了共识：孩子们考公务员好，最起码也要去事业单位上班，还是不要让孩子们接班好。说着说着，又是一轮相互抢先给对方扔香烟，然后陷入集体沉默。

捕鱼船后继无人现象对我来说并不意外。但是我觉得，他们总结的原因不对。年轻人不肯干这一行的原因并不是出海捕鱼太苦了，而是因为这一行没有技术进步的前途。这群船老大们批评年轻人怕吃苦是为了突出自己的贡献、提升自己的地位。他们在座谈会上几乎就任何不重要的话题都要相互争论一番，相互否定对方的目的似乎是尽快提升自己在这群同行中的相对社会地位。我注意过，一番争论之后，他们就会相互撒香烟。这符合灵长类动物“斗争—和解”的行为特征。

我觉得，真实原因是捕鱼这一行没有技术进步，由此导致这一行太苦，同样的原因也导致年轻人不肯入行。捕鱼靠冷库买到时间，冷库靠高利贷买到时间，整个产业链都没有技术进步。只有当高利贷崩盘之后，才淘汰几个同行出局，为剩下的人留出更大的发展空间，他们可以继续维持生计。文艺电影的编剧可能会这样说，“死去的同伴把时间留给了他们”。

只有技术进步才能给人带来更广阔的空间解放，带来维特根斯坦说的空间的无限可能，带来未来更自由的时间。年轻人有的是时间——生物学意义上的时间。他如果投身到捕鱼这一行里面，就缩小了自己未来的发展空间，等于浪费了自己的时间。年轻人不怕苦，怕的是浪费自己的生命去忍受现在就看得到结局的狭窄的生存空间。人为缩小自己的发展空间就是在浪费自己的时间，就是在浪费生命，就是限制了维特根斯坦说的“空间的无限可能性”。

好了，问题转移了。现在的问题是：为什么捕鱼这一行没有技术进步呢？具体的原因，我会在下一章做详细分析。本章只涉及对时间的定价问题。总的来说，容易诞生高利贷的地方都不容易诞生技术进步（这句话是我从田野调查中得到的最闪光的思想火花）。

一个部落的演化总是遵循着从重情谊到重信誉的轨迹。这条轨迹的背后是人逐步走出部落，走向独立的过程。只要一个人待在部落里面，他就没有独立性。他会有路径依赖，走捷径办事，用刷脸、刷感情的办法来融资买时间。他可以轻松克服今年的不确定性。捕鱼人、冷库经营者乃至高利贷放贷人以前都是乡里乡亲的，甚至沾亲带故的。捕鱼之所以是一个没有科技进步的行业，是因为他们总是能够在关系网内部融资。冷库不是挽救这个行业的科技进步，其实是高利贷的另一种表现形式。

整个渔村很少有局外人来出钱资助一场捕鱼，也没有村外人来经营冷库，更未曾听说有外部来的投资人放贷。在这样的环境里，买时间就相当于饮鸩止渴，最终得不偿失。年轻人不愿意当水手，甚至不愿意当船老大，这就已经很说明问题了。一个行业没有技术进步，就没有可能迎来广阔的发展空间，也就无法吸引年轻人加入。人的生物本能一定比估值模型更准确地知道人类自身的发展方向。

没有技术进步来淘汰落后者，那就只能借助波动性、随机性或者不确定性来玩这个淘汰不幸者的游戏。高利贷正好能够放大波动性，加剧随机性，使得这个淘汰人的游戏更快得出结果。租冷库和借高利贷一样，都是买时间的方法。买时间的结果就是放大了未来的随机性。不要只看到高利贷的利息会“利滚利”，还要看到未来价格的波动会“浪打浪”。

舟山的邵老板并不知道，他给我最大的启发是他说到同行遭遇时的哭腔和同情心。我相信那是他的真情实感。他并没有“同行是冤家”的念头，他不会对李老板的遭遇“落井下石”。他的同情心揭示了更多东西，时间游戏是一场“生死时速”的赛车游戏。在渔村，那个不接受高利贷的冷库经营者，那个不把海鲜放入租来冷库的船老大，往往最后能够活下去，成为淘汰赛的幸存者。他们没有依赖于刷脸和人情来融资，没有借钱买时间，他们就只能提高捕鱼技术或经营能力，他们就只能变得独立和自己承担风险，而不能去拉亲戚朋友的钱。于是，他们在演化的压力下变得更强大、技术更高，最终因技术高超而活下来。

在大自然眼里，效率最高的那个个体就是好人。效率最高意味着它消耗的能源少，挤占的资源少，消耗的时间少，让它取得胜利就能够让更多的人获益。这个法则体现了大自然母亲的仁慈。或者说，当我们从这个角度去理解这个法则的时候，我们更容易接受它。

赌场模型

金融学里面有一个几乎无人问津的故事。我每次想到这个故事都感觉里面还有许多东西没有总结出来。它吸引我的最主要的原因是简单。这个故事就是赌场模型，它最终涉及一个“拥有无限时间和无穷机会的赌徒”——那是其他一切资产定价的基础。

莫顿·米勒曾经解释过为什么他发明的 MM 定理是布莱克—舒尔茨期权定价法的基础。为此,他举过一个例子:赌场老板如何面对一个疯狂的赌徒?你是一个赌场的老板,你手上的全部现金合计 1 亿美元。某天来了一个疯狂的赌徒,他提出拿 1 亿美元和你玩一把这样的赌局:连续扔三次硬币,如果三次都正面朝上,那你就输给他 8 亿美元;如果三次中有任何一次正面朝下,他就输给你 1 亿美元,立马走人。

从这个赌局结果的概率分布来看,这个赌徒只有 1/8 的概率能赢。那么,他以 1 亿美元做赌注,要求赢的时候获得 8 亿美元是合理的,并非是一个“疯狂”的要求。

现在请你从赌场老板的角度来考虑问题:你有 7/8 的概率能够赢得 1 亿美元,却又同时有 1/8 的概率要输掉 8 亿美元。如果你此刻的现金足够的话,这当然没有问题。你完全可以接受疯狂赌徒的邀约,和他赌一把,而且最好同时开视频网络直播。因为这样的“大赌注+简单玩法”的赌局对社会公众极具吸引力,这是你推广宣传自己赌场的好机会。但是,如果出现了那种对你不利的 1/8 概率情况,即三次投掷结果均朝上,你就得破产,因为你手持的现金不足以履行你对赌徒承诺的义务。赌场老板的问题来了。你该怎么办呢?

你这个赌场老板现在就得去“招募”8 个帮手,从而形成“一个好汉八个帮”的局面(如果读者已经有一定的金融学背景知识的话,请把这次招募帮手的行动看作去资本市场购买对冲工具的行为,但如果你没有金融学背景知识,也丝毫不影响你的阅读乐趣)。

这8个帮手(上海人可能会把他们称为“打桩模子”)就是你的对冲工具,他们可以帮你渡过潜在的危险和可能的难关。他们给了你时间,让你的赌场能够熬过这个坎儿,继续经营下去。

问题进一步展开。你用什么方法吸引到8个人来助拳呢?最佳的情况当然是你找到的这8个人根本就不是什么“无辜的群众”或者“热心的市民”,而是另外一批嗜赌如命的“赌徒”而已。这样的话,你一分钱也不用掏。

这8个人面对的赌局是这样的:如果那个“疯狂的赌徒”投掷三次硬币有一次是朝下的,8个帮手就平分疯狂赌徒的1亿美元,相当于每人除了拿回1亿美元本金以外,还能拿到1/8亿美元的回报,这种情况的概率是7/8(87.5%)。如果“疯狂的赌徒”投掷三次硬币都是朝上的,帮手们每个人就会输1亿美元,“疯狂的赌徒”将拿走他们的8亿美元,这种情况的概率是1/8(12.5%)。出现这种情况时,赌场老板是没有风险的,也不用掏钱“买时间”。这里的“买时间”指的就是对冲风险,使得自己的赌场可以持续经营下去,而不会因为小概率事件导致兑付危机而倒闭。

请问,谁会有动机来加入这样一场赌局?谁会拿1亿美元来帮助赌场老板渡过这个难关?除非这8个人本身也是赌徒,而不是一般的群众,因此具有很高的风险偏好,他们才有兴趣接受邀请,成为"疯狂赌徒"的对手盘。在这种最理想的情况下,赌场老板不用额外掏钱买时间。此时,时间的价格等于它的价值。

再来想象一个最不理想的情况。这个世界上只有这一个"疯狂赌徒",其他人都是不愿意承担风险的"无辜群众"。他们安贫乐道,不会对赌博或者其他因承担风险而带来收益的事情动心。那样的话,你就无法吸引到足够的"接盘侠",也就有可能无法应对这个赌局所包含的1/8概率的破产风险。这种情况下,你根本买不到时间。

大多数情况下,你的运气介于这两者之间。世界上绝大多数人的风险偏好介于"疯狂赌徒"和"无辜群众"之间,都有一定程度的风险偏好,但是普通人对风险回报的偏好程度以及他们对风险的容忍程度都不如"疯狂赌徒"那样高。于是,你必须要"sweeten the bait"(在鱼钩上挂更香的饵料),用更高的风险—收益比才能吸引到原本风险偏好程度较低的8个人来帮助你渡过难关。这8个人对风险有一定的偏好,愿意承担一部分风险,希望获得更高的回报。

比方说,你拿出自己的本金1亿美元。你对外宣布,为了欢迎更多的"游客"参与赌局,你自己掏1亿美元资本金作为奖励加入其中。这时候,你只需要7个游客来帮忙,如果“疯狂赌徒”输了,7名“游客”仍然能够平分1亿美元。你放弃了自己的那一份。此时,这7个人的实际出资额仍然是每人1亿美元,但是他们的预期收益提高了。

现在再来看看,你放弃了自己的1亿美元资本金本来应得的回报,作为吸引游客来赌博的诱饵。这个诱饵就是你购买时间的价格。你购买了时间就可以继续经营你的赌场。

有人也许会说,赌场还有一个办法就是借7亿美元高利贷,如果赢了就连本带息偿还高利贷;如果输了,他就通过经营活动偿还高利贷欠款。提这个建议的人,要么没有借过高利贷,要么没有阅读本章前面的内容。请安静地想一下:当发生那1/8小概率事件的时候,赌场老板要么欠了“疯狂赌徒”7个亿,要么欠了高利贷放贷人7个亿。这两种情况是一样的。这是赌场模型的一个亮点:借贷的灵活性并不改善经营的安全性。这是MM定理所揭示的金融学的一条关键“染色体”。

好吧,来吧!接受事实,认清世界。

这个世界上之所以有人需要购买时间,是因为:(1)不断会有“疯狂赌徒”出现。他们的出现使得赌场在资金有限的情况下面临着潜在的兑付危机。(2)赌场要维持自身经营的连续性。(3)理想状态下,全世界都是疯狂的赌徒,赌场根本不用购买时间。前两者缺一不可。

当世界都是由疯狂赌徒构成时,时间的价格等于其价值;当世界都是由无辜群众构成时,时间根本买不到。幸亏,这个世界是由一大群“好奇的游客”构成。这群游客的特征是:有钱且跃跃欲试,他们的风险偏好比疯狂赌徒要低,他们的预期收益比无辜群众要高。因此,时间的价格会高于它的价值。这是资本市场的常态。

你买到的时间源自游客替你承担了一部分风险,代价就是他们拿走了你的利润。因此,时间绝对不是免费的。你现在知道了,从市场上购买对冲工具的价格一定是贵的,而且一定高于该工具的内在价值。

请读者务必记住这个故事里面有三个角色,分别是“赌徒”“赌场”和“游客”。这三者共同构成了资本市场。请把“赌徒”想象成资本市场的投机客,他们经常用高杠杆,带着“赌一把”的心态进入市场,追求小概率事件带来的“一夜暴富”梦想。然后,请把“赌场”想象成金融机构(不要考虑金融机构的感受)。他们的首要诉求是保持永续经营,为此,需要保持兑付的声誉。有了时间和声誉之后,金融机构会自然而然地在经营活动中产生利润。如果遇到了潜在的风险,金融机构也只能去资本市场购买时间。这种购买时间的行动未必是买入对冲工具,有时候是募集资本金。有了更多的资金以后,赌场就能够对付疯狂的赌徒了。募集资本金的代价就是老股东稀释了自己的收益。MM 定理就是说，无论赌场老板是用增发新股募集 7 亿美元资本金的办法，还是用招募好奇游客凑齐资金的办法来对付疯狂赌徒，他所支付的代价是一样的。或者说，好奇游客无论是认购赌场增发的新股，还是参与疯狂赌徒的赌局，他的预期收益是一样的。

最后，请把“游客”想象成普通投资人，包括股民和债券投资人。如果“游客”全部演变成为厌恶风险的“群众”，资本市场就会缺乏流动性；如果“游客”全部演变成为追求风险的“赌徒”，金融机构反而没有了风险，也不需要购买时间了。但是这种情况对于社会创造力来说，是涸泽而渔。

赌场在资本金不足时需要向资本市场购买时间，这样才能保持其经营的连续性。于是，我们得到了这个命题的一个重要映射。我要求、呼吁、鼓励并敦促读者想象一下维特根斯坦所说的拥抱真理的场景：“穷尽逻辑空间的可能性之后，你来到了语言的边界。此时此刻，不可言说的事物闪耀着自身。你需要纵身一跃。”

以下两个命题是否在金融学意义上等价？

(1) 你有取之不尽的现金；

(2) 你有用之不竭的时间。

只要满足这两条中的任意一条，你就不需要购买时间了。你已经幸运地来到了完美世界，这个完美世界由命运女神三姐妹(the Fates)中的克罗托(Clotho)控制。你永远可以从她那里拿到她刚刚纺出来的生命之线(象征着永恒的时间)。在那个完美世界里，你永远不需要购买时间。在完美世界里，时间的价格永远等于它的价值（在现实世界里，你一旦需要购买时间，时间的价格就比它的价值贵）。希腊人早就把这个场景做了戏剧化的总结：当你看到命运女神三姐妹中的阿特洛波斯（Atropos）举起剪刀时，你就知道她要剪断你的生命之线了，此时，你就需要去购买时间。时间之所以值钱，是因为你看到了时间包含的风险。等到大家都看到风险的时候，就已经来不及买时间了，那已是“血流成河”的市场踩踏事件了。英语中“暴行”（atrocity）一词的词根即来源于阿特洛波斯的名字。

在完美世界里，你要么有“足够多的现金”，要么有“足够多的时间”。这个完美世界在金融学里面就是 Martingale 的世界。当且仅当你待在 Martingale 的世界里，时间对于你来说价格和价值相等。请把 Martingale 想象成一个叫作“完美世界”或者“梦幻天堂”的赌场。这个赌场里没有否极泰来，没有生死转世，没有富贵轮回。我没有按照惯常的金融学教科书将 Martingale 翻译成“鞅”，而是倾向于保留原文。因为这个词最早见于法国数学家写的一篇金融学论文。在法语里，Martingale 有两层意思：第一层意思是“鞅”（勒马的缰绳）。金融学里使用了它的第二层含义：“倍赌策略”（每输一局就赌资加倍，只要最后赢一局就扳回之前所有的损失）。其实，这是引申出来的含义。向后勒马的缰绳看起来是阻止了马前进，其实是为了刺激马跑得更快。这个动作类似于向后撤的四分卫用承担风险的方法去赢得更大胜利。我发现保留原文 Martingale，而不使用“鞅”这个词，反而会使读者的阅读体验更好。

举例来说，你带着 100 元去赌场玩猜硬币游戏。如果第一把你赢了，你就会继续赌下去；如果你输了，你就可以从赌场借 100 元再赌一次。如果你这次赢了，你就偿还了赌场的债务 100 元（不计利息），同时还拿回来自己的本金 100 元。此时游戏结束，你离开赌场。如果第二把你又输了，那么你就从赌场再借 200 元去赌第三把。如果你赢了，就偿还赌场的债务 300 元，你拿回本金 100 元，离开赌场。如果你又输了，那你再向赌场借 400 元赌下去……依此类推，这个赌场就是 Martingale 的世界。

你带着 100 元进入 Martingale 赌场时，应该预期“当你离开时，身上仍然只有 100 元”；当你在 Martingale 赌场赢到 100 万元的时候，你此刻应该预期如果你继续赌下去，离开赌场的时候仍然带了 100 万元离开（是的，你没有看错，是 100 万元）。如果你带着 100 元进入 Martingale 赌场赌了一个晚上之后，输得一塌糊涂，倒欠了赌场 100 万元，那么你此刻应该预期即便你继续坚持赌到明天晚上，你仍然是负 100 万元。在这个赌场里，你不能带着“富贵轮流坐”的心态，不能有“否极泰来”的预期，不能有“穷人翻身靠冒险”的念想，你就待在 Martingale 的世界里。是的，或者说，你就待在“原味”的时间里。时间的价格和时间的价值对于你来说是相同的。这就是你的结局，也是整个现代金融学的理论基础，连续时间金融的框架就打在 Martingale 的地基上。建立在这个基础上的估值模型相当于在没有风的情况下向天空抛掷一个苹果，其下坠的抛物线是可以准确预测的。

Martingale 的世界意味着“无限的时间”“不受限制也不计利息的融资”和“无风险也无收益的机会”。我们（其实应该说是“正常人”）都不是 Martingale 世界的赌徒，而是疯狂赌场模型中的“游客”，我们面对的是“有限的生命”“有代价的资金”和“有风险的机会”（这三者其实是一回事，都叫“时间”）。这里的“有价”指的是，我们不能像 Martingale 赌场里面的赌徒一样，免利息且无上限地借到钱。我们也许能够借到钱，但那些钱一定有代价（赌徒损失的亲情和赌场老板损失的本金）。金融学的要义就是在“有限的生命”“有代价的资金”和“有风险的机会”这三者之间建立合理的平价关系。

当然，对于普通股民来说，如果他能够始终获得融资，那么他其实是不会爆仓的，最终也能够解套（如果他总是投资指数 ETF 的话）。“要做你自己熟悉的股票”——这句话的意思是，那些你认为自己熟悉的股票出现暴跌时，你不会惊慌失措，不会杀跌出局。你自以为了解这只股票，你对它有感情、有期待，你能够淡定地看待（或者说“忍受”）它短期出现剧烈的波动。由于你能够在这只股票上坚持更长的时间，因此，你赢的可能性也更大——相当于你在 Martingale 里面坚持赌下去，只是“解套”的时间未定而已。

你之所以能够发点儿小财——存银行能够拿到利息，是因为这个世界有人愿意买时间冒险赌一把。你向赌场提供了融资，取得了风险收益。虽然你比自己之前富裕了一点儿，但是你没有提升你自己的社会地位，因为获取无风险利率的机会对于每个人来说都是平等的。你只能和人们共同进步。是的，你的生活水平一定比你祖母的时代要好，而且好很多，但是你的社会地位可能还不如你的祖母。这不仅是有可能的，而且是大多数人的常态。

我曾经花很长时间研究指数期权的波动率曲面。[①] 我现在理解了这个曲面的形状。如果全体投资人都待在 Martingale 的世界里，时间是无限的，可以无限融资，那么，各项资产期权所隐含的波动率对应的是水平面。但是，现实的资本市场里，期权波动率曲面不是水平的，而是像一座山峰被竖直分割成四个象限的曲面。我特地避免在这本书中引用那种充满坐标数字的三维图形，以防止读者误以为这是一本严苛的金融数学读本。我实在不想在此处插入一张三维图来表示“山峰一样倾斜”的波动率曲面，那样会使得大多数读者立即放下这本书。如果读者实在难以想象这种曲面的话，那么请你现在移步到餐厅，看着四方形的餐桌，想象着桌面的西北角(左上角)向天花板方向上升，而东南角(右下角)向地板方向下沉，另外两个角的位置保持不变，这样就会形成一个倾斜的桌面，这就是我所说的“切割山峰得到

---

① 我很感谢李友梅校长在 2008 年金融危机期间批准资助我的研究。她的师弟赵旭东老师又为我这本书提出了许多指导意见。他们都是费孝通老前辈的学生。

倾斜面”的波动率曲面。但如果你脑子里实在想不出这个图像，也请不要告诉别人，那样的话，既破坏你的形象，又影响我的销量——你可以直接跳过这一段内容，我保证你没有错过太多精彩的东西。好了，现在请回到书房继续看我的书吧。

为什么这个曲面会倾斜？因为西北角上升的曲面代表的是即将到期的合约。想象一下，赌场事先没有购买对冲工具，没有招募游客来对冲，而那个赌局已经赌到第三把，前两把都是正面朝上，如果第三把还是正面朝上，此时此刻，每个人（包括游客、赌场老板和赌徒）都已经意识到赌场老板有可能在最后一把输掉整个赌局。东南角下沉的曲面表示遥遥无期的未来合约，谁也不知道未来是否有疯狂的赌徒来捣乱、来搅局。想象一下，在一个平静的早晨，赌场老板突发奇想，即现在就购买 1 年以后对付一个疯狂的赌徒的保险合同。那样的话，保费一定很便宜。离你越近的时间包含的信息量越大，在有效资本市场上，所有人都知道这些信息，他们得以判断出你所经营的赌场目前面临的风险，导致你不得不出高价才能吸引他们来为你“助拳”。这就是波动率曲面倾斜的原因。

你们当然不会在教科书里看到这些东西。“时间有密度”“单位时间包含的信息量不同”“离你越近的时间包含的信息量越大，时间也越贵”——费雪·布莱克晚年提出的这些观点是他作为最有洞见和最不拘泥于模型的金融学者对波动率曲面倾斜现象做出的唯一解释。

费雪·布莱克为什么没有加入群星璀璨的LTCM(长期资本管理公司)?他可能已经预见到结局。LTCM既不是上帝也不是央行,却在资本市场上卖出时间(以期权形式)。这种赚钱模式完全把自己的命运交给了未知的未来。你卖出的时间不是你创造出来的,你卖给别人的时间是你用承担风险的方法从市场拆借来的。你就像一个拆东墙补西墙的赌徒,尽管牌技一流,但时间是借来的。别人之所以从你手里买时间,完全是因为你给时间定价偏低了,或者说,你替他们承担了额外的风险。你从市场借来的时间里面包含着你的模型所不能识别的风险,然后你又按照模型的预测值,把时间卖给交易对手。你攒下了差价,同时也积累了风险。

资本市场始终要确保时间的价格高于它的价值,否则就会把人送入Martingale的世界。因此,即便没有1998年的俄国国债违约事件,LTCM也会遭遇兑付危机——这场风波迟早会发生。长期资本管理公司的悲剧提醒了我,自从有了资本市场,时间就是可以买到的。但买到手的时间,绝不是“雪中送炭”,更不是“一劳永逸”,对于你来说买到时间,情况仅略好于“饮鸩止渴”。

现在我要讲这个模型给我的重要启发:为什么资本市场始终要确保时间的价格高于它的价值?这包含了两个方面的内容:

一方面,Martingale的世界无技术进步。

待在 Martingale 世界里的赌徒虽然可以无限借款，无止境地融资，无须担心有人催要旧债，无须担心新债旧债利滚利，但是，他并不能无忧无虑地永远过下去。当他翻本的那一把结束时，他也就离开了 Martingale 的世界。当他走出那个完美的世界时，他的财富和进入时一模一样，还是 100 元，他在各方面都没有任何长进。Martingale 世界里的时间是无限的，融资是免费的，结果是时间都虚度了。

国有银行总是很乐于借钱给国有企业。于是，就有一些国有企业干起了“准金融”业务。它们不断把银行借给自己的资金拆借给其他真正需要资金的民营企业，并赚取差价。2000 年，我的好朋友 Craig L. Williams 对我说，他特别不看好美国的通用汽车公司。因为美国的通用汽车公司已经沦为一家“国有银行”：它不断用美国政府背书的信用去融资，然后用这些钱来补贴按揭购车的车主——这样的公司迟早要破产。结果，2008 年金融危机中，通用汽车公司果然破产了。现在我们看到的通用汽车公司其实是债务重组后的新公司。不断给国有企业提供贷款——无论是为了就业还是稳定——就是把国有企业置于 Martingale 的世界里，它一定会患上“贷款依赖症”。我在写作这段内容的时候，看到了下面一则新闻：

2021 年 5 月 30 日，上海电气(601727. SH)发布《关于公司重大风险的提示公告》，称公司合并报表范围内的控股子公司——上海电气通信技术有限公司(以下简称“通信公司”,上海电气持有其40%的股权)应收账款普遍逾期,存在大额应收账款无法收回的风险。

截至本公告日(即5月30日),通信公司的应收账款余额为86.72亿元,账面存货余额为22.30亿元,在商业银行的借款余额为12.52亿元,公司向通信公司提供的股东借款金额合计为77.66亿元,均存在重大损失风险。

经过上海电气测算,在极端情况下,通信公司可能对公司的归母净利润造成83亿元的损失(即上海电气对通信公司的股东权益损失和股东借款损失),大约是上海电气2020年净利润37.58亿元的2.2倍。[①]

公告给我的初步印象是该公司在通信行业的子公司大量赊账放款给客户,其中很大一笔(约83亿元)可能收不回来了。这也许就是Craig说的那种“变成了银行的工厂”吧!

其实问题还会更糟糕。请你设想一下,你在Martingale的赌场里玩的不是猜硬币的游戏,而是一种需要动脑的纸牌游戏。由于你根本不操心输了以后被暴打或被逼债,因此你可以轻松地借钱继续玩下去,直到自己拿到一副好牌,把前面的亏损全部弥补回来。在这种情况下,你打牌根本不会动脑,你的牌技根本不会长进。这对于赌徒来说无所谓,但这对于国有企业来说,真是致命的。

无限关爱的融资便利最终使得企业丧失了技术进步的动

---

① 摘自2021年5月30日的《上海证券报》。

力，不想改进生产工艺，不想提高管理效能，不想改变现在的利益格局，不想得罪上下游的采购供应体系，不想实施动真格的绩效考核，不想做任何可能引发“不稳定”事件的改革。我在证券公司营业部时旁听过许多老年股民的交谈。其中许多人都是国有企业的退休职工，他们普遍喜欢买国有企业，尤其是央企的股票。他们认为，这些企业不会倒闭，拿着它们的股票是安全的。这说明，这些老年股民已经发现了央企待在时间无限的 Martingale 的世界。但是，他们没有想明白，待在那里的公司（或赌徒）永远不会倒闭，也永远不会进步。这样的股票怎么值得持有呢？他们绝大多数人都没有从央企的股票上赚钱，他们相互说着“央企不会倒闭”这样的话，只是一种彼此安慰。这在被套牢的股民中是常见现象。

请你想象把你从证券公司营业部大厅散户休息室抽回来，放到银保监会、发改委、地方国企和商业银行的四方碰头会上。会议指出，春节是全国人民家庭团聚的重要传统节日，各部门要确保春节期间稳定，绝对不能发生群体性事件，稳定压倒一切。因此，暂时不要打破刚性兑付，安排困难企业借新还旧，用时间换空间。会议还决定，由地方政府的平台公司向发改委提出发行企业债的申请，用于置换即将到期的银行贷款。发改委将开通“绿色通道”，给予类似有困难的企业快速审批。银保监会同时决定，鼓励地方商业银行对即将到期的贷款给予展期，对于地方政府融资平台的贷款，即便逾期，也暂不按照五级分类调整，不计提“损失拨备”。会议开得圆满成功，在热烈的掌声中结束。请在这个我想象出来的场景中思考如下问题：这个地方政府下属的融资平台会想方设法节约资本开支吗？会提高项目运行效率吗？会考虑回报股东吗？会寻找更高效益的项目去开发吗？它们是不是待在 Martingale 的世界里？

在一个时间是免费的地方，谁都没有积极性。其实，与这个问题有关的另外一个问题，我已经思考很久了。我觉得，分红其实是影响公司估值的。是的，现在说这个结论很突兀，而且在表面上也违背了 MM 定理有关公司分红政策不影响公司价值的判断。但是，请大家结合“Martingale”场景来理解公司的分红政策。2021 年 1 月，我读到过这样一则公报：一家美国上市的高科技企业，为了筹措资金用于并购，决定从下个季度开始停止分红。这家软件公司其实并没有多少负债，它突然改变分红策略，根据 MM 定理来判断，股价应该不受影响。但实际上，该公司的股价应声下跌。一个现金充裕的公司为了收购而停止分红，说明它不愿意发行债券去筹措并购资金。不愿意发行债券说明该公司的管理层不愿意承担更大的风险，不希望将来有被银行和债权人敲门逼债的那一时刻。这就像一个四分卫不希望在有对方截击后卫的情况下传球一样，这个四分卫不喜欢风险，只喜欢从容不迫地传球。不敢冒风险的四分卫是传不出有创造力的灵光一闪的好球的。千万年的大自然进化史告诉我们，生物一旦失去了外部环境压力，也就同时失去了进化动力。

也许，MM 定理并没有错。我们应该看到影响股价下跌的因素不是停止分红，而是公司管理层在风险面前却步，使得投资人感觉这家公司的管理层不任责，失去了进取心，导致股价下跌。

另一方面，对时间定价是为了促进科技进步。

这个赌场模型告诉了我资本市场的价格形成机制。金融学的模型是基于 Martingale 世界的，但是，资本市场的实务并不基于此。现实世界逼得人人要买时间才能生存下去。赌场老板如果不买时间就有兑付风险。那么，有没有可能赌场老板不买时间，也能生存下去呢？他只有两条路可以走：第一条路就是承担风险，自己跳进去赌一把运气，只要有一把硬币朝下，赌场老板就能生存下去。第二条路超越了金融学。如果赌场老板营销工作很出色，管理机制很灵活，客户动员能力很强，那么他在互联网上砸一些广告费，就能够吸引到足够多的“小赌徒”来和这个“疯狂赌徒”对赌一把，由此对冲自己的风险。这种营销能力就是确保赌场在遇到类似兑付危机时的技术进步。或者说，赌场老板要么靠运气，要么靠科技进步。赌场模型告诉我，资本市场对时间定一个高价才能逼着人们去创新。

假设央行提高了无风险利率，那么，游客自然会提高自己对回报的要求，金融机构会提高给游客补偿，时间价格就上升（而不是资金的价格上涨了。货币是时间的载体，关键还是时间的价格上涨了）。这就进一步转化为企业的压力，他要么花更高价格买时间,要么就只能通过挖潜节能,改进工艺,提升效率,科技创新和技术进步来应对利率提升。

于是,另外一个问题出现了。如果市场上绝大多数企业是国企,另外一部分是民营企业,则两者在资本市场的融资便利上具有差异。当银行提高利率以后,国有企业仍然待在 Martingale 的世界里,他们对利率高低不敏感。而民营企业则会遭遇"融资难"和"融资贵"的问题,其生存就会受影响。如果一个经济体内有两类企业:一类待在 Martingale 世界里,另一类待在现实资本市场里。这就使后者生存特别艰难,以至于只有创新才能活下去。我国的央行、银保监会、财政部和国资委多次对商业银行提出要求:对企业融资需求必须一视同仁,对小微企业还要有特别的照顾——这说明金融管理部门已经意识到这个问题了。

总之,在资本市场上,如果时间的价格等于其价值的话,那么你就待在 Martingale 的世界里。你可以在那里无限地免利息地借钱赌博,直到你翻身回本为止。但你离开那里时,牌技没有长进,财富没有增加。这样的资本市场既没有用估值去鼓励人们技术创新,也没有用随机性去淘汰一部分投资人。所以,资本市场一定要让时间的价格高于其价值,不能让所有人都待在 Martingale 的世界里。

时间价格高于其价值有三种表现形式:所有人的时间都有限、任何人融资都要付利息以及任何一个机会都有风险。有了这三条，资本市场就开始正常运转了：要么淘汰不幸的投资人，保留社会淘汰机制（倒霉的赌徒出局了）；要么培养聪明能干的企业家，推动科技进步（赌场老板变成了互联网营销专家）；要么逼着企业主让利给普通投资人，缩小贫富差距（让出一部分红利吸引好奇的游客）。有了这三条，整个社会就开始正常运转了。

本章翻来覆去讲赌场模型，其实讲的就是如何对时间定价。我希望我已经把这个模型讲透彻了。这个模型不是我发明的，而是1998年莫顿·米勒在课上讲过的。莫顿·米勒其实只说了一个开头，说到“赌场应该用多大代价对冲这个疯狂赌徒的风险就是期权定价法推导的基础”以及“当一个公司的杠杆极高时，你持有它的股票就相当于持有它的认购期权”。随后，他就兴致勃勃地批判哈佛大学的几个著名经济学家，并热情洋溢地称赞费雪·布莱克，说费雪·布莱克之所以取得了伟大的成就，主要是因为他受到了自己伟大思想的熏陶。再后来，下课铃就响了。

其他同学表现得十分自信，好像他们一听就懂，完全理解了莫顿·米勒的意思，而我实在是没有弄懂这个赌场模型。于是，我花了23年苦思冥想，最近终于在写作《估值原理》的巨大压力下想通了这个模型。

我有些沾沾自喜，感觉自己就像古龙小说里面那个反面人物“江别鹤”，他仅仅依靠“白首太玄经”这一句线索就推测出前人遗失的全套武林秘籍——不愧是“武学奇才”啊。一想到这

23年来，那批和我一样忠诚，但比我聪明得多的同学们一直在各大金融机构奋斗，我就感到温暖。

时间的价格

凯恩斯说过："市场保持非理性的时间会比投资者保持偿付能力的时间长。"

凯恩斯可能是对的。但是，他带着经济学的球左冲右突来到社会学的禁区之后，临门一脚却射偏了。我对他这句话的理解是：市场会在部分投资人被淘汰出清以后恢复理性。这就衍生出一系列相关的问题：为什么要淘汰一部分人之后才恢复理性？什么才是市场的理性？哪些人会被淘汰出局？为什么他们没能买时间活下来？市场的非理性是否就是大自然的意旨？它执意要淘汰一部分人，然后剩下的人就获得了更大的生存空间，可以活得更好，活更长的时间。

你也可以认为，凯恩斯的话是说时间的价格会高到有一部分人买不起为止。这就和费雪·布莱克的观点有异曲同工之妙（"时间的价格总是高于它的价值"）。1998年，LTCM（长期资本管理公司）倒闭前几天，市场就是没有流动性，它的几只重仓股偏偏就是在它宣布破产清算之后突然开始反弹。如果反弹能够早几天（尤其是其重仓的Ciena通信公司的股票），则LTCM完全可能顺利履行兑付义务。

我找不到金融学理论来说明为什么市场总在部分机构倒闭之后才能恢复理智。我想起《危情十日》女主角的片尾独白:“有一种正义,她高于人类的一切智慧和法律。我将由她来审判。”说这句话的时候,女主角手里拿着厨房的切菜刀——像极了命运女神三姐妹的造型。

时间的来源有两个:第一个来源是央行。央行印钞票就是印时间。央行印钞票相当于用稀释购买力的方法从全体现金持有人手里借了时间,然后再由央行转借给金融机构,让它们活下去。第二个来源是市场。你可以花钱从资本市场买时间,且形式多样。有时候,时间是用期权合约的形式交易的。有时候,时间又变成了没有合约的实物期权,其中最常见的是“观望期权”。这些期权给了你时间,当然都不是免费的。最简单的期权例子发生在橄榄球比赛中,“四分卫”按理说应该是组织进攻,或者带球突破,向前冲 5 码以上的距离以保留本队的进攻权利。但是,实际比赛中,四分卫往往先带球后撤,然后扭头观察。在他后撤的这段时间里,本队的几个跑锋应该已经突破对方防守,进攻到了更有利的位置。跑锋要么离达阵区更近,更有利于得分;要么已经甩掉了对方的防守后卫,能够更安全地接球。这时候,四分卫就要用更大的力量更精准地投掷给跑锋传球。跑锋接球的地方往往离四分卫很远,球在空中被半道击杀的风险更大。当然,跑锋接到球的收益也更大。

四分卫用后撤创造出来的观望时间(你也可以不用“时间”

一词,而是学着金融学者的样子,称其为"观望期权",使用这个词的唯一后果就是疏远了读者)不是免费的:他是用承担更大风险的办法获得更多时间的,他后撤的那几秒钟时间是全队最危险的时刻,对方的截击后卫会如狼似虎般地扑上来,把四分卫摁倒在地,全队就失去了这次进攻机会,转而变成防守方了。

是的,时间不是免费的！你如果没有央行给你的免费时间,你就要去买时间。买到的时间要么贵,贵得足以吃掉你的全部利润(想想赌场老板);要么就去承担风险获得时间,而你得到的这段额外时间到期以后,你将面临更大的风险(想想 LTCM 公司)。

请读者结合莫顿·米勒的 MM 定理来理解费雪·布莱克说的"时间的价格总比它的价值贵"这句话。MM 定理指出,公司资产的价值与公司的融资方式无关;公司的融资成本由公司的资产质量决定。时间也是一项资产,如果你公司的经营能力不行(包括资产质量差、劳动效率低、回款慢、库存高、员工懒散和技术落后等方面),那么你公司的价值一定很低,公司持续经营下去的前景很黯淡,你的时间不多了。如果你此时融资(无论是股权融资还是银行贷款)去购买时间延长企业的生命,使其通过融资持续经营,这就说明这个公司的造"血"能力差,不能独立活下去。你不可能通过借钱活下去,那样的话,就相当于融资可以创造价值,或者可以提升资产的质量。这是违背 MM 定理的。借钱买到的时间只会使得本来就要倒闭的公司死得更快。

这就是“时间的价格总是比它的价值贵”的金融学原理。

试图对时间准确定价是金融学一代又一代至圣先师的毕生追求。我现在猜想这种企图本身就违背了人类学的初衷。提前知道哪一项资产在哪一段时间值多少钱，哪一段时间又包含多少风险，这就相当于提前透露了进化路线图和时间表。我们真正需要关心的是不能在经济运行和资本市场上放弃“时间有价”这个原则——其他的事情顺其自然。

如果时间无价且无限供应，那么整个估值体系就乱了。因为，你不可能一个人进入 Martingale 的世界，而是和一群人一起进入，然后你会发现游戏完全变了。你想象一下，四分卫一边在回撤，一边在观望前面跑锋的位置，这时候，防守方的截击后卫们懒洋洋地坐在草地上打牌、看手机和闲聊。进攻方的四分卫没有任何压力和风险，他有足够的时间去观望、思考、决策和传球。你这时候能够指望他传出好球吗？他能提高球技吗？跑锋会积极跑动并灵活变换路线吗？观众会有兴趣看下去吗？电视直播会有人投放广告吗？场边的小贩还能卖掉几只“热狗”呢？给这个四分卫提供无限时间的结果就是毁掉了整场精彩的比赛。

与后撤的四分卫一样，赌场有三次买时间的机会。第一次是疯狂赌徒刚来的时候，还没有开始投掷硬币。这时候赌场老板向游客购买时间的代价最低，它只要花一点儿代价就能吸引足够的游客来“凑个热闹”或者“小赌怡情”。第二次购买时间的机会出现在第一次投掷硬币之后。如果第一次投掷的硬币朝下，那么疯狂赌徒已经出局，赌场也不需要购买时间了；如果硬币朝上，那么疯狂赌徒向胜利前进了一步，赌场老板则向悬崖靠近了一步。这时候赌场老板想要向围观的好奇游客兜售这次赌局的对手盘就需要付出更大的代价。因为对于游客来说，赢面已经从 7/8 缩小到 3/4，这就意味着他们将承担更大的风险，也就会要求更高的回报，赌场老板必须付出更大的代价。赌场老板第三次购买时间的机会窗口出现在前两把已经投掷失败的情况之后。这时候，疯狂赌徒和赌场老板之间只差最后一次硬币投掷游戏了，要从游客手里购买时间就难上加难，代价巨大。

莫顿·米勒没有明说的一点就在这个坎儿上：对冲工具的价格是市场询价的结果。是的，不是赌场老板雇用的金融学家构建的定价模型的预测结果，也不是中央银行雇用的经济学家构建的利率模型的预测结果。购买时间的代价（在这个案例中就是期权）其实是由游客决定的。

游客决定了赌场购买时间所需的代价。时间的价格是资本市场上最广大的参与者决定的——不是央行决定的。如果央行决定时间价格的话，它就在金融体系内创造了巨大的制度套利机会。

游客如果都有闲钱，都有好奇心，都有抄近道的习惯，都有赌一把的心态，都很自信，都想尽快提升自己的社会地位，那么这个游客群体就很容易接受一个低价。这就意味着赌场老板不用花很大的代价就可以吸引到足够多的游客来参与对赌疯狂赌徒的游戏,从而使得赌场获得足够的时间应对这场赌局。有些国家的投资人“赌性”很强,他们就是“很容易产生好奇心的游客”,他们很乐于参与“重组”“题材”“内幕”“博一记反弹”或者“赌一把”。这些还都不要紧,也不是关键问题。关键问题在于他们愿意在投资中承担很高的风险,这就使得这些国家的股市中充满了题材股、概念股、重组股和伪科技股。这些国家的股市中也一定充斥着一夜暴富的神话。其实,人类学家早就指出,一个神话之所以得到广泛传播,是因为这里的人民需要这个神话起到心理安慰的作用,神话就是他们缓解精神焦虑的药物。因此,一个神话传播得很广,不是说明这个神话般的小概率事件具有普遍性,只能说明这里的股民普遍很焦虑。

反过来讲,如果赌场面对的都是如此热心的好奇游客,他们的经营压力也并不大,他们可以安心经营、安心享乐、安心持有牌照。这些国家的赌场牌照一定很值钱,相当于毫无投资价值的空壳公司居然享有“壳资源”价值。尽管重组的消息听起来毫无道理,可能性很低,但是热心的游客总是蜂拥而至。他们并不在乎赌场老板对他们的刻薄态度,他们也不在乎赌局里的胜负。驱动他们的关键信息是他们周围的邻居、朋友和同学在口口相传着“某某发了大财”“谁实现财务自由了”“她或他又买了几套房子”。

融资成本不是由央行决定的——这句话显然违背了经济学

原理，央行雇用的经济学家们认为“边际成本决定了边际收益”。融资成本也不是由赌局本身的风险回报率决定的——这句话又违背了金融学。金融学家认为“融资成本是由投资项目的回报水平决定的”。我现在认为，赌场的融资成本即便不是由“好奇的游客”的热心程度决定的，也至少受到了他们的影响。

当然，我不想背叛我自己追随多年的MM定理，如何调和这个明显的矛盾之处呢？我想只能这样理解了：“好奇的游客”并不是一个孤立的个体或者一个独立的群体，而是泛指资本市场的流动性。

资本市场其实是由“好奇的游客”组成的，他们提供了市场大部分的流动性。“赌场”只是扮演中介角色的金融机构，“赌徒”只是提供了投资项目的标的物和对手盘。

罗伯特·默顿曾经说过，“央行并不真正提供流动性，它只为流动性提供便利。”这句话当然与我们今天报纸上的经济学家和好莱坞电影里的金融学家们惯常使用的“台词”正好相反。只有通过这个赌场模型去理解，才能真正明白罗伯特·默顿的这句话。央行并不直接向资本市场提供流动性，它只向那些愿意为资本市场提供流动性的人提供便利。举例来说，赌场（代表某金融机构）的经营陷入了某种困境，它所持有的资产（某赌约）出现了风险敞口。这时候，赌场老板（该金融机构的原有股东或实际控制人）愿意损失一部分权益，以优惠的价格稀释自己原有的股权，以吸引新的投资人出资来共同渡过难关。新的投资人（好奇的游客)很热心,愿意出钱给赌场注资,并看好今后这个赌场的发展前景。但是,这个好奇的游客也有自己的难处,他只有一栋写字楼和一个高尔夫球场,手里并没有什么现金。这时候,央行出现了。央行宣布这两处物业的产证都是符合条件的“合格抵押品”,好奇的游客可以拿着这两张产证去央行窗口抵押,获得现金,然后注资给赌场,成为赌场的新股东。赌场得到了这笔资金之后就顺利地应对了那个岌岌可危的赌约。

你说是央行提供了流动性？从表面上看,似乎是央行提供了流动性。但是,从法律关系来说,是好奇的游客向赌场提供了流动性,央行为“游客向赌场提供流动性”这件事提供了便利。

这就是说,无数的普通投资人用他们的“热心、好奇、冒险和出资”构成了资本市场流动性的根本来源。央行只是在他们背后摇旗呐喊,鼓舞士气。央行并没有直接向赌场(金融机构)注资,只是为愿意注资的投资人提供了便利,承担风险的主体仍然是投资人。

所以,一个市场的流动性取决于这个市场上投资人的风险偏好。而投资人同时又都是普通人。普通人的心态和想法不可能只受到资本市场的影响,而是会同时受到社会方方面面的影响。构成资本市场流动性主力军的“好奇的游客”同时又是现实生活中的司机、导游、医生、护士、快递小哥和报社记者等形形色色的人。

如果一个社会里大家都急功近利,那么,时间价格就会剧烈上升，明显高于时间价值。整个社会都很浮躁，通货膨胀加速，市场利率升高，这就使得淘汰赛变得异常激烈。这个社会的资本市场往往又被称为“新兴市场”。

在另外一些被称为“发达国家”的社会里，大家都心平气和，社会等级已经固化，生活慢条斯理，国家实行高福利和高税收，资本市场上有巨额的资本利得税，大家都不怎么热衷于炒股。请设想一下，如果你在这样一个国家开了赌场，当你遇到疯狂赌徒带来的困境时，你会面对什么样好奇的游客呢？游客们恐怕对你开出的邀赌条件都已经提不起兴趣。他们早已过上了“见怪不怪、漫不经心和各忙各事”的生活了。为此，你一定要开出一个非常诱人的价格，才能吸引到足够多的游客来帮助你渡过难关。所以，绝大多数发达国家的资本市场里，蓝筹股的股息率总是很高，公司发行融资票据的利率也很高——即便这些国家的央行已经采取了接近“零利率”的货币政策，即便这些国家的财政部发行的国债实际利率甚至出现“负利率”。归根结底，这些国家好奇的游客已经没有了尽快提升自己社会地位的念头，他们对自己的现实社会地位满意，并不羡慕其他人的生活方式。总之，他们不愿意急功近利；他们不相信刀口舔血的买卖能够使得自己一夜暴富；他们不屑于把自己在中产阶级社区的房子租出去，然后到富人区买学区房给孩子上学；他们并不身处一种同侪竞争、相互攀比和淘汰的压力之中。

在这样一个心平气和的市场里，机构投资人占主导地位，这恐怕是因为资本市场建立多年以来，散户投资人都已经被淘汰了。市场天然包含着散户投资人相互淘汰的机制。淘汰心急发财的散户投资人的过程同时也是价格回归价值的过程和社会主流价值观树立的过程。淘汰到最后，社会价值观确立起来，人心平和稳定，也就不再冒进想着尽快致富了。

可以说，资本市场没有淘汰机制，社会就不会有稳定。为什么新兴市场的投资人普遍喜欢买个股而不喜欢买指数 ETF 基金？是因为他自信能够超越指数吗？不，他内心深处希望尽快超越同龄人，成为他们中的佼佼者，赢得并享受他们的"羡慕、嫉妒、恨"。而在成熟市场上，普通投资人没有尽快超越同侪的压力，乐于待在中产阶层。于是，他们往往就会随大流地定投指数基金。每个月发了工资之后，他会自动拨出一个固定金额用于购买主流指数 ETF。

价值投资和通货膨胀

理解了"时间的价格总是高于它的价值"这句话之后，我才突然理解了价值投资(或者说，我获得了看待价值投资的新视角)。为什么巴菲特所推崇的价值投资总是发生在人迹罕至的地方和交易清淡的时刻？为什么巴菲特总是强调要有可预见的高分红？为什么巴菲特总是提倡要低价买入？

公司股票交易清淡说明没有人关注，你参加的是冷静而冷清的时间游戏,而不是一场热闹而热烈的筛选游戏。你报名参加的比赛可能只有八名选手,你进前四名的概率很高。公司的分红高且具有可预见性,这说明公司章程里面有对投资人保障的条款,说明公司的管理层受股东的约束。他们过好日子是有前提条件的。为了满足这些前提条件,他们只能去任责,去拼命努力工作。就像一个真实赌场里面的赌徒,他的钱都是借来的,他会拼命去记牌,提高自己的牌技。如果上市公司过去从来不分红,也不承诺未来分红的具体金额,那么,这些上市公司的高管就像是在 Martingale 世界里的赌徒,过着无忧无虑的生活,没有动力去提高牌技,你的股票所托之人一般不会有好的表现。当然,这一切都取决于你是否以足够低的价格买入符合上述两个条件的股票。足够低的价格也就意味着你没有贷款,没有影响自己原有的生活和消费安排,你有足够多的时间来等待这只股票发生对你有利的事情。未来更多的不确定性将把这只股票推到足够高的空间。

如果一个公司的股票和这个公司的债券估值是一样的,那就相当于你用买债券的估值买了股票。而当你买了股票之后,最坏的情况也就是持有了一只债券而已。你享受股票分红就像收到债券利息一样。未来公司一旦有什么利好消息,持有股票就可能发生对你十分有利的变化;而持有债券的投资人则享受不到这样的涨幅。如果未来发生了不利于公司生存的利空消息,那么,无论你持有的是该公司的股票还是债券,你都得破产。

你用债券的价格买了股票，相当于你购买时间的价格接近于时间的价值。这就意味着未来这个公司的股票价格很有可能比你购买时的价格高(前提是你以债券的估值购买了股票)。因此，价值投资就是争取用接近时间价值的价格来购买时间的游戏。绝大多数价值投资者在购买股票之前都会用 DCF 模型去贴现这个公司未来的现金流，然后做决定。这个方法其实可以看成这样一种努力，即投资人试图用一个可比的债券价格买下这只股票。

我现在觉得，价值投资不是一种赚钱的方法，而是一种对钱的看法。如果你认为钱给你带来更多的时间，而钱就像时间一样代表了无限的可能性，你想要更多的钱，目的是去实践更高的理想，做更伟大的事业，推动人类的进步，那么，你可以去做价值投资——欢迎你加入“时间游戏”职业联赛。

如果你认为钱给你带来更高的地位和更多的仆从，带来同学、邻居和朋友的羡慕嫉妒恨。你享受着钱带给你的荣耀、赞誉和光环，你不能去搞价值投资。因为，你并不想推动人类进步，你只想淘汰更多的同伴；你并不需要钱，你需要的是同伴的眼泪。我知道你需要钱，但我不肯定大自然需要一个像你这样的部落领袖、大祭司和长老。我不肯定你能够对你所在的部落乃至全人类做出积极的贡献。所以，你还是去参加追涨杀跌的“筛选游戏”职业联赛吧。

因此，一个投资人要进行价值投资，就一定要坚持高尚的价值观，而绝不能相互攀比，不能人前炫富，更不能幸灾乐祸和落井下石。这不是什么道德劝谕，而是价值投资本身就是一场"时间游戏"，而不是一场"淘汰赛"和"筛选游戏"。一旦你有心想要尽快发财致富以便向原先的小伙伴、老同学、乡里乡亲炫耀自己的财富，赢得他们的羡慕，你就脱离了"时间游戏"，转而加入另外一场被我称为"筛选游戏"的联赛。你在乎的就是你自己在原来社交圈中的相对地位。这样的话，你会不顾一切购买时间，而时间的市场价格会比它本身的价值高，但你不在乎。你会想着去赌一把、博一记，听消息，追涨杀跌，你只想着淘汰其他人，你不在乎自己人性的进步，而只在意自己地位的提升。

10 多年前，我在《上海证券报》上撰文提出"通胀无牛市"。当时，我认为钞票印多了以后不仅不会推高股价，反而导致熊市。现在看起来，这个观点经受住时间和行情的考验。但也有人说，只要坚持价值投资，就不要管宏观环境是通货膨胀还是通货紧缩，只要精选个股，并长期持有就是价值投资。现在，我试着把价值投资和通货膨胀放在同一个框架里面来理解。

请把通货膨胀时期的股票投资人想象成在 Martingale 赌场里的赌徒。赌徒账面上的欠债越来越多，他被迫继续借钱赌下去。问题来了，在这个赌场外，通货膨胀正在加速，货币的购买力不断缩水。结果呢，等到未来某个时刻，赌徒终于翻盘，把钱都赚回来，拿着他当初进入赌场的 100 元钱离开的时候，那 100 元钱已经不值钱了。那么，在这个赌场赌博的机会，赌博的资格，座位和门票，对于你来说，还值钱吗？当然不值钱。这就是我最初提出“通胀无牛市”时的思考框架。

随着年龄和阅历的增加，我现在越来越不认为通货膨胀是由央行印钞票导致的。别误会，我写这本书没有拿过任何机构的资助，我无意替任何国家的央行开脱责任。我真诚地认为，央行不仅对于形成通货膨胀是无辜的，而且应对通货膨胀也是无能的，它出台那些意在抑制通胀的货币政策根本就是无效的。

经济学家们总是说，“温和的通货膨胀是有利于经济和股市的，只有恶性通货膨胀才对经济和股市不利。”一个哲学家会为你指出，刚才那个经济学家什么也没有说，因为“恶性”这个词的意思就是坏的，“温和”这个词的意思就是好的。他们等于是在说好的就是好的，坏的就是坏的。是的，“看起来说了很多而实际上什么也没说”就是经济学家这个词的本来意义。

我现在认为，通货膨胀归根结底是因为经济运行效率低下导致的。我在《货币起源》一书中论证过，央行印钞票就是印时间。央行印钞票只是给低效的经济单位更多的时间，相当于把牌技很差的赌徒集中起来，关在 Martingale 赌场里，不断给他们时间，让他们在没有还本付息压力、没有债主催债堵门的环境下安心地按照他们原有的生产经营模式运行下去。央行并不关心也不在乎这些公司是否能够改善经营并自主偿还金融机构的贷款，央行关心的只是稳定。这就相当于把一个赌徒关在 Martingale 的赌场里，永远不许他出来。

普通投资人在一个真实的市场里只能从公开市场买入时间。方法是首先买入指数的认购期权，这就相当于同时做多了“时间”“指数”和“波动率”（另外两个变量“利率”和“分红率”因影响太小而不予考虑）。现在，我只要“时间”（相当于我只要时间多头，其他头寸不要），那么，我就要同时卖出“波动率”，并按照一定的比例做空“指数”。这样一来，我手里剩下来的东西就是时间，相当于我把时间从指数期权中剥离出来单独持有。

这就是基于费雪·布莱克和迈伦·舒尔茨的期权定价公式而得出的一个有关“纯粹时间多头”的交易策略。这里有一个重要的线索：我可以买到时间，但是，得到时间的过程需要我同时做空指数波动率和指数本身，这相当于两种情况：第一，做空波动率，相当于我请求大自然在我持有“时间”的这段时间里，不要发生剧烈波动，否则我的“波动率空头”就爆仓了。我需要大自然给我平静和稳定的市场环境，这相当于说，我从大自然手里借到了时间。大自然是我的债主，我将接受她的处置。第二，做空指数，相当于我必须参加全社会的竞争，只有赢得竞争才能保住指数空头（相当于其他人输给我了），才能保住时间，活下去。因此，买到时间的人，一要幸运，二要努力。

只有在期权定价法的框架内，我们才能抽丝剥茧地单独定位到时间。[①] 这个抽丝剥茧的过程就是理解时间的过程。时间

① 伊曼努尔·德尔曼曾经指出，实际上存在着两种时间：自然时间和金融时间。他有一系列论文讨论在这两者之间建立交易策略。本书限于题材，没有对此做出区分。有兴趣的读者请参考他的著作《波动率的微笑》和《宽客人生》。

是大自然借给我们的，我们借到的时间给了我们一段稳定期。在此期间，我们必须全力以赴去竞争，争取在这段时间里面超越原来的自己，打败竞争的同类，战胜其他竞争的物种，变成一个更强大的个体。哲学、金融学和人类学在时间问题上的看法是统一的。

借钱和借时间是一回事情。只有优势物种才借到钱，才买到时间，才配活下去。大自然母亲并不需要你还钱给她。那些央行印出来的花花绿绿的纸对于大自然母亲来说毫无意义。她需要你全力以赴去参与同类之间以及和其他物种之间的竞争，她希望你成为更好的你。你凭借全力参与竞争的承诺从她手里借到了时间。

对于一个企业来说，还债的方法只有一条：通过科技进步成为一个更好的企业，而不是继续借债买时间。无论是个人投资者还是国有企业都不可能永远待在 Martingale 的世界里。现实世界里，我们不可能指望继续借钱，等运气来解放我们。实现技术进步就是成为更好的自己，就是个体在竞争中的自我提高，就是完成了我们对大自然母亲的承诺：用消耗更少的能源，浪费更少的材料，节约更多的人手，采用更智慧的工艺，产生更多实实在在的成果。这些成果不仅提升了效率，还为整个社会、自然和生态圈带来了正面、积极的促进作用。

因此，实现技术进步有一个重要的前提条件，那就是：时间有限且有价。如果时间无限且免费，那就把人送入了 Martingale 的世界并埋葬了他们的进取心和责任心。

看看上一次金融危机以后，那些发达国家的央行们都干了些什么！为什么有些主要经济体的央行争先恐后地提供借贷便利？为什么这些国家的央行肆无忌惮地扩大资产负债表，其规模甚至到了惊人的地步？这些国家的央行不是在印钞票，而是在印时间。它们不停地为市场提供时间，通过给金融机构更便宜的融资来支持实体经济的融资需求。这就是把整个经济置于 Martingale 之中。请把这个国家的经济想象成在 Martingale 赌场的赌徒，他永远不用担心被赌场老板扔出去。他每次下注，只要输了，就可以去借筹码，继续赌下去。他根本就不用担心被“清盘”“逼空”或者“催债”。央行扮演了命运女神的角色，使得他有无限的时间赌下去。

一旦一个国家的经济进入这种模式，就相当于费雪·布莱克说的“时间的价格等于其价值”的时刻到来了。当然，问题也随之而来。首先是没有人去搞科技研发了。因为科技研发太辛苦、太漫长，也不太确定，所以大家都借钱去炒资产。对于个别人来说，把资产价格炒高，负债就会自然消失。但是，对于整个经济体来说，负债只会随着资产价格的上涨而迅速膨胀。这么高的负债意味着实体经济未来需要加倍努力才能还债。第二个问题其实与资产价格上涨直接相关。因为经济体一旦陷入 Martingale 模式，即“每个人都借得到钱，都投资购买资产，都相信资产价格会继续上涨，且都相信永远没有人会向自己催债”，资产价格确实会进入疯狂上涨的模式——因为人类社会始终需要分出等级。这场比赛就变成了“勇敢者的游戏”。那些最敢于借钱的人,把这场游戏玩得最好,他们手里的资产涨得最快,他们的社会地位最高。最后,也是最糟糕的后果就是,在科技进步不明显的情况下,全社会资产价格上涨的结果就是社会分层严重,出现巨大的贫富差距,社会各阶层对立。

我大致做过一个比较研究,发现一个奇特但也不令我感到惊讶的现象:凡是央行长期放水的经济体,其科技进步就会放慢,其资产价格上涨就会加快,其债务规模就会增加,其贫富差距就会扩大,其社会各阶层对立就会剧烈。2001 年“9・11”事件以后,美联储一直溺爱资本市场,任其充斥着充裕的流动性。回望这 20 多年的美联储货币政策,我认为这才是美国丧失科技领先地位并陷入社会分裂局面的根源。而在 20 世纪 80 年代,美联储在沃克尔的带领下实行紧缩政策。这就相当于突然通知在赌场的赌徒,你现在到了结账的时候了,如果还不清赌债,你就会被扫地出门,就得破产。“没有破产的市场经济就像是没有地狱的基督教”——沃克尔当时重复了这句名言。回想起来,美国在 20 世纪 90 年代兴起的科技革命也许由许多原因促成,但至少在时间顺序上看起来像是 80 年代货币紧缩的结果。当时的美联储在抽走了流动性的同时,给市场注入了责任心。“催你还债”就是“逼你努力”的市场机制,只有这样,才能促使实体经济寻求科技进步,而不是更多的负债,以便炒高资产价格,获利之后还债并提高自己的社会地位。

费雪·布莱克可能更世故也更务实地看待央行干预市场的问题,他直截了当地指出央行干预市场的行为给投资银行家们创造了盈利的良机。

> 1993 年,费雪与高盛公司的同事们分享他坚持 20 多年的观点,"我相信中央银行很难控制经济活动与通货膨胀……最终,他们将发现自己没有什么力量,并放弃对于经济做微调的企图。但是,在可以预见的未来,他们仍然会继续试图影响利率与汇率,这就会创造出获利机会。"①

我之前已经分析过,在确定利率水平和提高流动性这两个方面,央行只能被动适从,而不能主动作为。利率水平是由资本市场上的"好奇游客"的风险偏好决定的。赌场的融资需求迫切的话,"赌场老板"自然而然会开出一个诱人的价格来吸引足够的"好奇游客"帮他对付"疯狂赌徒"。如果这个利率足够高的话,则会有足够多的"好奇游客"掏钱加入投资者的行列。市场利率本来就应该这样决定,利率不是一个资产的附着物,不是融资需求的价格标签,体现的是"赌场老板""好奇游客"和"疯狂赌徒"三者之间的互动关系。天然形成的利率水平会防止这三者之间出现贫富分化的巨大差距,防止其中一方利用过低或者过高的利率一夜暴富并一劳永逸。正常的利率水平会让全市场的

---

① 【美】佩里·梅林著:《费雪·布莱克回忆录》,黄嘉斌译,寰宇出版有限公司 2009 年版,第 213 页。

参与者始终战战兢兢、如履薄冰。一旦央行主动作为，那就创造了金融体系内的无风险套利机会或者低风险投资机会。于是，投资银行家们就在央行的帮助下越来越有钱，越来越有地位。我自己在过去10年看到高校里面考分最高的学生都在学习金融学，他们梦想着毕业以后西装革履地上班，大把赚钱。我对此忧心忡忡，我更希望看到年轻人（好奇的游客）涌向工程技术院校和基础研究学科，而不是一个赌场。

央行人为地压低利率的结果就是延长了赌场的经营时间，疯狂赌徒由此获得了更多的融资便利，而代表广大中产阶级或者普通民众的好奇游客却不能从赌场获得足够的回报。于是，社会的贫富差距扩大了，敢于冒险的人越来越有钱有地位，而勤勤恳恳工作的人却只能越来越勤勤恳恳。持续宽松的货币政策只会使得持牌金融机构和胆子特别大的赌徒变得更加富有。持牌金融机构有了央行的呵护，也就无须再给好奇游客承诺一个慷慨的回报率，把自己的利润分配一部分给中产阶级并向他们募集资本金。胆子特别大的赌徒会借特别多的钱，用极高的杠杆买大量的资产，从而迅速提升自己的社会地位。于是，倒霉的就是辛辛苦苦和勤勤恳恳的好奇游客。

央行持续宽松的货币政策就是在Martingale这个人造的世界里制造资产泡沫和两极分化。马丁·路德说过，“不要在人间制造天堂和地狱，天堂和地狱是主的事情”。

长期以来，我国的国有企业占用的社会融资规模约占总额的 3/4，国有企业所贡献的 GDP 只占 2/3，而国有企业在税收、利润和就业等方面的贡献更是低于其 GDP 的占比。与此同时，国有企业却根本不担心资金问题，似乎“融资难”这个我们社会的老大难问题从来就没有难倒过国有企业。有些国有企业甚至在优惠贷款的支持下做起了资金拆借生意。它们利用自身的国有企业优势地位，从银行获得优惠的贷款，然后再用更高的利率转贷给市场上其他贷不到款的民营企业。国有企业即便什么都不做，也能赚取利息差价。

为什么国有企业有这样的优势呢？银行源源不断地给国有企业输血的结果是什么？国有企业的融资利率为什么很低？其实融资利率低这句话放在报纸上是对的，放在本章来看，所谓利率低就是时间的价格低。源源不断的低利率贷款就相当于把国有企业一直放在 Martingale 的世界里。它们不用担心市场竞争，不用担心应收账款，不用担心毛利率下降，不用担心投资风险。国有企业待在 Martingale 世界里，它们有的是时间，也就根本不用操心技术进步的事情。

只要时间的价格等于它的价值，时间就是无限的。只要时间无限，就不会有科技进步。这相当于有人不断给你发放无息贷款，让你下一把赌得更大。赌场模型告诉我，科技进步不应该是资本市场的事情，更不是金融机构的事情。

科技进步在资本市场之外，但这种说法容易引起人们的误解。我的意思是，科技进步并不是由财政部的拨款、国资委的注资、央行的专项货币政策和国有商业银行的优惠信贷扶持出来的。这些钱其实将国有企业置于 Martingale 之中,反而耽误了科技进步。

我经常拿一部老电影《飞越疯人院》举例。这部电影有强烈的现实暗示,电影里的疯人院就相当于本章讲的 Martingale 的世界。你被错误地关进了一个疯人院,那里的医生只给你控制欲望的药丸和维持生命的基本食物。你不断地想方设法向他们证明你的脑子没病,结果却使他们认为你不仅病得很重,而且善于伪装,如果放你出去的话,会对社会造成极大的危害。因此,他们每天对你实施双倍电击,强迫你服用双倍的药物。此时,你终于明白自己已经陷入一个极端的 Martingale 世界的疯人院,永远走不出去。医生给你的那些药物和食物不是要治好你的病,而是要防止你活着出去,于是就有了飞越疯人院的举动——这个看似疯狂的举动恰恰是最理智的选择。

我当然不是说国有企业都被央行这个充满爱心的大保姆以维稳的名义关在疯人院里,从而丧失了进取心。句号前面的内容不是我对央行的指责,而是我的担心。我的意思是说,一个正常的人就应该待在每天都要愁眉苦脸地寻找下一顿饭的现实世界里。

"可是,现实世界真糟糕啊!"

"那当然,但总比疯人院强啊!"

在现实世界里,你要一边忍饥挨饿地幻想着天鹅肉,还要一边提心吊胆地对付随时可能出现的黑天鹅。对此，你一定要保持乐观和积极向上的心态。这样吧，我给你一个偏方，遇到困难实在扛不下去的时候，不要想着回到无忧无虑的 Martingale 世界(那其实是一个疯人院)里去，而是唱一遍这首儿歌(美国人很注意对投资者的风险教育，而且都是从娃娃抓起的)，歌名叫作《幸亏母牛还没学会飞》。

Bird, bird in the sky,
Why do you shit in my eye?
Mia Maya you and I,
Aren't you glad cows don't fly?
歌词大意是：
快来看啊！鸟儿在天上飞。
糟糕！鸟粪正好滴在我眼睛里了。
不过呢，我还是很高兴的。
幸亏母牛还没学会飞。

只有在现实世界里承担风险的人们才理解乐观的意义，乐观是你承担风险时的止痛片。Martingale 的世界里没有疼痛，没有止痛片，也没有乐观向上的人们。那里只有永恒的静止，却常常被人误以为是和谐的稳定。

估值效率论

从“弱式有效市场”到“强式有效市场”，

不是资本市场的进化，而是人的进步。

人情社会用圈子、关系和感情构建一个互助保险机制，

在给人安全的同时，也限制了人的进步。

提升社会总体运行效率的企业将获得高估值。

请想象自己来到这样一支棒球队的会议室，旁听球队经理和教练之间的谈话。

经理："我们的投球手杰瑞米实在太糟糕了，每次对方满垒的时候，他就给对方的明星击球手喂球，我简直怀疑他是对方的卧底。"

教练："年轻队员的成长需要一个过程，再给他一些时间吧。你我当初不也是这样过来的吗？"

经理："他还算年轻队员？我们已经给了他十年的时间了。不，应该说，他已经折磨我们十年了。"

教练："那有什么办法？他舅舅是州议会拨款委员会主席。我们球队成绩不好，没法去打职业联赛，只能靠州政府财政拨款维持，想想咱俩的医疗保险，何况我们还有老婆、孩子……"

经理："这事再说吧。我看那个鲁道夫身手敏捷，反应迅速，也很有上进心，当替补可惜了，让他试着打外场接球手吧。"

教练："鲁道夫？咱俩想到一块儿去了。鲁道夫确实是一个好苗子，但是外场接球手的位置上已经有许多老队员了，想想他们跟球队那么多年，想想他们的医疗保险，何况他们还有老婆、孩子……"

经理："什么？你管这些人都叫作外场接球手？他们看起来每天都在那里晒太阳！"

教练:“上次我开除了一个,没想到他平时训练不咋地,闹起事情来可厉害了。他带着一大家子人去州政府门口哭着请愿,州长和州议会议长大发雷霆,说每年给我们这么多经费还不能维持稳定。你的前任就是因此被调走的。再说了,这些人虽然看起来每天都无所事事,但他们从不迟到早退。”

经理:“这些人从不迟到早退是因为纽交所每天都准时开盘,这些人都在用手机炒股票!这样下去,我们队这个赛季又要垫底了。怎么办?”

教练:“没事的。我已经和狗熊队的教练说好了,下一场比赛他会安排投球手喂球的。我们队今年不会垫底。不过,他想让他二舅来我们这里打外场接球手。简历在这儿,你先看下吧。”

导演:“咔!镜头切到州议会预算委员会。群众演员可以领盒饭了。”

本章我们要谈谈股票类资产了。

请回顾我对资产分类的比喻:股票像是一场棒球比赛的奖杯。是的!就是那个激励你奋斗的奖杯,激励人去做更好的人,去突破自己的极限,带来无穷的新发展空间。这种努力,往往体现在科技进步上。由于本书题材不是搞量化研究的,我不去提炼科技进步的数据,而简单地套用“股票”,尤其是科技股,代表科技进步的资产。

效率与估值

1998年，巴菲特在伯克希尔的股东大会上谈及当时新兴的互联网公司的估值："我敢说，在座的各位没一个能看懂。"他进一步调侃道："我要是在商学院教课，期末考试时，我会出这样的题目，告诉学生一家互联网公司的信息，然后让他们给这家公司估值。哪个学生给出了估值，我就给他不及格。"股东大会上笑声一片。

我认为巴菲特的意思不是说互联网公司不应该有估值，而是说互联网公司不能用传统方式估值。我认为，巴菲特错误地使用了"看懂"这个词，互联网公司的估值并不是一道数学题，它并不需要你理解。我猜想，巴菲特更主要的意思还是说，这些互联网公司的估值和他熟悉的估值体系格格不入。

一个公司的股票之所以值这些市值，是因为它改进了市场效率，提高了全社会的运行效率，而不能简单地从它产生的现金流来看待它的估值，我将其称之为"估值效率论"。

诺奖得主罗纳德·科斯认为，公司的价值在于高效地协商、促成并执行一系列合同。在市场中，人与人之间的关系是契约关系。当市场交易成本高于企业内部的管理成本时，企业便产生了。企业节约了市场交易成本，用低成本的企业内部交易代替了成本较高的市场交易；当市场交易的边际成本等于企业内部管理协调的边际成本时,就是企业规模扩张的界限。

科斯定理启发我从效率的角度去考虑企业估值的问题。

我从《货币起源》就开始论述,无论央行怎么发行货币,无论该货币是否挂钩黄金或者外汇,要把“社会稳定和经济繁荣”这个游戏玩下去,都需要一个前提条件:社会运行效率的改善。

央行印钞票就是借时间。印钞票相当于用“将来承受更大的通货膨胀风险”的方法,从持币人手里借到了时间。国有企业从央行得到了这些时间之后,如果能够抓紧这段“借来的时间”提升效率,那么,物价就不会暴涨,央行将来就不用加息或者收紧货币政策。如果企业得到了这段时间,继续按部就班按照原定计划推进,而没有任何效率改善和提升,那么很快就会出现物价上涨。如果全社会都被这样的央行关心着,对任何效率的退步都无动于衷,那么,全社会范围的通货膨胀就在所难免了。我一直认为劳动生产率的提升是关键,是重中之重,是一切经济问题的牛鼻子。这也符合马克思主义政治经济学中有关生产力决定论的基本世界观。

股票发行也一样。无论你发行多少股票,批准多少个证券交易所,只要这些上市公司不断地在改善自身效率的同时还在提升全社会的经济运行效率,你就根本不用担心股票价格泡沫的问题,也不用担心老股东抛售股票之后导致通货膨胀问题。

一个公司的股票市值该值多少钱?怎么给的估值?用的是重置成本法,还是净现金流贴现法,或是风险值收益法?有关股票估值方面的模型太多了。当牛市来临，股票都在涨的时候，各种估值模型看上去都对。等到危机一来，熊市统治市场情绪的时候，往往只剩下一个模型是对的——所有人都是事后才知道只有这个模型是对的，于是大家又对它顶礼膜拜。但是，糟糕的是，这个模型很可能让你错过下一个牛市。

其实不用忙乎，人的一生论概率只会遇到三次牛熊转化。一般人在第一次牛市反而是输钱的，因为熊市来的时候他不会跑；第二次牛市会赚一点小钱，因为好不容易解套，他赚点小钱马上就走了；等到他完整地抓住第三次牛市机会赚到大钱的时候，钱对于他来说，已经意义不大了。这个概率现象符合进化论。大自然不可能让许多年轻人早早地实现财务自由，然后一辈子游山玩水和游手好闲。一般来说，大自然会找出一种机制，让人终身努力工作。生命不息，奋斗不止，这才是真实人生的写照。

本书所说的股票估值原理主要针对它的社会学意义，并不提供金融学的估值方法。这样的话，你以后看估值的时候，会舒服一点。我说的舒服，是指对自己输钱这件事会宽容一点，对别人赚钱会淡然一些。这其实比任何估值模型都更重要，因为这有助于你保持平静和理智的状态，防止情绪控制你，防止你在激素水平过高的状态下做出任何决策。这样的话，你反而能够凭借稳定的发挥在“筛选游戏”中脱颖而出，取得投资的佳绩——想想那个一生淡然从容的汉克保持的755次本垒打世界纪录吧!

请想象一下,有一家上市公司的创始股东们投资了 1 个亿,而现在该公司在市场上的估值是 10 个亿。该公司研发了一款流感新药,经过验证,该药对付流感很有效,但是该公司目前还没有投入生产。我们同时假设该公司现在没有实际控制人,股东的构成和持股情况都很分散,这是一家典型的社会公众持股的上市公司。它的任何一个股东都没有锁定期,可以随时通过交易所抛售手中全部的股份,并在当晚清算结束后的第二天拿走现金。

这多出来的 9 个亿是怎么一回事?是华尔街提供了流动性?是该公司的新股东们拆东墙补西墙?是美联储特地新印了 9 个亿的钞票来接盘?金融学家们说什么的都有,但他们都只说一点,从不说全面,从不给你描绘全景图。如果你追问的话,他们就闪烁其词,或者干脆鄙视地反问你:"你连这些基本功都没有弄懂?"

还是由我来给你剧透一下吧。

这多出来的 9 个亿来自该公司的产品或者服务为社会效率或者社会福利提供的净增加额。假设该公司研发的流感新药能够每年给全美国各行各业总共节约 1 亿小时的工时损失,在用了该公司的药以后,其他公司员工原本因流感而请病假造成的 1 亿小时被挽回了,而美国每小时最低工资额(含社保)大约为 9 美元,仅考虑这一个贡献,就可以肯定该公司为整体经济运行避免了 9 亿元的损失，或者说整体经济运行提高了 9 亿元的收益。如果进一步考虑减轻病人痛苦的因素，那么，全社会福利的净增加额应该远大于 9 亿元。

不需要去分析这个公司的财务报表，你并不能依据过去的数据来预测该公司未来的现金流；预测未来现金流的做法其实是为自己的持股找信心，而不是找买入的理由。一般投资人都有这个毛病，先做决定买哪只股票，然后到处找证据来说明自己买得对。一般只有到了股票套牢的时候，投资人才会想起来看财务报表并预测未来现金流。

其实，根本不需要把未来现金流放到分析师构建的天平上称重，估值是全社会的共同意愿(用我们的话说，就是“群众心里都有一杆秤”)。那些推动社会进步的好公司自然而然得到高估值，它们的老股东顺理成章地得到好的回报。

全社会因为该公司的流感特效药而获得了效率的提升或者福利的增加——这一点毫无疑问。于是，令人烦恼的问题来了。假设该公司的经营有些问题，管理体系没有理顺，生产停顿，工会组织罢工，导致这个财政年度出现亏损，今后复工的事情还得取决于劳资双方的谈判进展。听说背后搅局的是新英格兰产业工人联合会，他们在操纵谈判，也有消息说康涅狄格州共和党参议员在插手。不巧的是，该公司的创始人团队在闹矛盾，股东们发现 CEO 两边下注，还在另外一家竞争对手公司持有少数股权。与此同时，董事长爱上了女助理，一边在闹离婚，一边在和

CEO 打官司。女助理的前男友果断添乱，接受电视媒体采访时说，这家公司的实验数据有假，且在动物实验阶段涉嫌虐待动物。更有一个匿名的举报人打电话给 FBI（Federal Bureau of Investigation，美国联邦调查局），声称自己帮助该公司从非洲盗猎走私了 12 只大猩猩用于动物实验。周一开盘之前，这些消息全部公开，现在一团乱麻，你该怎么预测现金流？怎么给估值？咦！刚才那个在华尔街上班的、西装革履的、振振有词的、名校毕业的、胡子刮得很干净的股票分析师哪去了？

你现在需要这样一个人类学家：他很久没有刮胡子，而且两腿是泥，半个屁股被毒虫咬得红肿，另外半个屁股顶着一个更加鼓鼓囊囊的挎包，浑身上下散发着一股由动物尿液和人类汗液混合而成的奇怪气味，这种气味在城市里有自动驱蚊的效果。这个刚从亚马孙热带雨林回来的，让你的宠物狗如临大敌的人类学家会告诉你：你应该忽略这些噪音，坚定一个信念：这家公司是由一群人组成的，他们具有人的一切特征，包括问题和毛病。重要的是，这群人的组合为全社会做了贡献，它就会得到社会认可。社会认可它的价值就是鼓励更多的人去提升全社会的运行效率。估值是社会意愿，体现社会各主体之间的互动关系。因此，只要抓核心问题，它到底有没有提升全社会的运行效率和福祉？如果有的话，就按它对效率的贡献来估值。估值从来就不是在市场上产生的，它诞生于社会认可，市场只是其的显示屏。

当然，这里面有一个巨大的背景假设，这个假设比预测现金流承担的风险更大。这个假设就是：该公司在一个正常的商业社会环境里。也就是说，它所处的社会尊重契约，尊重知识产权，尊重个体劳动，谅解并接受资本方获得合理的盈利空间。这个社会人和人之间以合同关系为主，买卖关系为多，而不是亲密的感情纽带占主导地位。如果一个社会都是乡里乡亲的，那么你会发现，任何东西都很难得到估值，任何发明创造都会被无理由地贡献给大家、被无借口地分享给其他人，最终这个村庄里面再也没有发明创造。

李约瑟博士和鲁桂珍女士一起做过长期研究，他们提出了著名的"李约瑟之问"，为什么曾经创造出灿烂文明和先进科技的中国在中世纪以后逐渐落后了？我认为他们研究的可贵之处就在于，并不把眼光局限在科学技术和发明创造本身，而是关注了中国社会基本结构的历史变化。基于类似的原因，我反对就股票谈估值，我反对就资产谈估值，研究股票估值就一定要首先研究社会。前面我论证了为什么一个社会在某个时期非要用某项资产来玩某个游戏，如果就股票这个游戏而言，不仅要有一个繁荣和稳定的社会，还要在个体之间保持距离，并保持相互尊重人格与隐私的氛围。个体保持自我独立的精神，有追求自由的天然动机。股票估值的环境需要一个"个体独立、松散互助"的社会，而不是一个"紧密团结、相互监督"的社会。这两种社会形态分别使用了"对冲"和"保险"两种办法来克服全社会面对的共同风险。对冲就意味着要依靠科技进步来发明新工具，克服风险。只有符合“个体独立、松散互助”的社会，才能实现科技进步，才能对能干的人进行鼓励，才能尊重并保护私有财产，才能对科技进步带来的全社会的效率进步给出高估值，才能诞生长期走牛的科技股，才适合进行股票投资。

我在《市场本质》一书中反复论证，所谓市场机制就是自由人的联合。其实，一个社会如果真正形成了恩格斯所展望的“自由人的联合体”就容易诞生科技进步。在这种社会背景下，市场会自动按照一个公司对社会效率和福祉的贡献来对其定价估值。说白了，给估值就是给认可，集体认可来自集体意愿。这种认可只能诞生于高度文明的社会。这个社会的成员意识到，别人取得科技进步的成功并不意味着部落里会诞生一个统治自己的新酋长，始终需要用一致行动的默契来捍卫别人享用科技进步成果的权利。科技进步带来的社会进步使得自己迟早也是受益人。

我在《货币起源》中指出，早期人类部落里比较崇尚平均主义。任何人打猎成功了以后，都不能炫耀，而是要低调地把猎物拿出来供大家分享。部落里面的人都沾亲带故，他们相互帮助、相互监督，用风言风语和冷嘲热讽来执行部落的平均主义规则，确保没有人能够出人头地，没有人能够因为他是一个好猎手而超越其他人取得优势地位，这样就在平均主义的气氛中确保所有人能够共享食物，也就最大限度地确保这个部落能够集体度过荒年。我在后面会讲到，早期部落的平均主义其实是一种风险防控措施，确保了集体互助，度过荒年。早期部落玩“平均主义游戏”是为了集体生存。

请设想一下：在这样一个部落里，会有科技进步吗？你发明了一副好弓箭，打猎的效率更高，但别人随手就拿走了。或者他们根本就不拿走你的弓箭，而是等着拿走你的猎物。你想反抗？大家会一起消灭你。你想出人头地的念头对于部落来说，是一种致命的威胁。因为你能干就意味着你想当首领，你想统治大家，或者你想甩掉大伙儿单干。早期部落有一种强大的力量能够控制住部落里面能干的猎人，让他服从平均主义的分配原则，让他打消自己想出人头地的念头，让他做出自我牺牲并乐意和大家分享食物。一句话，就是这样的部落一定不能对“能干”这项技能进行定价，它只能对“谦虚”“慷慨”和“无私”进行定价。这个部落不会建立针对“能干”这项资产的估值体系，也不会鼓励技术进步。并不是因为“能干”不好，而是因为“能干”的人不仅带来了技术进步，还带来了对原有部落结构的冲击。这个部落为了保持稳定的结构，需要打压“能人”，从而抑制这个部落本身的技术进步。与此同时，读者也应该意识到，人类社会早期大多数情况下都是如此，这样的部落其实充满了亲情，能够用自我牺牲的慷慨举动温暖你的心。在你最困难的时候，他们一定对你不离不弃，每家每户都拿出自己家仅有的一点儿粮食来接济你。只是，这个充满亲情的部落很少出现技术进步。这个结论并不令人意外，爱德华·威尔逊在《论人的本性》一书中指出，早期人类社会需要进化出自我牺牲精神才能确保部落的生存。人与人之间的亲情，自我牺牲精神，共同抑制能干的人，这三者相当于“统一整体的分别反应”，这个统一整体就是“集体生存”。所以，早期人类进化出亲情和自我牺牲精神，目的是应对经常出现的不利外部环境：要么是其他部落的入侵，要么是连年干旱，要么是季节性食物匮乏。这一亲情互助的模式很适合困难环境下的集体生存，但不怎么鼓励个人的发展，或者说，我们祖先的发展路径根本就不怎么提倡科技进步，我们祖先应对不利环境的方法是“抱团取暖”，而不是“科技进步”。

总的来说，技术进步在人类早期历史中很少见，很缓慢，很随机，也很零星。偶尔出现的一些技术进步就像是上帝随手扔了一个骰子，给了人类一个巨大的意外之喜。相应地，你不能指望一个用亲情融合起来的社会进化出一个证券交易所，也不能指望那里诞生市值庞大的明星科技股。直到人类进化出一个类似于“自由人的联合体”的社会形态，才能诞生科技进步。因此，我们要对股票估值，首先要看这个社会是否适合用股票来玩“效率提升”游戏，要理解这个股票市场所在的社会形态，看看这个社会是否鼓励效率提高？是否奉行平均主义？是否尊重个人隐私？是否经常以全社会利益为名而剥夺个人权利？

我过去从供求关系角度考虑股票的估值问题，现在我发现这个视角有逻辑缺陷。比如前面举例的那个流感制药公司，我会这样考虑问题，如果它的资本金投入只有 1 亿元，而股票总市值却有 10 亿元，这是否意味着多出来的 9 亿元如果被投资人抛售，就会发生以下情况之一：

第一，市场没有承接力。该公司的股价垮塌，总市值跌回 1 亿元。以前我会认为，出现这种情况说明没有需求的供给就不是供给；没有支付能力的需求就不是需求。这一切都暗含着“股票价格是由供求关系决定的”这一根本性的错误假设。现在我会认为，出现这种情况说明该公司还没有为社会创造出价值，市场给它 10 亿元估值包含了社会对流感新药的期待。现在它研发的流感特效药尚未验证通过，老股东就要抛售股票。市场对新药前景失去信心，社会不再期待它的特效药了。

第二，市场有承接力。该公司的总市值稳定在 10 亿元。该公司的股票完成全部换手。但是，资本市场的投资人为了承接该公司老股东的抛售潮，被迫抛售其他公司的股票，导致其他公司的股票价格下跌。经历这次换手之后，全市场的总市值减少了 9 亿元。过去我认为，出现这种情况说明市场流动性出现了问题，央行应该提供窗口指导或者直接提供借贷便利。现在我认为，出现这种情况说明市场认可该公司的价值，社会承认该公司的贡献。相对而言，其他公司对社会效率的提升没有什么贡献，那些低效率公司的股东应该承受股价下跌的损失，他们应该相对于流感公司的股东变得更穷，他们的社会相对地位应该下降。流感制药公司的老股东踩着其他公司股东的肩膀提升了自己的社会地位，他们变得更富有了。全社会的福祉得到了提高，社会原有阶层的构成发生了变动。社会用这种办法鼓励大家用科技进步来增强全社会的福祉。

第三，市场承接了股票之后，其他公司的股价也保持稳定，全市场市值没有变化。过去，我会认为这种情况将导致全社会出现通胀，因为流通中的纸币多了 9 个亿。现在我认为，只要该公司确实提升了社会效率，其估值在社会道义上合理，它的老股东抛售股票就不会给社会带来通货膨胀的压力。承接老股东抛售的新股民会节衣缩食、省吃俭用，动用自己的储蓄，而不是抛售其他股票来购买这个公司的股票。从表面看，原始股东把股票抛售给了其他散户投资人，其实是“省吃俭用”接替了“科技创新”。在这两种美德的交替中，社会仍将稳定运行，从事科技创新的原始股东从此可以享受生活，接盘的新股民从此开始省吃俭用并期待明天更大的回报。这对于全社会来说，不会带来额外的通货膨胀压力。当然，新股民对这个特效流感新药充满了期待，这种期待使得他们生活在幸福之中——期待自己未来股票升值带来的幸福，就像省吃俭用还房贷的年轻人听说自己所在小区的二手房又涨了，他就很幸福、很安心。他的福祉提高了。

总之，这个 10 亿元估值既包含了新股民对公司的期待，也体现了社会对老股东贡献的认可。一家科技公司带来了全社会的效率提升就会相应得到全社会的认同和接纳，社会各阶层的成员会相应调整自己的消费、投资和储蓄的行为以适应该公司带来的新科技、新模式和新效率。一大批新股东“满心欢喜地节衣缩食以持有新生事物”是一种期待，也是一种抑制通货膨胀的自我调整机制。

这个逻辑的闭环是该公司必须是提升社会运行效率的，否则就无法实现这一记本垒打。如果这个所谓的流感制药公司完全是一个空壳、泡沫、皮包公司或者根本就是庞氏骗局，那么，该公司股东的任何抛售行为都会对整体经济运行有破坏作用。这种破坏不仅表现为破坏社会的估值体系和信任机制，还表现为市场流动性的干涸。皮包公司上市以后，它们的老股东抛售股票的行为会挤占其他行业和公司应得的流动性，使得那些好公司感受到资金紧张的压力。泡沫不是源自全市场所有股票的高估值，而是源自某些“烂公司”不合理的高估值。这也是我对于美国股市最近火热的所谓金融创新业务 SPAC(Special Purpose Acquisition Company)上市通道颇为反感的原因。

股票应该是一个社会培育效率的工具，这个社会玩的游戏叫“提升效率”，这个游戏中使用的“棒球”叫股票。不要让普通股民辛辛苦苦在一堆垃圾里面找黄金，那不是价值投资。我们应该在全社会范围内从宏观上建立一种鼓励效率提高的正面循环。这样一来，各种公司都争先恐后地提高效率，不仅是自己的运行效率，还为社会提高了净福利。股民在这样的社会中很容易买到好股票发财，因为好公司太多了。股民坐在一堆黄金上找垃圾(低估),那才是价值投资。

我过去曾经有一个建议,投资人认购新发行股票的资金只能来自他本人账户融券做空沪深300ETF而得到的资金。也就是说,你如果确实看好某一个即将上市的新公司,想要认购100元的新股,就必须以融券的方式借入一定份额的沪深300ETF,抛出之后得到100元,再去认购新股。只有这样,才能保证新股和市场上现有的老股之间存在着效率上的“平价关系”。如果这个新上市的公司很不景气,你做空了指数去做多,那么,你就会很快输掉很多钱。这个公司会把它的股东的社会地位集体拉低一个台阶。相反,如果这个公司是效率冠军,带来了巨大的科技进步,这样一来,沪深300ETF成分股里面的老股东的社会地位就会相应下降,让位于那个新上市的超级科技明星,你认购它的新股就会赚很多钱。

我的建议被认为是过分理想化了。但是,这个建议体现了估值的社会学原理,首先,它让公司的中小股东都要对公司经营“任责”,而不是把投资新股当成摇号摸奖的幸运体育彩票游戏。其次,这个方法体现了“效率提升”游戏的意义,高效公司股东的社会地位得到提高,低效公司股东的社会地位下降,从而反过来促使公司管理层想方设法去把公司做好。当全市场都是这样的公司时,全社会的效率就提升了。

我过去认为,最好的情况是上市公司的老股东都不抛售,牢牢拿着股票不动。与此同时,该公司不断提高劳动生产率,改进工艺，改善对股东的现金分红回报。现在看起来，我当时的想法是狭隘的。不能只考虑个股，只关注某个公司的技术进步，而是要把一个能够实现科技进步的公司放在能够促进科技进步的社会大环境里，最重要的因素还是培育牛市的土壤和鼓励创新的环境。

我还记得1998年的时候，亚马逊公司才刚刚崭露头角，只是一个网上书店。创始人杰夫·贝佐斯在接受采访的时候，略带激动和自豪说，“我们已经为社会创造了500亿美元的财富了”。他的计算依据很简单，就是亚马逊当时的总市值减去上市时的融资额。他认为，这就是亚马逊公司为社会创造的净财富。

根据前面讲的原则，社会的认可、接受和鼓励是那些提高全社会效率的发明创造和技术进步得到估值的根本前提。我也完全有理由相信亚马逊在1998年的时候提高了美国社会尤其是书店行业的运行效率。但是，关键在于，当时的美国社会是一个开放和进步的社会，是一个欢迎并拥抱科技革命的社会。如果美国社会是一个封闭的社会，人与人之间的关系密切，都讲感情和面子，彼此照顾对方的利益关切，那么，亚马逊这样的公司就不可能诞生。它既不可能抢走其他实体书店的奶酪，也不可能获得资本市场的认可。

美国的科技进步和资本市场都不独立于美国的社会。请想象一下如果在1998年发生了这样的场景：美国实体书店联合行动委员会成立了。它发动了各大书店的在职员工、退休员工、员工的家属、被他们拖欠货款的出版社的员工，还有形形色色的同情他们的读者，一起发动了一场声势浩大的签名运动。他们向政府施压，向议会呼吁，要求关闭网上书店，或者要求网上书店赔偿损失并解决实体书店下岗员工的生活问题。他们会声泪俱下，他们会泪流满面，他们会跪地哭求。他们的请求不仅是合理的，而且听起来撕心裂肺。工会、议员、媒体都站在弱势的一方声讨亚马逊的创新业务模式其实是野蛮的行为，冲击了文明社会原有的社会体系。当这种情况出现的时候，1998 年的华尔街还会给亚马逊 500 亿美元的估值吗？这个虚构的景象也许会让你联想起另外一个场景：在一个毫无生机的热带沙漠里，一个沙漠苦行僧挣扎匍匐着找水和植物。这个严酷的沙漠里面不容忍任何新生命形式的诞生，任何现有生命的终局只有死亡。

请再想象一下另外一种虚拟场景。1998 年，美国的实体书店受到亚马逊网上卖书带来的冲击，被迫关门破产清算，遣散了员工。书店倒闭以后，原有的门店和仓库空了出来，成为新的健身房和餐厅。周围的居民享受周末消费的时候，有了更多的选择。这些居民如果要买书的话，可以去亚马逊网站上买，因此他们的生活便利不仅没有损失，反而更加丰富。书店的员工下岗以后去读了夜校和网校，学习了编程的技能，他们就从收银员或者仓库叉车司机变成程序员。他们经过努力改变了自己的人生轨迹，从而进入中产阶级的社会。实体书店的老板和债权银行用书店倒闭的这笔账面损失抵扣了自己购买的亚马逊股票所赚得的收益，免除了当年的资本利得税。这个虚构的美好景象也许会让你联想起另外一个场景：在一个生机勃勃的热带雨林里，一棵大树倒下以后为成千上万的昆虫、真菌、蕨类植物和鸟类带来了巨大的发展机遇。

不管怎么样，事实就是华尔街在 1998 年给了亚马逊 500 亿美元的估值，这在当时看起来是疯狂之举，传统的估值模型无法对此做出解释。亚马逊的现金流当时还是负数，所谓的未来净现金流转正的预测完全基于预测者本人的主观判断，预测者自己也不知道亚马逊未来的现金流是多少。他就是根据亚马逊当时的市值，倒过来预测它未来的现金流，这样就使得估值模型看起来正确，使得亚马逊的估值看起来合理。用预测的数据喂饱模型得到一个估值，这完全就是分析师们玩弄的一个数字游戏。

在一个理想状态的社会里，每个人都想方设法提高自己的技能、学位、肌肉、意志和精神状态等，而不用担心别人会因此牵制、压制或打击自己。他可以放心地通过努力提高自己的社会地位，而不用担心周围的人齐心协力把他拉回到平均主义的集体中。他可以放心地追求更好的自己：更美丽、更健壮、更冒险等。他在做这些事情并努力提高自己的时候，周围的人也正在做同样的事情。这种游戏方式对应的就是热带雨林式的社会，那里有文明、开放、繁荣、多样性、创新、进步和包容，其中，进步就是这个社会的主题和根本秩序。

在另外一种社会形态中，每个人都想方设法阻止其他人进步，以便确保自己的社会地位。阻止别人进步的方法有很多，有些方式听起来还挺有道理、很高尚也很符合人性。喝酒、送礼、讲情义、结拜兄弟、建立关系网、装可怜和博同情等这些社交互动行为都指向一个目的，那就是延缓并阻止强者的进步，或者防止自己因别人的进步而落后。在最让我害怕的喝酒社交场合里，人们经常说这样一句话，“苟富贵，勿相忘”。这简直是胡扯，我甚至认为这就是中国古代科技落后的思想根源。看起来这里有一张暖意融融的关系网，其实是相互牵制、阻止进步的网络。每个人都被粘连在这张网上动弹不得，离开了这张关系网你就寸步难行，根本无法生存。这种游戏模式对应的就是热带沙漠式的社会，稳定就是这个社会的主题和根本秩序。

请读者原谅我把本书的主题隐藏了这么久，才在这里详细披露，但没有前面的铺垫，你读到这里只会觉得突兀。真正对资产给出估值的是社会，市场只是社会的嘴巴，它大声地说出了价格。大家由此错误地以为是市场给了估值，其实真不是。学校广播里面点名表扬了我，那是因为我的老师和同学认可我的品行。学校广播台就是资本市场上的显示屏，真正决定我的社会地位的机制根本就不在广播里，真正决定资产价格的机制也不在显示屏里。那些股票分析师就像是我们班上的宣传干事，等到广播里面播放了我的名字，把我确定成为全校“学雷锋先进个人”之后，宣传委员和干事很快就会写一份材料，详细介绍我的先进事迹。股票分析师在做同样的工作，等股价涨起来以后，他们会组织材料、丰富数据、构建模型和走访调研，汇成一份“重磅行业背景资料”和“深度估值分析报告”，里面罗列了股票上涨的各种理由，包括先进技术、优良管理和税收优惠等。当然，他们罗列的这些都是事实。

如果社会的氛围是上面说的“热带雨林”类型，高科技公司自然而然就在市场上体现了高估值。这时候，哪怕是一些概念和题材稍微沾点儿边的伪科技股也会鸡犬升天，得到一番爆炒。资深市场人士就会皱着眉头说，这是“炒概念”和“炒题材”。所以，我认为一只股票在市场上所获得的估值和一个人在社会上获得的地位是一样的，社会形态是资产估值的关键。

经常有经济学家批评美联储印了大量的钞票，投放了大量的货币。他们质疑美国即将出现通货膨胀，或者全世界的通货膨胀都应该归罪于美联储。我过去也对此问题表示过疑惑：为什么美联储印了那么多钞票，华尔街炒高了那么多股票，那么多原始投资人在高位兑现了筹码之后美国的通货膨胀却仍然保持温和呢？答案就是：要看懂他们用股票玩的这个游戏。这个游戏的主题就是用科技进步来提升效率。

什么样的社会才能把这个游戏玩下去呢？

在玩这种游戏的社会里，人与人之间保持距离，个人追求个体独立和自由发展。这种社会还有一个特性，那就是人们会自动改变自己的消费、投资和生产生活方式以适应新出现的技术进步，而不是抵触技术进步。这种自我调整的适应机制是消化通货膨胀压力的根本制度保障。

请想象一个大富豪，他早年花 1 万美元在硅谷创业，经过 30 多年的努力之后，他创建的芯片公司总市值已经达到 2 万亿美元，而他占其中 50%的股权。接近人生的垂暮之年，他决定抛售公司的全部股份。

游戏由此展开：

首先，他抛出的股份是否会打压该公司的总市值？如果他是公司的 CEO 之类的关键人物，他的抛售和退休可能会给公司的估值带来负面影响。但如果他已经退休多年，只是一个传奇人物，他抛售股份就不会影响股价。如果他抛售 1 万亿美元的股票极大地影响了公司的总市值，那说明要么该公司本来的估值不合理，要么这个社会缺乏调控通货膨胀的自适应机制。这时只能用缩水的股价来防止原始股东集中兑现大量筹码，只要公司股价缩水，他就只能拿到很少一部分现金，对全市场的冲击不大，央行也不用提供过多的现金。

其次，如果这是一个具有自适应机制的社会，这种机制是怎么起作用来自动吸收通货膨胀的压力呢？这位年迈富豪抛出股票之后先要缴纳 45%的资本利得税，然后他的子女继承他的财产时还需要缴纳遗产税（目前遗产税的免征额度是 500 万美元，且极有可能被压缩）。这些税款将被优先用于偿还即将到期的国债。按照弗里德曼的观点，尽快偿还国债有利于降低通货膨胀风险。当然，他还可以选择不抛售股票，转而将所有股票注入一个信托计划，该计划的受益人指向他的孩子们。这个方法并没有完全回避资本利得税的影响，只是延迟了缴纳时间，把选择权交给了孩子们。或者，他可以专门成立一个慈善机构，这个慈善机构由一个同时成立的、与之平行的信托计划资助。孩子们在该慈善机构里面任职，负责花这笔钱。他的股票注入了信托计划，律师们负责监管信托计划。不过，慈善机构不是想成立就成立、想干什么就能干什么的。慈善机构要接受政府和社会的双重监督，每年要披露经审计的年报和预算执行情况，包括每年资助了多少困难家庭，资助了多少贫困的黑人学生，资助了几项科研计划。他的这笔钱并不是“合理避税”，而是没有交给政府去花。因为美国的民众对政府普遍有提防心理和不信任感，他们本能地认为，政府会乱花他们的税款，政府做事效率很低、效果很差，不如亲自动手做慈善。他们把遗产注入慈善事业并不是为了逃税或者避税，而是防止美国政府大手大脚乱花钱，这一点我也是最近才搞清楚的。许多美国中产阶级家庭用这样的心态看待美国政府：“花纳税人的钱，他们从不心疼。”

游戏的关键是鼓励并维持一种“大家都安心持股”的社会心态。这样一来，大家都安心工作、安心生活。怎么才能让大家安心持股呢？当你抛售的时候，市场有足够的承接力和流动性，抛售只会触发自己的纳税义务，不抛售反而会维持自己现有的财富水平和社会地位，这样你就不急于抛售股票了。但是，怎么才能维持足够的流动性呢？答案就是在全社会维持一个不断提高效率的正循环激励机制。

这样一来，在创始投资人抛售股票时，市场需要一个“接盘侠”。他需要借钱才能接下这么多筹码。请设身处地地替“接盘侠”想想，只要这个公司还在运营，未来的运营效率还会进一步提升，那么，该公司股票就值这么多钱，而且未来还有上升空间。对于全社会来说，如果出现了类似“婴儿潮”一代人集体抛售股票准备退休，会不会导致全社会的通货膨胀呢？这些股票集中换手确实会导致美联储向市场投放货币，但是如果未来全社会经济运行效率提高，今天发行的货币就会在明天对应更多的商品和服务。社会运转正常，不会引发通货膨胀。但是，如果今后社会经济运行效率恶化了，那么，今天股票集中抛售并引发的货币投放就会在将来制造两个大麻烦：通货膨胀和两极分化。

整个游戏的关键是鼓励大家不要抛售股票，宁可长期持有，或者去世前把股票注入信托，让下一代长期持有。为此，美国采取了两个办法：用高额的资本利得税和遗产税来遏制你抛售的念头。如果你还是决心要抛售股票，喜欢把大堆的现金藏在地窖里，那么，就要确保两件事：一是“接盘侠”不能受伤，否则以后没有人替美联储背锅和接盘；二是你手里的现金不能对物价造成冲击。第一条需要确保你原来持有的那个公司继续提高效率，为新股东“接盘侠”创造新价值。第二条需要确保全社会继续用技术进步提升效率，当你手里拿着美联储多印的钞票时，全社会有更多的产出与之对应。有了第一条，大家就不怎么急于抛售股票了;有了第二条,大家就不怎么担心别人抛售股票了。总之,持有股票就是持有财富,拥有相应的社会地位,就是加入了这场“不断改善效率”的游戏。

印钞票的美联储希望大家始终不退出游戏,始终在玩效率改善的游戏。这就像英国当年维持金本位制度一样。英国的金本位是名义上的,实际流通的是纸币。所谓的金本位,就是承诺当你向英格兰银行提交纸币兑换黄金时,英格兰银行照付不议。维持英国金本位的核心就是防止大家都拿纸币去兑付黄金,为此,要增强大家的信心。英国海军舰队在世界各国耀武扬威,给人一种安全和强大的感觉。于是,大家都放心持有英格兰银行发行的纸币,相信英国有能力随时兑付黄金。只要大家都相信英国的强大,都不去要求英格兰银行兑付纸币,这是最理想的。当然,一旦有人要求兑付,它确实也能够兑付。但这样的人要越少越好,一旦兑付成功,就要大张旗鼓地宣传,以便让人相信英格兰银行的黄金储备非常充足。

相应地,华尔街发行的股票就像英格兰银行发行的纸币。只要大家都相信美国社会的经济运行效率还在不断改善,就不要急于抛售股票。一旦有早期创业者大量抛售股票,政府的高额税收会使得他不能拿到那么多钱,即便剩下的那些现金也不会对美国社会造成冲击,因为全社会的效率在持续改善,足以应对新发行的纸币。

所以,美元的发行权并不在美联储,也不在华尔街,而在美国社会。只要美国社会不断产生新的、高效率的上市公司,华尔街的市值就可以越来越大。如果有投资人不相信这些股票的高估值,他们就可以抛售股票,资本市场上会有“好奇的游客”为这些投资人提供流动性。如果你是一个海外投资人,你持有了美元,就可以从华尔街买到世界上最先进的科技公司股票、最有效率的公司,你当然就乐意持有美元标记的资产。

在诞生效率正循环机制的地方,人们乐于持有我发行的股票,使用我印制的纸币,信奉我提倡的道德,遵守我制定的规则,喜欢我生活的方式,遵循我的思想,推崇我的文化。这里的“我”是指这样一个社会:个体之间保持距离;相互尊重对方人格;互不关心对方事务;个体保持旺盛的好奇心和探索冲动;个体追求自我的更高发展;社会保护产权,推崇能人,不搞平均主义;个体之间不嫉妒,不攀比,不陷害,不告密;一旦发生侵害全体社会成员利益的事件,个体有联合抗争的默契。一旦形成了这样的一个社会,那么科技进步就如箭在弦上,全社会进入一种效率提高的正循环模式。所以,关键还是建立一个社会机制,使得整个社会处于提升效率的正循环之中。

我把央行看成资本市场的备胎,资本市场又是社会的传声筒。真正值得尊敬的并不是构建金融模型赚大钱的机构投资人,而是千千万万自强不息的普通人。一个社会的运行效率是货币发行机制真正的锚。一个国家的企业效率越高,投资人越是愿意持有这个国家的股票。相应地,这个国家的货币也越受欢迎。根据前面的分析,不可能出现这样一种分裂的情况:一个国家的货币深陷通货膨胀的泥潭,而这个国家的上市公司始终占据科技领域高点并不断提高运营效率。

在前一章时间游戏中,我讲到了时间有限是推动科技进步的必要条件之一。不是宽松的货币政策,不是优惠的信贷政策,不是慷慨的财政拨款,而是严守财务纪律,恪守信用原则和契约精神,这样才能推动科技进步。我不绕口令了,其实就一句话:办企业绝对不是玩"过家家游戏"。

在这一章效率游戏中,我讲到了推动科技进步的另外一个必要条件,那就是社会风气和人的组成形式。全社会要以提升效率为主线形成正循环。股票的估值、货币的发行、利率的变化和汇率的稳定都有赖于此。估值不是一个数学模型,不是一套机械装置,而是一个生态系统。这个生态系统的基础是自由人的联合体,这是打破原始部落平均主义之后建立的新型人际关系。这样一个社会诞生的资本市场能够体现这个社会的价值观,不会偏离效率提升的正循环,也不存在货币超发、估值泡沫和通货膨胀的基础。当然,这些是理想的状况。但是,当我沿着估值的线索,追根溯源来到这里的时候,我发现过去对经济学和金融学的许多理解是狭隘的。比方说,我过去总是批评资本利得税这个税种。现实世界中,许多国家都是免除资本市场上的资本利得税的。我发现一个奇怪的现象,凡是征收资本利得税的国家,股市一般涨得很好,长期保持牛市,能够诞生牛股;凡是免征资本利得税的国家，股市一般疲软，很难诞生牛股。牛短熊长是这些国家股市的共同特征。从经济学和金融学角度来看，无论如何解释，征收资本利得税要么增加了交易成本，要么降低了预期回报，都是抑制牛市的。但是，现实世界的结果恰恰与之相反。我只能这样来理解这个问题：资本利得税其实是社会生态系统的一个组成部分。征收资本利得税的社会恰恰是一个效率改善的社会，有着一个能够不断诞生牛股的市场。在另外一种奉行“部落平均主义”和“抑制能人”的社会生态里，很难诞生科技革命，也没有什么好的上市公司，就更难有长期牛市，这样的社会不需要征收资本利得税。因此，政府索性就免除了这个税种。于是，这些国家的股市往往就成为炒作题材、捕捉波动、追涨杀跌的游戏场。在不同的社会形态里，人们在用股票玩着完全不同的游戏。

所以，最重要的是培育一个“提升效率”的社会生态系统。有了这个生态系统之后，更高效率的公司就获得了更高的估值。这个国家的资本市场自然而然就有了一大批好公司，它们会走出长期牛市行情。价值投资者也只有在这样的国家才能找到用武之地。科技进步、蓝筹公司、长期牛市和价值投资会同时出现在同一片土地上，那里有独立的人格、进取的文化、宽松的人际关系，尊重人格，保护财产并鼓励人性的发展，人们的组成方式很接近于自由人的联合体。没有这样的社会生态系统，单独靠财政政策和货币政策很难实现科技进步；有了这样的社会生态系统，不靠财政政策和货币政策也能实现科技进步。

巫术与科学

前面描绘了一个“民皆欲耕王者之田”的美好社会，这样的社会生态系统怎么才能孕育出来呢？这恐怕还得从个体的人的进步谈起。

2020 年冬天，我和李飕飕博士从舟山渔场调研，她在路上推荐我去读一下人类学的名著《金枝》。我看过这本书的中文版，刚看了个开头就读不下去了，远不如我写的书通俗易懂。作者弗雷泽被李博士称为“圈椅里的人类学家”，我明显地感觉到这个称谓里包含了李博士这样的新一代学者对这位 200 多年前的人类学家的同情和惋惜（可能还有鄙视）。因为那个年代的人类学家从来不参加田野调查，而只是一门心思地坐在书桌前带扶手的圈椅里，整理来自世界各地的二手文字资料。

《金枝》这本书的题目在中文语境里容易引发误解，作者并没有“金枝玉叶”的意思。他用这个题目完全是引用了一个古代的部落习俗。当一个勇士决定挑战现有部落首领的地位时，他会到一棵特定的树下折下一根树枝，当众扔在地上。后面的剧情就是经典的“你死我活”和“成王败寇”了。每个部落都有这样一棵特定的决定命运的树，它就叫“金枝”。这棵树在部落里是一种禁忌，它代表了部落酋长至高无上、不可挑战的权威性。这棵树在部落里的作用启发了我思考资产在人类社会中的作用。一棵平常的树被用于特定目的、被赋予特定含义之后，它的价值和地位就完全不同了。“金枝”这棵树就是早期人类在部落里玩的“成王败寇”游戏中使用的一个工具。

弗雷泽在这本书里详尽地介绍了古代人类部落的各种习俗和禁忌，尤其分析了从巫术到宗教，再到科学的演变过程。我摘录了其中的几段：

> 巫术成为公共职务并使得原始社会趋向于将权力集中于最能干的人手中。它将权力从多数人手中转到一个人手中，它将原始的民主制度更替为一个君权制度。君主制的出现是使人类从野蛮状态脱离出来的基本条件。人类再也没有比民主的原始人受到旧传统和习俗的束缚更严重的了。任何社会再也没有比那种状态下前进得更加艰难和缓慢。旧的观念以为原始人是人类最自由的人，这恰恰与事实相反。那时的原始人是一个奴隶，而不是自由人。虽然他不属于一个看得见的奴隶主，但他隶属于他的过去，隶属于他死去祖先的阴魂。这些阴魂缠绕着他整个一生，并用一条铁鞭统治着他。对他来说，他们所做过的都是正确的榜样，都是他必须毫不怀疑地盲目服从的不成文法律。在这种情况下，极少有可能让有卓越才能的人去改进旧习俗。最能干的人被最无能、最愚笨的人拉了下来。后者必然要树立一个准则，因为他的地位虽然无法晋升，却也不至于下

> 跌，而前者虽然有晋升但也有下跌的风险。这种社会的外表也就必然呈现出一种始终不变的单调。尽管后来曾有一些蛊惑家、梦想家将其夸赞为人类的理想国度和黄金时代等，然而它实际上是低级停滞的社会。在这种情况下，任何事情只要它能够开发人的才干，并根据人们天生的能力而调配权力，并有助于社会进步，那么这种社会机制就应该受到真正关心人类进步的人们的欢迎。那种不可能被永远遏制的促进社会进步的影响力一旦开始发挥作用，社会文明就会加速前进。一个人所获得的权力地位，使得他有可能在自己这一代完成那些在过去许多代都实现不了的变革。而他如果是一个聪明能干的人，他就会欣然接受并利用这种机会，去打破那沉重束缚野蛮人的桎梏。一个原始部落只要不再被胆小的、意见不一的长老会议所控制，而是服从于一个坚强、果敢的领袖，它就比邻近部落强大，并进入一个扩张时期。这在人类社会的早期十分有利于社会生产和智力的进步。这个部落将很快获得财富和奴隶，两者将一些人从一贫如洗的挣扎中解放出来，给他们一个机会无私地追求知识，而知识正是改善人类命运最卓越的工具。[①]

《金枝》的作者弗雷泽指出，原始部落不是共产主义社会，并不值得羡慕。原始部落里面的人没有民主意识，他们处于蒙昧的状态。原始部落看起来人人平等，其实是没有人做主，没有人

---

① 【英】J. G. 弗雷泽著：《金枝》上册，商务印书馆 2014 年版，第 84—85 页。

承担责任，没有决策机制。因此，让他们加入一个由酋长控制的等级社会反而是巨大的进步。毕竟，部落里面有人做主，有人承担责任。巫术使部落里那些愿意承担责任的人获得了权力，控制了其他部落成员，并尽可能地使其他部落成员继续处于愚昧的状态之中。

弗雷泽在书中列举了多种巫术，包括“交感巫术”“顺势巫术”和“接触巫术”。我觉得他的这些分类都太细致，且对巫术做了标签化处理，以便其适应作者本人的藏书阁。我想还是对巫术做一个概观的理解。为此，我跳跃式地摘录了其中的几段：

> 有时人们以错误的机智，用巫术来争取果实和庄稼的丰收。
>
> 在图林根地区种植亚麻的人用一个从肩到膝的长袋子运送种子，并且大步走路，使得袋子在他的背上来回摇摆。据说这样亚麻就会长得很高，在风中摇摆。
>
> 在苏门答腊内地，稻子是女人播种的，为了使稻子长得又高又密，她们在播种时故意把自己的长发披下来，搭在肩上。
>
> 在古代墨西哥，有一种祭祀是专门为玉蜀黍女神而举行的，当地人称她为“长发妈妈”。庆典在这样的时刻进行：花须已经从绿色的穗尖露出来，向人们表明籽粒已经饱满。在这个节日中，女人们放开了自己的长发，让它在风中摇曳飘荡。这是庆典最突出的形象，目的是让玉蜀黍明年长得像女人的头发一样丰盛茂密。

……

一个马来西亚妇女被问到为什么光着上身去割稻子。她解释道，“这是为了让稻壳变得薄一些。”她很讨厌那些很厚很难捣碎的稻壳。显然，她想着自己穿得越少，就能对稻壳施加某种巫术，使其变得薄一些。

……

巴伐利亚和奥地利的农民都熟知那种用孕妇传递生殖能力的巫术。他们认为，把果树的第一个果实给一个怀孕的妇女吃了，来年这棵果树将硕果累累。

……

奥利诺科的印第安部落让女人怀抱婴儿在地里劳动。当地的天主教神父对此提出反对和指责。男人们对此解释道：“神父，您不懂这些事情，所以您才会生气。您要知道女人们是惯于生孩子的，我们男人却不行。要是女人去播种，玉蜀黍将结出两到三个穗，丝兰花的根茎将有两个篮子的产量，所有作物的产量都会成倍增加。”①

从 4 万年前组成人类部落到 1 万年前部落出现酋长和祭祀，巫术对人的控制时间是很长的，远远超过了宗教和科学。宗教的崛起首先就是打击巫术，使人进入一种被启蒙的状态。2 000 多年前，人类信奉的宗教在我们今天看起来无论多么无知，在当时都起到了积极的作用。宗教虚构了各种神祇，使之与

① 【英】J. G. 弗雷泽著：《金枝》上册，商务印书馆 2014 年版，第 52—53 页。

我们现实的生活形成一种自洽的逻辑体系。是逻辑，而不是宗教，启蒙了当时的人们。我们今天回头看历史上的尼斯宗教大会、君士坦丁堡宗教大会，还有几次宗教分裂，其实每一次宗教会议或者宗教分裂都是一场逻辑辩论，都在人类的思想史上起到了推动逻辑进步的积极作用。宗教发展了逻辑，用“逻辑”的思辨力量战胜了巫术，把人从部落酋长手中解放出来，加入宗教团体中去。到了中世纪，科学的崛起又戳穿了宗教的谎言。教会虚构了许多神祇的概念，然后把这些概念置于一套逻辑之中，使其自圆其说。到了文艺复兴时期，科学家用“坚硬的客观事实”替换了“虚构的概念”。这些客观事实仍然被置于同样的逻辑体系之中，于是就诞生了科学。科学取代了宗教是人类的又一场伟大的进步，在这场进步中，逻辑一如既往地发挥了作用。

科学提升了人性，把人从教会手里解放出来，成为社会的人。因此，从巫术到宗教，再到科学的过程就是人的进步过程。人从部落的人变成教会的人，再变成了社会的人。有人也许会问，人为什么不会变成完全独立的人呢？一个完全独立于社会的人是否更自由也更进步呢？人的生物本能决定了我们一定是在某一个团体中进化的。我在《市场本质》中指出，一个人的自由是流放，全体人的自由是市场，不能脱离社会去讨论人，也不能脱离个体与个体之间的互动关系，单独去讨论个体的自由。

从渔村回来以后，我按照李博士的推荐在家里重新阅读《金枝》。我一边读一边心里想着“后生可畏”这四个字。李博士年纪轻轻就通读了原版的《金枝》，而我人到中年却还没有读完中文的摘译本。想着想着，我发现最可怕的四个字并不是“后生可畏”，而是“人到中年”。一旦有了这种念头，就说明自己感觉老了，于是周围所有人对于我来说，都变得“可畏”了。想着想着，我从广播里听到了这样一则新闻，使我觉得《金枝》所记载的巫术仍然在现代社会对我们中的某些人发挥着作用。

> 日前，上海市宝山区检察院对一起诈骗案提起公诉。
>
> 据宝山区检察院消息，嫌疑人李某住在上海市区豪宅，家中的奢侈品展示在墙上，陈列着几十个爱马仕的包。不仅如此，她还拥有大量的房产证、土地证、黄金、英镑……李某在很多人心中是名媛形象。她利用这些表象，骗取多人信任，疯狂诈骗500余万元。

我随即联想到这样一个问题：为什么那些受害人见了李某的爱马仕等名牌包以后就不再思考了呢？爱马仕的包和个人商业信誉之间的联系是否很像古代部落里面的巫术？就像部落里的人认为女人的长发和茂盛的玉蜀黍之间存在着因果关系。我把这个问题提交给了经常和我一起散步的徐恭林。[①] 他没有给

① 小徐是我以前在上海大学教过的研究生。他现在在一家证券公司做营销工作。我还记得他来学校报到的第一天，他先去申请了困难学生缓交学费的待遇，然后拿着父母给的2 000元钱去学校附近的电脑市场攒了2个“拼装机”，一台自己用，一台租给同学们用。他说一年以后就可以收回2台机器的成本。他在毕业时已经积攒了15台拼装机租给同学们，最后，他用出租电脑赚的钱还清了全部学费。于是，我对他以及其他温州人另眼相看、肃然起敬并有所提防。他有天生的商人气质，一双时刻寻觅套利机会的眼睛，一副时刻准备兑现承诺的肩膀，但关键是他有披露自己真实想法的勇气。

我任何解答,但他给我提供了另外一个素材:

徐:我们温州有很多人在绍兴柯桥那边做布料生意。绍兴的车牌号是浙G开头的。我每年过年回家,发现温州最豪华的车基本上都是浙G开头的。

我:这说明什么?

徐:在绍兴那边做布料生意的温州人一般都回温州老家融资的。开好车是一种强信用的表征。开好车,人家就会觉得你有实力,愿意跟你做生意,愿意赊账给你;开一般的车,别人理都不愿意理你,所以那边做生意的不管有钱没钱,不管新的还是二手,都是标配150万元以上的车。

我:怪不得。

徐:可能人们真的觉得开得起好车或拿得起好包的就是有实力,就是有钱,但实际上不是这样的。所以那种衣着光鲜或办公地点高大上的,容易骗到钱,以前搞P2P的都是租在那种最好的办公楼,容易骗到钱。

我:为什么会这样?

徐:可能人只要看到爱马仕了,就觉得这个人是有实力的,反而忽略了风险本身,就像看到了宝马760就觉得能赊账给他一样。大部分人太蠢,很容易被利诱,没有任何专业能力去抵御骗子的花言巧语,还是出于贪念。

徐恭林提供的素材并不是打开锁扣的钥匙,而像是一把帮助我开锁用的放大镜,把锁眼放大以后反而容易解决问题。名牌包和豪华车是巫术的一部分吗？喜欢管中窥豹的人也容易一叶障目。管中窥豹也许不能算是巫术，但肯定是一种“走捷径”的侥幸心理。

走捷径的心理在我们今天现代人的社会里仍然普遍存在。乔丹这样的篮球明星值多少钱？别忘了，先要找准估值的标的物。乔丹的估值并不取决于乔丹本人的篮球技巧，而是他的估值深深地镶嵌在当时的美国社会里。请思考以下一系列问题：你究竟是在对乔丹的飞人技巧估值，还是在对联盟总决赛的电视转播权估值？你究竟是在对转播权估值，还是在对购买转播权的品牌估值（比如耐克）？究竟是耐克公司在评估其品牌推广渠道，还是观众在憧憬自己飞身上篮的情景？整个品牌估值体系需要观众具有一些“巫术思维”，否则厂家根本卖不掉这些昂贵的名牌运动鞋，也没有人愿意为高额的电视转播权买单。观众看到乔丹穿着耐克鞋飞身上篮的画面以后，会在自己的大脑里产生合理的联想，他们认为只要自己买了同款的耐克鞋，也就能像乔丹一样飞身上篮。这和 1 万年前部落酋长所依赖的“巫术思维”如出一辙。

我花了些时间去找“巫术思维”的源头（此处略去几千字和几周的时间）。找到相关资料之后，我再次看待早期人类的“巫术思维”时，忽然有了某种宽容和亲切的态度。

2021 年 3 月 3 日，中国科学院动物研究所詹祥江实验室在 *Nature* 杂志上在线发表了关于鸟类迁徙的研究论文“Climatedriven flyway changes and memory-based long-distance migration”。在该研究中，詹祥江团队通过整合多年卫星追踪数据和种群基因组信息，建立了一套北极游隼迁徙系统，揭秘了其迁徙路线的主要形成原因和长距离迁徙的关键基因。詹祥江和同事将欧亚北极种群的56只游隼的卫星跟踪数据与35只游隼的基因组数据相结合，以此研究该物种的迁徙习惯。这些游隼在欧亚大陆上共有五条迁徙路线，这些路线自末次盛冰期(2万至3万年前)以来，一直受到环境变化的影响。迁徙路线更长的游隼携带ADCY8显性基因，作者由此认为该基因可能与长期记忆的形成有关。这是我的第一条线索。

在此之前，哥伦比亚大学的约书亚·纽(Joshua New)教授于2019年12月公布了他的有关人类认知和记忆的研究成果。他在加州圣克拉拉县的“农夫市场”上设计了一个实验。每个周末，附近的农场主们就会带着他们的收成和制作的食物来到这个市场里摆摊出售。人类学系的60多个学生们假扮成市场的志愿者，站在入口处给游客当导游。他们刻意选择各种复杂的路线，有时甚至走了弯路和回头路，使得游客逛市场时就像走迷宫一样。导游在每个摊位都会稍微停留一下，向游客介绍这个摊位卖的食物。最后，所有游客都被要求填写一张意见反馈表，并在一张空白的市场摊位表上标识出那些他们记得住的摊位。测试结果是压倒性的，且令人惊奇。无论男女老幼，他们记得住的摊位分别是橄榄油、鳄梨和开心果。这意味着，他们可以抛开地图、导游和任何帮助，直接回到市场里面找到这三个摊位。该实验还显示，人们普遍记不住卖绿叶蔬菜的摊位。

真相浮出水面：橄榄油、鳄梨和开心果正好是当时整个农夫市场所有摊位上出售的食物中热量最高的三个，绿叶蔬菜的卡路里则普遍很低。早期的人类一定学会了如何运用大脑本能地记住哪些地方有高热量的食物，这样他才能回去带领部落其他成员一起回到这个地方觅食，或者在下一个秋天来到同一个地方采摘高热量的果实过冬。我根本不需要问为什么会这样，因为，凡是不具有这种能力的人都已经在漫长的进化史中被淘汰出局了，这就是我们的大脑有“走捷径”机制的根源。

我们的大脑有办法快速有效地处理关键记忆，从而确保我们能够：(1)优先记住高热量食物的位置；(2)快速识别潜在的危险；(3)准确找到合适的避难洞穴。我们的大脑在处理这三项任务的时候会排除大量的信息，对许多明显的事实“视而不见”，以便快速完成上述三项任务。在中文语境里，我们将其称为“不假思索”，这就是巫术思维的生物学基础。

20年前，我在美国参加一场婚礼。我们还七拐八绕地邀请了一位长期在美国生活的远房亲戚“谢阿姨”来婚礼致辞。她中等身材，烫了头发，略微有点儿发福，戴一副古旧款式的眼镜，穿一身中式旗袍，拿着一个绣荷叶边的小包，看起来很像老电影里面在唐人街开当铺的老板娘。她一开口致辞就先向大家道歉，说自己迟到了，但主要原因是西雅图市政府的官僚主义使得她捐建公园的手续被耽误了。参加婚礼的那些白人来宾于是肃然起敬。然后，她又试图打消来宾们对她财富的猜测，转而说道，"其实，我只是一名教师。"大家于是松了一口气。她又继续说道，"不过，我有两个学生，一个名满天下(famous)，一个臭名昭著(infamous)，你们一定都是知道的。"观众于是又有了兴趣。她接着说道，"他们俩分别是李小龙(Bruce Lee)和泰德·班迪(Ted Bundy)。"这下可好了，观众席像炸开了锅，满座皆惊。我当时明显地感觉到观众席上"嗡"的一声，腾起一柱气浪。如果我是电影导演的话，那么我一定会把"煮酒论英雄"里刘备扔筷子那一段戏运用到这个场景中来。

李小龙是20世纪60—70年代的华裔武打明星，他有一位华人女教师，大家对此并不十分意外。而泰德·班迪则是美国历史上最恐怖的连环杀手，没有之一。

正常人的思维方式会"不假思索"地联想到李小龙和泰德·班迪，他们之间最大的共同点：武艺高强(只不过前者安良除恶，后者恶贯满盈)。因此，普通人接下来的正常推理就是，谢阿姨一定是他们共同的武术教练，而且很可能是中国的全国武术冠军，刀法娴熟且棍法精妙。人之所以有这个快速思维推理，是源于人类早期形成的"自我保护机制"。这个机制能够快速提醒人类避开丛林中潜在的危险，或者巴结那些可能对自己不利的人，以便提前化解冲突。总之，谢阿姨这一招果然有效。婚礼的引座员是两个穿着燕尾服的白人男青年，他们在谢阿姨讲话结束以后同时抢上前去，争着要搀扶她。谢阿姨从容地选择了其中的一个，并对另外一个引座员说，“你可以去照顾我的椅子。”那人果然恭顺地去帮她拉椅子。20 年前，中国的国际地位远不如现在这么高，在美华人的地位也不高，谢阿姨“享受”这样的待遇是很少见的。

其实，李小龙和泰德·班迪除了武艺高强以外，还有两个共同点：一是这两人都在西雅图上学，二是这两人的学习成绩都不咋的。为了能够上大学，他们都得要去读预科班（相当于我们的复读班），谢阿姨就是当地预科班的老师。她教的不是中国武术，而是如何刷题。谢阿姨并没有把这一点告诉她的听众——她说的全部都是事实，但是她没有说全部的事实。300 年前，法国数学家帕斯卡尔说过：任何一个单独的真理都不是真理。

我后来参加的每一次公募或者私募基金的路演会，只要一听到台上演讲的明星基金经理在吹嘘自己的投资业绩，或者假装谦虚地说自己“根本不会炒股，就是 20 年来满仓拿着贵州茅台的股票，其他什么也没干”，我都会立即联想“他一定是谢阿姨的学生”。我总会情不自禁地感觉台上演讲的那个人很像全国武术冠军，我猜想他可能同时还兼全国“巫术”比赛冠军。他总是利用人的巫术思维去启发、引导并鼓励听众把钱交给他打理，以便收取管理费和业绩提成。选择性地披露部分事实以便引导观众做出对自己有利的决定——这就是利用了人类“走捷径”的思维模式。“我是不会误导你的，但我会鼓励你产生对我有利的误解”——早期部落的酋长和大祭司就是利用这一思维模式来实施巫术并控制部落成员的。

我自己经常陷入这一思维模式。我喜欢钓鱼。每次我看见一起钓鱼的其他人率先钓到了鱼，我就情不自禁地想挪窝去他那里钓鱼。我的生物本能告诉我，那里有高热量食物的聚集。我并不会用脑子分析鱼群是随机分布的。我总喜欢批评别人不可理喻和不用脑子，其实，我自己经常不知不觉陷入巫术的思维迷雾中，而且我要过很久才会醒悟过来。按照弗雷泽的理论，我的认知能力的进化程度甚至还不如那些信奉宗教的人。下面是我亲身经历的一件事情：

> 我曾经担任上海市宝山区发改委的副主任。
>
> 2011 年秋天，发改委协调各部门给顾村镇的一个小区配套设立了邮局、银行和幼儿园。群众为了表示感谢，组织了一场庆祝活动。我应邀去社区为他们的活动剪彩。适逢中国银行有一个储蓄所在那里开业，我估计典礼的费用可能就是银行出的。我作为主要领导在广场上用大喇叭对群众讲话（其实是念稿子，稿子是发改委办公室事先准备好的）。我讲完话以后，就是群众舞狮表演，最后是剪彩开业仪式。我放下剪刀之后，就在一群人的簇拥下，像模像样地检查了一下刚开业的中国银行顾村储蓄所。人们会自动让开一条路，让我和摄影师走过去。读者可以想象一下，我当时是反剪双手放在背后。总之，这种仪式极大地满足了我

的虚荣心，我感觉自己风光极了。于是，我本能地记住了这个对我来说具有“极高热量”的地方。

5年以后，我志愿参加国有企业混合所有制改革，和一群小伙子们从国有企业下海，一起创业做互联网房产中介平台。当时公司急需打开局面，开拓业务来源。我想着需要学习其他中介去发小广告，于是，我的记忆带着我回到了顾村社区。我刚到那个储蓄所门口开始发小广告，保安就来驱赶我，还威胁要把我送到顾村警署去接受教育。我不肯定他就是5年前帮我维持现场秩序的保安。于是，我忐忑地告诉他，我以前是发改委的，还帮你们剪过彩，希望他“行个方便”。但是，根本没有人相信我这个“房产中介”说的话。在他们看来，我不仅在发小广告，还有公然冒充国家公务人员的嫌疑。后来，言语冲突逐步向相互推搡的方向发展，保安开始用对讲机喊人。我觉得苗头不对，我的生物本能察觉到了威胁。于是，我撒开腿就跑。

我从此记住了，当年那些与职务有关的风光和荣誉其实都是组织和人民给我的，并不是我自己凭本事挣来的。我侥幸逃过了去警署接受教育的惩罚——我是凭自己的本事逃走的。

我还有一个现代版巫术思维的例子。我曾经多次致电致信地方管理部门，投诉我所在居民区里开了一家饭店导致油烟扰民。区里的市场管理部门是这样回答我的，“我们给他们发的营业证照是蒸煮类的，不是油炸类的。因此，不可能有油烟”。我的天啊，这多像是现代版的“巫术思维方式”（此处请自行补一个“掩面泣笑”的表情包）。我在想市场管理部门会不会是把自己发的证照当成了一个“神符”呢？只要这张“神符”贴在饭店东面的墙上，就能镇住油烟从锅里冒出来，也能确保明天早晨太阳按照市场监管条例从东方升起。要是“神符”有效的话，以后公安部门发“居民身份证”的时候，就应该多加两个字，叫“合法居民身份证”，有了“合法”这两个字以后，持证人就不会违法犯罪了。

我遇到的绝大多数读者都声称自己喜欢读巴菲特的书，并坚称自己从中学到了许多东西。我自己翻译过塔勒布的书，我觉得我的书写得比他们都好。但是，读者们不这样想。他们认为这两个人股票炒得这么好，肯定在书里有“武林秘籍”。一旦他们这样想了，无论他们读到什么，都感觉像是学到了“内功心法”。这其实也是一种“走捷径”思维，你看巴菲特和塔勒布的书的时候，感觉自己的投资技巧会随之提高。

人类有“走捷径”的思维本能，这是亿万年来对严酷的自然环境的被动适应，而巫术的兴起则是利用了我们思维的这个特征。当然，巫术在早期部落起过积极的作用，以至于今天人们仍然或多或少地保留着容易被巫术控制的思维方式。

巫术对应于早期部落的人，科学对应于现代社会的人，中间经历了漫长的中世纪，那时是宗教统治着人们。从巫术到科学，不是科学的进步，而是人的进步。个体的人在实现了自身的进步以后，反过来推动了社会组织形式的进步。

人类的信仰经历了从“巫术到宗教”，再由“宗教到科学”的发展过程。其中，早期人类部落中的祭司转变成酋长乃至国王的过程正好也是人类抛弃巫术的过程。有的人相信巫术，也有的人相信历史经验，还有的人相信历史数据和过往经验中有可供挖掘的“大数据”，这些人都容易相信资本市场上有“抄近道”和“走捷径”的机会。其实，基于历史数据的经验和看似捷径的机会都只会把你带入资本市场中的下一个坑。

人类从巫术进化到科学是不容易的。这个过程不仅仅是人的智商和认知能力的提高，也是人与人之间互动关系的重塑。那些不假思索地听从自己生物本能的人，也会不假思索地听从部落酋长的命令、大祭司的教诲、基金经理的煽动和陌生电话的诱骗。一个人只有相信科学，才能放弃侥幸、幻想和急功近利的念头，才能重塑自己的生物本能，抵制走捷径的思想，培育自己刨根问底的好奇心。最终，他成为一个踏踏实实的人的同时，也成为一个具有科学素养的人、一个成熟的投资者。什么样的人才会相信科学呢？这个人一定很独立，自己对自己的命运负责，而不是依附于某个小团体或小圈子。处理事情时，他不会去找老熟人和老单位，不会把历史记忆转化为“交情支票”去“绑架”自己的亲戚朋友。由此，一个自己对自己负责的人，没有侥幸心理，不会基于交情、友谊和历史记忆而把自己的命运交给其他人。对自己负责的人天然就会变得审慎、客观和科学，这符合进化史的轨迹。

只要你是一个人格独立并信仰科学的投资人，且你活得足够长，那么，你也一定是成功的投资人——并非科学有多伟大，而是那些相信科学的人都很强大。强大的人迟早会成功，你会因自立而自强，因自强而成功。

请读者谅解，本节前面所有的内容都是铺垫。我真正想说的是，学习了人类学有关的巫术内容之后，我对于金融学里面的"有效金融市场理论"有了焕然一新的认识。

我建议读者把人类从巫术到科学的进步过程想象成有效金融市场理论中的三种类型的市场。巫术、宗教和科学分别对应着弱式、半强式和强式有效金融市场。在弱式有效金融市场里，投资人针对历史数据的挖掘、编辑和处理都能够找到投资的"捷径"，也有人将其称为"最优交易策略"。在半强式有效金融市场上，历史数据就没有用了，投资人要依靠自己对当前市场信息的研判来提高投资回报率。而到了强式有效金融市场，历史数据和当前形势都不能提供任何捷径，资产价格的变动只取决于未来信息的变化。

尤金·法玛早就指出：在"有效金融市场"上，一项金融资产的相关信息能够"有效地""及时地"以及"普遍地"传递给每一个投资人，帮助投资人建立或者修正原先对某些资产价值的预期。投资人随后采取相应的决策（卖出、买入、持有或观望），导致这些信息最终体现到资产的价格变动中。约瑟夫·斯蒂格利茨在这个基础上进一步论证了个体投资人的知识、技能和解读信息的能力不会影响资产的价格。

关键是人的进步，而不是有效金融市场形态的演变。人的进步是一切问题的核心。就像凯恩斯主义和货币学派之争，其实不是谁的理论错了或者谁对了，而是理论所适用的人群变了。如果投资人都停留在部落时代，使用巫术思维，想抄近道，想走捷径，想巴结什么基金大佬打听内幕消息以便发财致富，他们很可能等到的不是大佬的电话，而是诈骗团伙的电话。一旦你依赖"巫术思维"，你就很可能为别人打开了一条"诈骗通道"，由这些投资人构成的资本市场就会有明显的弱式有效的特征。

如果构成资本市场的绝大多数投资人都具有科学的理念，好奇心驱使他们去研究上市公司，责任感驱动他们去核实数据、验证消息、质疑报表和参与公司治理，那么，这个资本市场就体现为强式有效金融市场的形态。此时，只有新信息才能推动股价变化。这就意味着，上市公司只能通过科技创新才能推高股价，股东们只有盯着公司的管理层走科技进步的道路才能从股市上赚到钱。强式有效金融市场堵死了其他发财之路，没有人能够用大数据、K 线图技术分析、短线技巧和内幕消息来赚钱。

因此，科技进步（即创造出我们过去和目前都没有的新东西）只能发生在强式有效的资本市场上，所以，我赞成且力挺证监会和交易所对投资人实施准入门槛制度。筛选出那些具有科学头脑、科学眼光、科学精神和科学责任的投资人去参与资本市场上某些特定板块的投资,这样反而能够促进这些新设立的板块的发展,为科技进步而不是题材炒作提供合适的土壤,这其实也是设立证券市场时的初衷。

我绕了这么大一个弯子,现在讨论本章根本的哲学话题。股票到底是什么?它是一堆资产?它是一个组织?它是一张享受分红的凭证?它是一种所有权的表现形式?对于坚持读到这里的读者,也许能够接受我观察股票估值的视角:股票究竟是什么?这根本不是股票本身的问题,而是取决于那些炒股票的人们正在玩一个什么样的游戏。如果一群具有巫术思维方式的人构成一个弱式有效市场,他们就会看 K 线图形,打听内幕消息,口口相传着"操盘手"的传奇,特别关心"国家队"和"主力"的动向,巴结位高权重的金融大佬,跟风各种题材。股票在这个市场上就是淘汰一批不幸者的工具。在这种弱式市场上最终幸存下来的人,一定是擅长并精通巫术的"酋长"和"大祭司",他们利用了普通人喜欢"抄近道"和"走捷径"的生物本能,利用被我称为"巫术"的方法来控制散户投资人,最终掠夺并淘汰他们。这种资本市场就是实现社会分层的场所,让大多数散户投资人把自己辛辛苦苦赚来的钱投入所谓的题材股和重组股里面之后,被掠夺得一干二净,他们被迫再次回到各自的工作岗位,努力工作,重新积攒工资,以便下一次再去尝试自己的运气。但是,如果他们不改变自己,不提升自己,不谋求进步,不抛弃巫术思维,转而拥抱科学思维的话,他们的命运就不会改变。这个市场只会诞生淘汰散户的“资本大鳄”，无法诞生追求科技进步的好公司。

其实，这个论述是有一个逻辑缺陷的，即我不能证明在弱式有效市场上幸存的“资本大鳄”就一定是淘汰了散户投资人的幸运儿，我还需要证明他们不可能通过自己的努力或者长期持有优质上市公司而成为价值投资的幸运儿（此处略去数千字和几个月时间）。

幸运的是，我检索到斯坦福大学的心理学教授杰弗里·汉考克的研究论文，很庆幸他帮我补齐了上面论述的逻辑短板。他研究了人类的“说谎行为”以后发现，那些经常抱怨自己的生活伴侣和朋友对自己说谎的人，恰恰也经常说谎。他的研究借鉴了博弈论的观点，巧妙回避了“谁先说谎”的问题，因此并不涉及“先有鸡还是先有蛋”的悖论。他最终的结论是这样的：（1）人类有天然的动机防止自己成为谎言的受害者；（2）防止别人对自己说谎的最好办法是及时发现并戳穿对方的谎言；（3）只有谎言大师才能做到第二点。因此，在一个说谎的环境中，那个抱怨别人说谎的人恰恰是谎言大师，因为只有他才能够及时发现别人的谎言。用稍微直白一点的语言说，只有当我自己经常说谎的时候，我才能够及时甄别别人的谎言。更糟糕的是，我并没有意识到自己有什么道德操守问题，而是转而指责别人不老实，抱怨世风日下。这个结论我思考了好几天，觉得他说得对。我发现那些喜欢传播股市消息的人往往也喜欢打听消息和相信消息。

“那些经常给我提投资建议的人，投资回报都不如我高；那些投资回报比我高的人，从不给我提投资建议。”这句话说的也是同一个意思。那些信奉价值投资的人几乎不打听消息，也不怎么讨论和传播消息，事实上，他们基本上寡言少语且无所事事。

我把杰弗里·汉考克的研究成果直接应用在弱式有效金融市场上。在那样的市场上，投资人都是根据历史记忆在炒股，他们会千方百计抄近道。相应地，能够淘汰散户脱颖而出的大鳄，绝对不可能是价值投资者，只可能是“谎言大师”。因此，那个弱式有效金融市场只会沦为“大鳄吞食散户”的场所，不会诞生好的上市公司。推广开来看，上述“物以类聚，人以群分”的情况相当普遍。只有人集体进步，才能实现强式有效的金融市场。一部分人的进步和大部分人的不进步，结果不是这一小部分人获得了科学思维，而是他们学会了操纵巫术，从而淘汰大多数没有进步的人——这就是弱式有效金融市场总是“大鳄吃小散”的原因。我在《市场本质》一书中指出，市场的本质是自由人的联合，这种联合是强大个体之间为了捍卫自身利益而自发的行动默契，绝对不是由巴结大佬的散户组成的。

前面一章我用赌场模型给时间定价，时间的价格取决于“疯狂赌徒”的进取心，“赌场老板”保护自己生意的责任心以及“好奇游客”对赌场老板出价的好奇心。我有时候会想另外一个问题，什么样的社会经常出现疯狂的赌徒？赌徒不创造任何新价值，没有新科技，只致力于提升他个人的社会地位——且以踩踏其他人为代价。一个社会应该坚持公平,不搞关系网,坚持人人独立,不让历史感情因素影响价格。做到了这些,市场就使得所有人都面向未来。如果不能面向未来,他们就仍然在过去的记忆中找捷径,在关系网中找大佬。这样的市场就不能进步到强式有效金融市场,也就不能诞生科技进步。只有当投资人都面向未来,他们才真正理解并相信了随机性,相信了这个世界上根本就没有捷径,自己不会遇到贵人,也不应该去寻求特殊的背景和特权。于是,这样的投资人就组成了强式有效金融市场。当他们组成资本市场的时候,上市公司的眼前就只剩下科技进步这一条路了。

是的,科技进步只会诞生于强式有效金融市场,那里的投资人会默契地行动,参与公司治理,他们不受个人感情因素的干扰,他们能够用积极的、有建设性的态度看待未来。只有当发生了提升效率的科技进步,才能使得他们认同估值的提升,股票的价格才会发生正面的反应。如果未来发生了抑制效率的倒退和懈怠懒散的经营者,他们不仅会把股价打压下去,防止无所作为的管理层不劳而获,还会采取进一步的行动,积极参与并纠正公司治理中发生的问题。强者构成了强式的市场,他们共同培育了强大的科技进步和值得投资的好公司。因此,不要再费心去找好股票了,安心做一个更好的人,然后“安利”身边的其他人也做一个好人!那样的话,市场反而能够诞生好公司,你才能买到好股票。

科技进步的由来

前面一节讲了有效金融市场理论的社会学根基，根据该理论，在强式有效金融市场上，历史信息不会对资产价格带来影响。这一特征又被总结为一句冷漠的话：市场无记忆。

我把这句话告诉我儿子的时候，他很快发现了问题。“这句话有语病。市场又不是人，他当然没有记忆。”我想了一下，觉得我儿子说得很对，他的语文老师布置的那些作业没有白费。市场本身是无所谓有记忆和无记忆的。真正有记忆或者无记忆的是构成市场的人，金融学不能只谈市场不谈人。

于是，我重新想了一下“市场无记忆”这句话。我发现，这句话的意思应该是，强式有效金融市场由独立的强者组成。他们不会羁绊于历史交情，不会沉溺于历史辉煌，不会拘泥于历史包袱，也不会依赖于历史数据。他们是具有科学头脑、科学心态、科学素养和科学胸怀的人。他们面向未来构建了激励科技进步的估值体系，这才是“市场无记忆”的本意。

所有金融学教科书几乎都在讲，弱式有效市场就是股民看K线图，分析历史曲线炒股就可以盈利的市场。其实，弱式有效市场根植于一个“圈子社会”，这个社会的人都依赖于历史记忆来维系他们之间的情感纽带，由此形成一个可供自己利用的资源和能力圈子。历史记忆对于弱式有效市场有用，要理解这句话还需要捅破一层窗户纸：弱式有效市场往往就是熟人互助的圈子社会。

我关于股市估值的逻辑大致可以表述为：强者不背历史包袱，独立于其他人；强者遇到问题自己动手解决，不给其他人添乱，不给政府找麻烦；强者之间形成认知和行动的默契，他们组成了强式有效金融市场；于是，市场变得无记忆了，它只对新发生的科技进步做出估值反应；社会就在持续的科技进步推动下不断改善效率，效率的持续提升反过来又推动了长期的牛市。因此，牛市的根本在于更强大的人，而不在于更多的资金。

本节我还需要解释一下纠结于历史记忆之中的部落和个人关系，才能更严密地揭示“科技进步”的根本前提。2008 年，我去哈尔滨看望我的好朋友田立老师。其实他是我的“用户”。他在给本科生讲授《金融工程学》的时候，选用了我写的教材。对此，我见了他一下，当面表示感谢。我在那里深切地感受到他的深情厚谊。临走那天，他要在离机场最近的一个餐厅请我吃面条，他说这是当地的风俗。“这个风俗的意思就是面条像绳索一样绊住你、拴住你，舍不得让你走。”我真心地感谢他对我的热情款待。我很喜欢他，因为他身上有我们这个时代少见的、光明磊落的男性美。于是，我回家以后发现我内心对他的“亏欠感”非但没有缓解，反而变得更强了。

我一直想着我要再去感谢他一次，而且下次一定要带些礼物去。但是，这些年来我一直没有去哈尔滨。于是，愉快的历史记忆和要去“还礼”的责任心始终在“催促”并“折磨”着我。我在想，如果我和老田都是某国有企业员工的话，我也许不会违反原则去直接帮助他，但我肯定会想方设法在不违背原则的情况下关照他。即便这种关照可能不利于我们共同服务的企业和我们共同宣誓的事业，我也下不了狠心——那些面条背后的记忆和友谊会提醒我。

我有时候在想，为什么有人会说在东北推动国有企业改革的难度大呢？我并没有现成的答案。我注意到另外一个现象，我偶尔参加过的几次国有企业改革研讨会、座谈会和务虚会上，东北来的专家、学者和企业家都会反复提到一件重要的历史事实：东北老工业基地在历史上为共和国做过重大的贡献。他们会如数家珍且不厌其烦地介绍东北历史上的付出、贡献、功绩乃至牺牲。于是，我的问题变成了“为什么在一个讨论未来如何改革的会议上他们要唤醒我们对过去的回忆呢”，如果我公开提出这个问题，可能会使我在会议现场陷入孤立和窘境。我已经预见到，如果我在会上正式提出这个问题（其实是一种质疑）的话，东北来的同志可能会语重心长地对我说，“忘记历史就意味着背叛”——而且他们会一边说这句话，一边敲桌子。于是，一种深情的回忆和一种深切的愧疚提前扼住了我的喉咙，我闭嘴了。随后，我又加入了“大合唱”，附和着大家的观点，认为当务之急还是要让中央加大对东北的投入，这种投入其实是一种补偿。而且，无论我们今天怎么补偿，相对于东北老国有企业的历史贡献来说，都是微不足道的。最后，会议在深情的回忆、团结的气氛和热烈的掌声中结束。一般来说，这样的会议结束以后还会安排晚宴。晚宴环节上，专家们讨论最多、最热烈和最兴奋的话题并不是东北老工业基地振兴的前景，而是他们在三亚买的房子最近又升值了。

我在舟山渔场的田野调查中发现过类似的现象。渔民们爱回忆过去，而且喜欢聚在一起回忆过去。他们回忆的那些事并不是关于发财的事情，而是说一些庄严甚至悲痛的事情。我参加过一次这样的聚会，渔民们根本不会谈论自己怎么能干，怎么发财，怎么聪明地追赶鱼群，怎么从容不迫地下网，怎么把鱼一网打尽，然后上岸数钱。渔民们要么光抽烟不说话，要么就说海上遇险的事情。有一个渔民告诉我，他自己的兄弟和他一起出海打鱼，那一次不知道什么原因，收获特别好，满仓捕到了近年难得一见的大黄鱼。结果弟弟突发疾病去世了。他狠心将本来已经满仓的鱼全部扔掉，腾空船上的冷库，把弟弟的尸体冰冻在里面，然后回港靠岸。他不仅要承担失去亲人的痛苦，还要承担一起出海的其他渔民的利益损失。他讲完这个故事之后，我很难过。我记得当时我的眼眶湿润了。其他渔民则面无表情地沉默着，并没有人上来安慰，但地位稍低一些的渔民会站起来撒一圈香烟。总之，我在这样的渔民聚会上经常听到他们轮流说自己的“失败”“挫折”“苦难”和“遇险”的经历。

他们普遍地、异口同声地告诉我：改革开放以来，渔民做的贡献大,得到的利益少。我说不可能啊,财政每年给你们的柴油补贴就是一笔不小的数字啊。内地农闲季节跑运输的农民兄弟们可还没有这种待遇呢！这下可好了,我的这些话拉开了他们记忆的闸门,记忆如洪水一般喷涌而出。我大致记载了一些他们的回忆。我当时在现场完全理解他们的情绪。我沉浸在这种情绪中,理解他们说的这些话仅仅是回忆,并不包含抱怨、攀比、指责和期待的意思。你一定要在现场才能理解他们。我提醒读者,如果你直接从纸上阅读我记录的文字,可能会对他们产生误解。

问题主要集中在渔民相对社会地位的下降。改革开放之初,内地广大农村实行包产到户,农民承包了集体的土地。那时候,渔场的承包也展开了,渔民们分到的不是地,而是船。这些年来,岸上的农民往往因为动迁而获得了不错的赔偿。许多人选择拿房子而不是拿现金,随着城里房产的升值,许多农民都变得很富裕了。但是,渔民们在岸上并没有土地,他们当时分到手的就是渔具和渔船。这些年,渔具和渔船早就折旧贬值了,渔民没有其他生计,只能自己掏钱再造新船。但是,近海渔业资源枯竭是一个不争的事实,打造新船的投资回报很低,财务风险很大。他们感到焦虑,乐于回忆起改革开放之初,“首都市民过年的时候,都要我们送大黄鱼去的。”那时候,中国居民的生活水平都比较低,食物中摄入的蛋白质含量低。渔业提供了当时最便利的优质蛋白，这是他们的社会地位最高的时候。[①] 还有船老大回忆说，他在 1986 年结婚的时候多么风光。邻村的姑娘听说他自己有船，抢着要嫁过来。他当时办了 10 桌酒席，每桌都有大黄鱼。他们还告诉我，全国农村最早的“万元户”和“十万元户”都是渔民。但是，这些年，他们的收入增长停滞，融资风险增加，社会地位下降。

大家别误会。我喜欢东北的工人，我也喜欢舟山的渔民。那里的人有深情厚谊，有真挚的感情，有人与人之间的温暖，那是上帝造人的时候就给我们留下来的感情纽带。我感觉人和人天然就应该这样相处——至少 4 万年前我们的祖先在部落里是这样相处的。我希望我的读者在阅读本书的过程中把这些情感分离出来，继续保留在我们内心温暖的回忆里。就像你偶然从柜子里翻出一条蓬松的羊毛毯，你会情不自禁地紧紧拥抱它，仿佛那里有童年的妈妈、童年的冬天、童年的温暖和永远的深情回忆……现在请回到这本书中，我们继续说估值。

我调研回来整理这些资料的时候，突然想起了我自己的一段经历。不，严格地说，是我自己的一段思想转变。我曾经在体制内的国有企业担任过职务。有些国有企业改革措施需要顶住短期压力，承受别人的误解，甚至需要损害一部分人的切身利

① 当时插话的是渔业局的胡光远副局长，他说在 20 世纪 80 年代近海渔业资源相当丰富，渔民们去海上跑一趟捞回来的鱼很多，比在岸上养猪和养鸡的农民更快也更便宜地提供优质食用蛋白。这也是最早启发我思考估值效率论的线索。渔民们能够在 80 年代用当时最高效的方法，为普通市民提供优质蛋白质，因而获得了高于农民的社会地位。

益，然后还要面对面地做他们的思想工作。政府主管部门有一位老领导对我一直不错。我一直得到这位领导的大力支持。我自己也曾经感觉很不错，感觉自己在具体工作中落实了领导在会上布置的国有企业改革措施，而不是在口头上或者动员大会上落实了上级会议的精神。压力和阻力最大的时候，我甚至得到了老领导亲自来电的口头慰问："放心吧，洛华！以后你有啥事儿，就直接来找我。"我当时就觉得仿佛有一道暖流，流过了我的心，使我全身洋溢着一种温暖。后来，我参加混合所有制改革下海当房产中介。有一次，我实在是遇到了棘手的难题，不得已打电话给老领导，希望他出手帮个忙。在我看来，我是曾经为老领导"出过力""卖过命""扛过雷"和"跳过坑"的老部下，属于领导的"自己人"。我完全可以凭着这些"历史记忆"去找老领导兑现那张"有事来找我"的口头支票。这些麻烦的事情在他那个级别，也就是秘书一个电话就能搞定的事情。老领导接了电话，听明白事情的来龙去脉以后，果断地对我说，"这是违反原则的，我不能帮你。如果要开这道口子的话，我就要给全上海的房产中介都开，不能只给你们公司开，那样的话，应该由市房产经纪协会打申请报告，不应该由你提出来。"以后他再也没有接过我的电话，也没有回复过节日问候的短信。我曾经在很长一段时间里面抱怨他。我还埋怨自己傻，被他忽悠了，去搞什么国有企业改革，得罪了一大堆人，自己还没有得到什么好处。人到中年，抛弃体制内的一切待遇和保障，下海以后感觉自己被人利用并抛弃了。绝大多数人可能有类似的经历,他们的故事可能到这里就是句号了。没想到的是,经过一段时间的阴差阳错、柳暗花明、否极泰来、歪打正着和自身努力以后,我们创业的那个互联网房产经纪公司做得很不错。而且回头看,当初那个请求领导帮忙的思路其实是一条死路,如果领导当时帮我了,我们则可能早就掉入坑里了——只是当时不知道而已。于是,我对该领导的看法又有了改变,180 度的改变。我现在相信他是体制内难得的好领导。他能够在小问题上讲感情,以便调动我的积极性;他更能够在大问题上讲原则,以维护体制的严肃、社会的公正和市场的公平。他看似不讲情面,其实是帮助了我、激励了我,倒逼我们这群从体制内下海的人去市场搏击。如果我们处于逆境了,我们会埋怨他;如果我们处于顺境了,我们会感谢他。

我现在非常尊敬他。我衷心希望他能够团结调动更多人的积极性去为党和人民的事业做更大的贡献。这种感情转变发生以后,我也进行了反思。我当初真的是对国有企业改革一往情深,还是带着“立功请赏”的私心杂念来推动改革?我究竟应该追随某一个具体关照我的领导,还是应该忠于党和人民的事业?我自己当初到底有没有“在领导面前表现一把,以便在领导心里记上一笔”的愿望?我是否想过,把“深水区里啃硬骨头”的改革作为投名状和敲门砖,以便日后领导以其他形式提拔、重用和帮助我?我现在理解了《孟子·尽心上》所说的“待文王而后兴者,凡民也;若夫豪杰之士,虽无文王犹兴”的意思。当我是一个弱者的时候，我容易抱怨，容易遇到“差领导”；当我是一个强者的时候，我充满感激，处处碰到“好领导”。所以，问题根本不在于领导，而在于我自己。重要的不是去找一个好领导，对他“效忠”，然后唤醒他的历史记忆，期待他对我“重情义”，等待他提拔我，重要的是自己去做一个敢于直面并拥抱未来风险的“豪杰之士”。

当我们崇尚并向往更高社会等级的时候，我们就会想方设法地巴结领导；当我们向往拥有更强能力的时候，我们就会想方设法自己动手解决问题。建立一个估值体系的全部意义就是鼓励人们努力成为强者，而不是抄近道把其他人踩在自己脚底下。

如果你生活在小范围的部落里，你就天然会想着要提升自己的社会地位。如果你生活在现代社会里，你就不那么在乎社会地位，也不在乎别人看你的眼神。你不羡慕别人，也不希望别人打扰你，你天然就有动机去追求更大的自由。当你来到了这样一个社会，你自己就会想去实现更大的自由，这时候任何艰难险阻都阻挡不了你。你会发明新技术，创造新方法，开辟新市场。我们需要维护一种鼓励人人进步、追求自由的社会秩序，这就相当于建立了一个鼓励科技进步的估值体系。科技进步并不需要建立一个产权交易所，然后资本和技术对接在交易所里面对发明专利进行估值。科技进步从根本上说源自人追求更大自由的努力。人对科学技术的估值，其实是人对自由的估值。

自由到底是什么？我现在理解了。自由是逻辑空间的更多可能性，是更长的时间，是更多的经历，是更多的选择，是成为更强大也更美好自我的生物本能。因此，只有强者才有自由，弱者只需要安全。当我是一个弱者的时候，一旦我陷入困境，我天然就想要拨打老领导的电话求助。我以为我手机里有领导的电话就意味着我可以抄近道，我把我和领导的友谊当成了孙悟空脑门后的三根"救命毫毛"，我把我忠实履行领导布置的任务当成是购买了一份保单，随时可以去找领导兑现他对我的额外保护。归根结底，我是一个弱者，我想待在小圈子里面，我宁愿有人罩着我，我有目的地追随某个领导，我把建立人际关系当成是购买保险。我这样的人终将一事无成，而且失败以后，我还会怨天尤人。

读者肯定已经发现了，我的书里并没有高深宏大的理论，也没有发财致富的建议。这本书既不是学术著作，也不是理财读物。你之所以能够坚持读到这里，是因为你的生物本能告诉你，我对你说了实话。而这也不是因为我天生是一个诚实的人，我也曾经想要巴结大佬走捷径，我也想过要包装自己当模范，但是这段体制内的经历教育了我，使我变得虔诚了。为此，我专门引述一段有关"忠诚"的经典文献。从这段文字来看，人的忠诚应该仅限于"母亲、祖国和信仰"，其他的人际关系则应该尽可能地"契约化"。

> 我以为，想要澄清思想的混乱，就不得不谈一下基本的道德常识。"忠诚"一词可以这么定义：一种对人、事、物所

具有的责任与归属感——它无法丈量计算，也不可用于交换；其唯一的表达形式就是深沉、无条件的爱。循此定义，我们对母亲的感情便算是一种忠诚。就算她贪杯好酒、迷恋政治，你还是深爱着她。若不然，你就不足以回报她对你的慈爱，因为是母亲赐予你生命，冒着死亡的危险带给你生命。如果她喝醉以后爬上电线杆，你绝不可拿走梯子，扬长而去。如果她从烟囱钻进屋里，你也不能将她逐出门外，不闻不问。同样，我们对祖国也怀有深挚的感情。因为国家对个人也有很大的恩情，是她的安定保证我们茁壮成长，是她的文化滋养了我们的心灵。总之，无论何时何地，我都感念祖国对我的恩情。是她将我抚养长大，丰富了我的灵魂，塑造了我的个性，让我成为自豪的英国人。所以，不管她喝醉胡闹还是一蹶不振，我都不会背叛她，像犹大背叛耶稣那样……总之，母亲、祖国、信仰，这三者或源于事物的本性，或诉诸人类的理性，都值得我们忠诚与敬佩……此外，在封建社会早期甚至现代，某些主仆之间偶尔也会有一种肝胆相照、至真至诚的情谊。那可是人间少有的彼此忠诚。我想，这在铁路局长和他的 4 000 名工人之间是绝不可能存在的。真正的忠诚就是：热爱它像热爱自己的母亲；它给予你莫大的恩情，你对它心怀无限的感激。[①]

---

① 【英】G. K. Chesterton 著：《改变就是进步？——切斯特顿随笔》，刘志刚，译，东方出版中心 2010 年版，第 70—72 页。

切斯特顿的观点鲜明，一个人对自己的母亲、祖国和信仰应该有一种忠诚的热爱。人的忠诚应该仅限于这三个领域。因此，根本不应该把忠诚放到有商业目的的人际互动中去，就像“我和老领导”“铁路工人和铁路局长”之间的关系根本不适用忠诚与否的问题。买卖双方在感情上脱钩，交易去人性化，这是实现技术进步的一个前提。我们过去常说，“把国有企业推下海”。这是对的，我的亲身经历告诉我，下海的意思是和过去做一个了断。只有切断了与体制的记忆和联系，才能激发企业的创造力。

好吧，来吧！我继续剖析我自己。我发现：抄近道、走后门、托熟人、爱抱怨和爱回忆都是一体的。我曾经在塔克商学院校友会的微信群里批评“commercial purpose networking”（带着商业目的的社交行为）——我很快就被人以其他理由踢出了群聊。但是，这个现象其实挺普遍的，我们往往带着商业目的参加社交，有些人甚至带着社交目的去读商学院。在这种带着商业目的的交往中，我们希望为对方做一些低成本的好事，甚至做一些无谓的自我牺牲，只希望对方记住自己的恩惠，以便将来有一天，我们能够从他们那里得到更大的回报。久而久之，我们就陷入了这个基于历史记忆的关系网。

在这个问题上，舟山邵老板的一番话给了我巨大的启发，使我对这个问题有了更深刻的思考。他告诉我，在鱼市场上交易达成时，船老大和鱼贩子之间都会不约而同地在脑子里援引自己与对方交易的历史记忆。“我会回想一下，上次那批螃蟹比这批的个头大，而且雄蟹多，所以我这次出价就会比上次要低。”我追问道，“船老大会接受你这个砍价的理由吗？”邵老板回答，“会的，他认的。”邵老板很肯定地告诉我，买卖双方都有记忆，而且事无巨细都记得很清楚。“他会提醒我，去年春节旺季的那一次卸货，他把有膏的好螃蟹卖给了我，没有卖给另外一个人，其实那个人我也认识”“我会反过来提醒他，上次我派运输船去海上接他的渔获时还捎给他几条中华烟。”他们说着说着就达成交易了。

特别有意思的是，我后来才发现我当时忽略的细节对我的写作和思考帮助最大。我从舟山定海渔码头回来以后，仔细翻看了当时的视频。我发现：他们达成交易的那一刻，没有握手、递烟，或者口头确认对方报价等标志性信号。我从来没有听到任何一方说过，“好吧”“成交”“就这样吧”或者“算了算了，这次就便宜你了”之类的话。这类我在农贸市场听到过的确认成交的对话从未在渔码头上发生过。一方出价以后，另外一方用沉默表示接受。沉默了几秒钟甚至十几秒之后，他会突然转换话题，问起当天其他船进港的事情，或者岸上柴油补贴的事情，或者下周喜酒凑份子的事情，那就表示他已经确认了。

比方说，如果邵老板最后报给船老大的价格被对方接受，对方不会说“我接受”，而是沉默几秒钟，像是犹豫不决，像是要下决心。总之，他的沉默和犹豫使得这笔交易看起来像是他在说服自己做出自我牺牲，以成全邵老板的贪婪。这几秒钟的沉默在我这个旁观者心中都会种下“同情”，我不知道这是否也同时在邵老板的心中激发出“愧疚”。如果有的话，则我想那正是船老大想要达到的目的。我现在回想起来，船老大对于渔老板的最后一轮出价保持沉默，这似乎有这样的信息：“我没有同意过你的邀约，我只是没有阻止你用一个不合理的低价拉走了我的渔获。因此，在这笔交易中，你欠了我一个人情。”

而且我还发现一个很奇怪且很有趣的事情，这次沉默的一方往往在下一次码头卸货时拥有讨价还价的道德优势。也就是说，如果这次是邵老板用沉默接受了船老大最后的要价，那么，下一次交易时，船老大会是最后沉默的一方。他们就这样相互欠来欠去，从而形成了一个相对固定和封闭的交易圈子。定海的渔码头上就这么几个渔老板，每个渔老板都对应相对固定的几个船老大。

船老大在卖出渔获的时候，有两种相互制约的动机同时参与了他脑子里的决策过程（千万不要把这两个动机想象成类似供求关系那样的两条交叉线）。船老大的首要动机是：把鱼卖个高价，他这一趟捕捞就有了高回报，更多的现金收入确保他今后能够在海洋上生存更长时间。这样一来，遇到小年淡季他也能熬过去。他的次要动机是：把这一趟鱼的价格卖低，他就能够赢得更多的交情。这种交情使他能够在将来某个困难时期和渔老板达成一笔对自己有利的交易。这就是面子、交情、历史记忆和圈子。

船老大把鱼以低价提供给鱼贩子就使得对方能够更好地生活，使得对方的生意模式得以延续的同时，自己的生意也得到了某种保障。这是一个双方共存(但未必互惠)的生态系统，需要双方共同克服渔获价格的波动性和渔获数量的随机性。价格的波动性来自市场，数量的随机性来自大海。

我在想这样一个问题。他们形成一个利益共同体之后，是否更好地克服了波动性？这种协调机制是风险管理的一种方式，延长了原来生态系统的生命，而且不需要产生技术进步。表面来看，这是渔民和鱼贩子之间凭记忆达成了一笔交易。转念一想，这是他们两方达成了一个联盟，共同加入了一个互保机制。这种上下游的联合既不能够减少渔获数量的随机性，也不能降低市场鱼价的波动性，但这个保险机制确实在某种程度上防范了“另类”风险，使得上下游各自原有的生产方式、社会地位和结构得以保持原状并延续更长的时间。为此，他们形成的这个圈子既不会有技术进步，也不会淘汰任何一个老朋友。因为，一旦有人实现了技术进步，就意味着他会淘汰一个技术落后的老朋友，他就背弃了老熟人之间互保互助的承诺。

今天的渔船虽然比以前大了许多，但是，总体来说，近海捕鱼业的作业形态没有发生根本性的变化。如果有的话，那就是网眼小了，使用“一网打尽”的拖网作业的范围大了，渔民的劳动强度大了。这个行业已经看不到夕阳，它简直就是余晖行业。

前面分析了船老大给邵老板的折扣相当于购买保险的费

用，具体来说，这份保单的标的物到底是什么呢？答案是未来的流动性。维持流动性的需求约束了买卖双方追求更高回报的愿望。面子、圈子、义气和交情到底为了什么？要回答这个问题，必须先搞清楚这几样东西到底是什么。在我看来，这些东西就类似于金融机构经营许可证，就是银行间市场会员资格，就是交易所的红马甲，就是获得流动性的能力，这种能力就是在这个特定的渔码头获得流动性的资格。流动性不是自发产生，不是央行发放给我们的，而是我们在长期的经营活动中上下游逐步建立起来的信任机制，这种信任机制使得上下游能够彼此建立稳定的预期。

这些观察使我相信，交易不独立于人，至少在渔码头上是这样的，在需要“资质”的市场可能也是这样的。“资质”这个词本身就意味着交易时需要确定对手的可信度。当前风起云涌的数字加密货币也许是交易“非人格化”的一种尝试。它使得人进一步独立于自己的小圈子，从而获得更大的自由。这是我一厢情愿的猜测，我并不肯定加密货币能够做到这一点，但人的进步是不可阻挡的趋势。

为什么技术进步不能在这样的熟人互助机制中诞生？我不能只是指责人们不搞技术进步，我得论证不搞技术进步是这些人的理智决策和必然选择。为此，我想了很久。最后，我发现，我需要对什么是技术进步做一个金融学的定义。

请读者回忆一下我提到过的印度种姓制度的问题。我认为，古代印度社会演化出种姓制度是为了应对他们最大的风险：热带传染病。罗伯特·默顿指出，应对任何风险只有三种方式：分散化、保险和对冲。为了应对热带传染病，古代印度人选择了分散化，具体的做法就是用种姓制度实现卫生隔离。分散化的金融学定义就是使得资产包里面的任意两项资产变得两两不相关。这个视角使得种姓制度看起来符合金融学的风险控制手段。1947年以后的现代印度社会废除了种姓制度。他们有什么替代的办法吗？只剩两种方法可以选：一是保险，二是对冲。我们先来看保险。假设这个时候，印度废除了种姓制度，同时也瓦解了与之相伴的卫生隔离措施，印度人相互之间的沟通交流已经不受任何社交距离的限制，他们就会遇到流行病爆发的巨大风险。无论是真菌、细菌还是病毒，都会以更快的速度传播。那样的话，保险公司要么破产关门，要么收取巨额保费。这样一来，印度就会形成一个新的种姓制度：按照投保金额区分人与人的阶层。保险公司会提供一些折扣给客户，鼓励他们不要和“没有保单”的人接触，这样就可以降低保险公司的风险，使保险公司重建种姓制度。

好吧，再来看另外一个选择：对冲。这就需要发明特效药来医治患病的印度人，发明疫苗来防范印度人得病。特效药和疫苗就是对冲工具。你如果看过电影《我不是药神》就会知道，印度几乎不承认国外医药公司的专利，他们在国内生产大量的仿制药，并低价供应给本地市场。

现在,请你回到舟山定海渔码头。

渔老板和船老大们形成了一个圈子,我将其视作互助机制。这其实就是一个保险手段。渔业这个行业最大的风险是不确定性、大自然的不确定性、市场价格的不确定性,比一般种植农业承受更多的不确定性。因此,他们天然本能地需要形成一种风险防控机制。渔民们也不能采取分散化措施,因为他们只会打鱼,不会干其他养殖行业。他们形成了这种小圈子就是一种保险。他们用相互亏欠的办法来交保险费,不断地相互亏欠,就相当于续保。他们圈子内的舆论会监督对方下一次兑现欠自己的人情。一旦有了这样的风险防控机制,他们就能够克服不确定性,也就没有必要再去找对冲工具了。因此,他们没有演变成远洋捕捞者,没有钓金枪鱼的装备和牌照,也没有安装追踪乌贼鱼的探测软件,更没有上岸发展其他行业。

弱式有效市场并不是一个效率很低的报价装置;强式有效金融市场也不是一个高速运转的电脑定价模型。他们分别对应了“基于历史记忆而凝聚起来的小圈子”和“面向未来拥抱未知挑战的个体”。这两种市场形式分别代表了两种社会形态。人类不是平白无故或者歪打正着地出现这两种社会形态的。这两种社会形态对应的又是两种风险防范措施,分别是保险和对冲。是的,我认为,一个社会之所以按照某种形式组织起来,是因为在漫长的进化史中,人们发现按照这种方法组织起来的话,能够防范他们面临的最大风险。

现在，我试图对“李约瑟之问”做出我自己的思考（我使用的词是“思考”而不是“回答”）。我发现只有当我把尤金·法玛的有效金融市场理论和罗伯特·默顿的连续时间金融框架结合起来，才能给出某种解答。我再次提醒读者，这不是一本学术著作。按照我老婆的要求，这是一本可以改编成电影的侦探小说。我只提供一个看待这个问题的新视角：快来看啊！我可以从金融学角度看待“李约瑟之问”。这或许根本不是真实的历史原因，但这个解释使得“李约瑟之问”不再困扰我了。从这个意义上讲，它至少是我个人的心理治疗方案。

中国古代是农业社会，我们祖先面临的最大风险是荒年不济，而荒年是会随机出现的。因此，我们的古人逐步形成了熟人互助的小圈子社会形态。这就是一种保险机制。这种保险机制能够互通有无，共度荒年，共克难关。当荒年到来时，大家必须互帮互助。每家每户都拿出自己的粮食平均分配，这样就确保了大家都能够度过荒年。在小圈子里，家长里短的闲言碎语其实是一种监督工具，监督各个成员落实这种互通有无的机制。在某些“大院”“老弄堂”或者“单位宿舍”里，没有哪家人是有隐私的，你的事情别人全知道。这当然很糟糕，但这也有好处。你没事就可以去其他人家里吃饭，家里炒菜缺油了，可以毫不犹豫地去邻居家拿，而且不用还，更不能说“借”字——那样反而伤感情。这就是我们祖先留下来的风控措施的文化痕迹。在这个互助小圈子里面，人与人之间的关系是非常紧密的，而且大家都有共同的历史记忆。这个以圈子文化来实现互助保险的社会形态就是尤金·法玛说的“弱式有效金融市场”。这三个关键词是一体的:圈子、保险和弱式。

然后,我们来看欧洲的情况。他们重商主义的兴起比我国早得多。古代欧洲人利用贸易来调剂余缺。地中海周边地区的气候足够多样化,不可能出现一次性覆盖整个罗马帝国全境(整个环地中海地区)的自然灾害。因此,不可能有全国性饥荒的风险。而且,地中海的海洋运输也比路上运输或者开凿运河要方便得多。因此,欧洲社会几乎没有面临过中国古代的最大风险:荒年不济。即便有部分地区出现荒年,也完全可以通过贸易来进行调剂。

古代欧洲没有发展出类似古代中国的乡村互助保障机制,也没有因此形成一个基于历史记忆和感情纽带的关系网。他们的个人比较独立,人际关系比较松散,也谈不上对领主的忠诚,尤其是欧洲宗教改革以后,个人更加忠于上帝,而不是主教和男爵。

这样一来,欧洲人遇到风险时就只有一个办法了:对冲。是的,对冲就是科技进步的金融学定义。要保持个人独立,捍卫个人自由,一定要全社会默契地捍卫某种规则,尊重产权,从而鼓励个体发明创造。所谓的发明创造,就是用廉价的、更聪明的方法复制一个资本市场上的对冲工具。欧洲历史上遇到过可怕的“黑死病”,欧洲人采取了错误的应对措施。大量的人口涌入教堂去祈祷，结果导致病毒在密集人群中快速传播，从而导致更多人死亡。我猜想，如果欧洲人历史上采取了类似印度古代的种姓制度（其实是隔离措施）的话，“黑死病”不会在欧洲造成这么大的伤亡。据说当时欧洲人口损失了1/3。中世纪的欧洲人终于明白了祈祷没有用。欧洲社会又无法适应种姓制度，于是他们只能采取对冲策略来对付风险。假设欧洲“黑死病”那样的疾病再次流行，那些有前途的科研计划就会得到资助，欧洲人发明了新的特效药以后，就克服了整个社会的风险。欧洲社会在近代以后的科技进步很可能是因为他们的社会形态更符合“强式有效金融市场”的特性。一群追求自由的人松散地组合起来，各自尊重隐私并保持距离。他们遇到风险就只有一个办法来对付，那就是用科技进步发明解药来对冲风险。为此，他们用一致的行动来捍卫市场机制和个人自由。他们只面向未来，对未来的新发明创造定价。只有这样，他们才能不断产生科技进步的成果。

所以，印度、中国和欧洲分别在古代适应性地演进了三种不同的社会形态来应对各自面对的最大风险。古代印度是分散化的隔离机制，古代中国是乡村互助保险机制，古代欧洲是对冲风险机制。举例来说，“叶锈病”是一种常见的小麦病害。古代印度应对这个风险采取的措施是分散化。他们规定高种姓的大祭司只能吃燕麦，其他种姓的人必须吃荞麦、黑麦和大麦，只有最低种姓且从事屠宰行业的贱民才能吃小麦。由于“叶锈病”对于不同麦类的影响不一样，所以，印度社会因其分散化策略而不会发生“叶锈病”的全国大流行，也就不会饿死各个种姓的全部人口。古代中国应对这个风险的思路则不一样，大家一起同心协力，结成紧密的互助同盟，赵家去打猎，钱家去采桑子，孙家去弄榆钱，李家去刨地瓜。大家互帮互助，勒紧裤带，共渡难关，亲如一家。为了防止有人偷偷在自己家藏粮食，邻里之间都有相互监督和经常探视的习惯。谁家地窖里有些什么，锅里今天吃些什么，大家心里都一清二楚。这样一来，大家就一起度过了荒年。邻里互助，共克时艰，中国古人用保险的办法对抗了小麦“叶锈病”的风险。古代欧洲人采取了第三种措施，他们各自为战，寻找可行的药方，最后一个波兰教士发现冬季在田里撒上草木灰就能在来年春天防治“叶锈病”。经过一代又一代人的努力，许多年以后欧洲人才明白了其中的原理。因为草木灰是一种钾肥，冬季施用钾肥能够在来年春天防止作物过度吸收土壤中的氮肥，从而诱发真菌感染。草木灰就是欧洲人对冲“叶锈病”风险的工具。

中国古代采取了保险而不是对冲的手段来对付我们面临的最大风险，这就是我们的科技水平逐步落后的根源。我想这可能就是金融学对“李约瑟之问”的思考。

我们的文化当中常有“民不患寡而患不均”“苟富贵，勿相忘”和“可以共患难，难以同富贵”的内容。这些提倡平均主义的内容可能与互助机制有关，是荒年互助机制配套产生的文化和说辞，目的就是让大家可以一起扛住荒年。我们并不鼓励也不容忍有人“冒尖”。一旦有人冒尖就有可能破坏稳定。平均主义被打破之后，克服荒年的互助机制就可能瓦解。这是我们大家都不愿意看到的。我们古代的祖先可能由此进化出一种适应能力，我们特别能够忍受“集体贫困”，但不太能容忍熟悉的人发家致富。因为，一旦关系网里面各成员之间的贫富差距扩大了，就很难继续维持互保互助机制。这对于所有参与者来说，相当于丧失了一个“荒年共济”的风险防控机制。所以，如果我从现代金融学来看，中国古代的“斗地主”和“均贫富”都可以被视作捍卫风险防控机制的集体行动。

现在，麻烦摄影师再次把镜头切回到国有企业改革的座谈会现场。

国有企业相互之间应该形成一种彼此独立的市场化结算关系，而不是以国有股为纽带形成一种类似于渔老板和船老大之间的互保互助关系。这种互保互助关系虽然有利于保持稳定，但不利于培育技术创新。对于国有企业改革来说，应该做到全国“一盘棋”，但不应该全国“一本账”。该算经济账的时候要算经济账。效率账和感情账要分开算，不能混杂在一起，变成全国一本账。那样的话，就不是在跟别人讲感情，而是在防止别人讲效率，最终牵制了别人的技术进步，也遏制了自己的发展。

把一个人关在赌场，没有人根据历史记忆来跟你讲感情，也没有人出于爱心来给你无限的时间，你就只能全力以赴学会“飞越疯人院”，这就是科技进步的动力。当然，在实现科技进步之前，我们还要在资本市场上抛弃历史记忆，同时在现实生活中摆脱关系网。我们应该成为更独立的人，在困难和风险面前，我们不会去找亲戚朋友，唤醒他们的历史记忆和情感，诉诸他们的同情心。我们应该面对未来，这样才能实现科学探索的飞跃。

本节的核心思想是要论证为什么科技进步只会诞生于强式有效金融市场。强式和弱式有效金融市场体现了两个完全不同的社会形态。强式市场比弱式市场所在的社会，人与人之间的关系更松散，感情更淡漠，个体更独立、更进取。在强式有效市场所在的社会里，一个人能够摆脱关系网的束缚，不会依据自己的历史记忆并诉诸别人的历史记忆去构建一个关系网，然后把关系网当成自己防范风险的工具。他只会选择对冲的方法来防范未来的风险，这就是科技进步的根本动力。对于我们普通投资人来说，怎么才能买到不断创造科技成果的好公司的股票呢？答案就是：从我做起，从现在做起，去做一个更强大和更独立的人。不要打听消息，不要巴结大佬，不要构建小圈子，要摆脱关系网的束缚，不要依赖于关系网，要做一个人格独立的人，自己对自己的未来负责，积极进取，保持乐观向上的人生态度。当我们这样做的时候，我们要确定其他人也在这样做。由这些人构成的资本市场就会变成强式有效的金融市场，那里就会不断诞生科技奇迹。如果投资人都还在构建小圈子，上市公司就不会取得科技进步的突破。请回想一下那个心理学的论证，只有谎言大师才能识破谎言，结果全社会只有谎言大师才生存下来了，你能够指望谎言大师搞科技进步吗？他们显然不能。

1978 年 12 月 13 日，邓小平同志在中央工作会议闭幕会上发表了题为《解放思想，实事求是，团结一致向前看》的重要讲话。我觉得这个标题写得太好了。“解放思想，实事求是，团结一致向前看”这句话有一种哲学美感，具有广泛的哲学指导意义。这句话甚至可以用来概括“有效金融市场理论”。构成强式有效金融市场的投资人都具有开放的思维（解放思想）、科学的精神（实事求是）、默契的行动（团结一致），他们也不背历史包袱（向前看）。

“圈子”和“篮子”

本节讲的“圈子”泛指小圈子、关系网和熟人社会；“篮子”指的是由一篮子成分股构成的指数 ETF。这是个体能够获得的两种完全不同的“保险”。

我在美国的东北部（又称“新英格兰”地区）学习过，也曾经在加州的硅谷工作过。我对这两个地方的风土人情有些了解。我似乎能够理解为什么美国联邦政府多年来积极提倡“振兴东北传统老工业基地”的主张得不到落实。我也理解为什么美国政府从来没有提过“振兴硅谷高科技新兴产业基地”的主张，而硅谷却发展得相当好。在同一个国家，说同一种语言，用同一种货币，出现这两种极端的情况，只能说是风俗习惯和风土人情的不同。

大概很少有人把“社会关系网”和“指数 ETF”放在一起讨论。社会学家不愿意承认关系网是一个金融学的问题，金融学家不愿意承认股票指数是一个社会学的问题。双方都想把这两个问题划清界限，私有化其中一部分，然后占山为王，成为该问题的部落酋长。我认为这两者必须同时看待，才能同时理解。世界上不存在抛开其中一个，单独理解另外一个的可能性。因为“圈子”和“篮子”不仅代表了两种社会形态，还是两种风险控制手段。尤其当你意识到我们社会的主要风险是老龄化问题的时候，这两者的对比就特别明显。

当老龄化社会到来的时候，大概有两种解法：一是科技进步，二是通货紧缩。科技进步可以在劳动力减少的情况下，生产出更多的产品；生产出高附加值的产品，占领产业链的上游，通过对外投资，让其他国家的工人为本国生产低端产品，从而解决本国劳动人口下降的问题。通货紧缩可以减少人的欲望，减少相互攀比的焦虑情绪，促使大家进入节约型社会。节约型社会是应对退休人数多和工作人数少的老年型社会最好的办法之一。全社会提倡节俭的美德，主流公众推崇极简主义的审美观。日本大概就是在应对老龄化社会的过程中形成了所谓的“低欲望社会”。而且这种“低欲望”不仅覆盖老年人，还影响了日本的年轻人。

养老问题其实是一种特殊类型的“不时之需的风险”。人老了以后，自理能力差了，他应对不确定性事件的能力也差了，他对医疗资源和其他人的依赖也就增强了。为了应对自己发生“不时之需”（主要发生在年老以后）时“无依无靠”的风险，人期望能够获得帮助，对冲和分散化好像都不起作用。因此，人需要购买保险。我把“圈子”代表的“关系网”和“篮子”代表的“指数ETF”视作两个完全不同的保险产品。这两个保险产品会在不同的社会形态中帮助人们应对发生不时之需时无依无靠的风险。

我们先来看“圈子”。它给了人一系列权力（其实更像是特权），这些权力或者特权，允许人有了更大的发展空间，去实现自己的目标。人由此脱离了、跨越了自己本来所属阶层给自己设定的天然的界限、范围或者障碍。“圈子”又是如何给人带来特权的呢？它一致对外地剥夺非关系网成员本来应该享有的基本权利。要形成这样的默契就要在无形之中给关系网内部成员创造出一种特权。

讲交情和圈子，意味着关系网络在降低内部人士之间的交易费用的同时，也导致群体的封闭性。这就涉及社会学里面消极社会资本的说法。消极社会资本理论表达了四层意思：(1)增加群体之外的人获取群体内相关资源的成本；(2)强化群体内社会关系或纽带的封闭性，阻止群体内成员进一步向外发展；(3)群体内的关系网会牺牲个体自由或正当的权利；(4)在一个规模较小的群体或社区内，通过强化交情和内部约束，容易导致其成员对主流社会产生相对敌视的态度。这些是倾向于社会学的经济学家加里·贝克尔的《歧视经济学》的观点。他从经济学的角度来理解这个问题，最后得到了诺贝尔经济学奖。

圈子是一种保险产品。圈内人致力于维护关系、维系感情、维持交往，就是为了确保自己在“不时之需”时有一种保险。我对你们花的钱、时间和精力是需要你们记住的，就像保险公司收下我交的保费之后会给我保单并对我承担义务。

渔政执法大队Q队长的一番话启发了我，应该把圈子视作一个保险机制。他对我抱怨说，每次他带人出海去打击非法捕捞船的时候，那些有证的合法捕捞船的渔民就会给非法捕捞船的人通风报信。他们还会掩护对方，帮助对方藏匿非法捕捞的渔获。Q队长摇着头说这些渔民真是不可理喻，“我们打击非法捕捞船，其实是在帮他们啊！”看着Q队长一边叹息一边埋怨地掐灭了手中的烟头，我心中倒是产生一轮迷雾。合法运营的出租车司机经常对我抱怨交管部门打击非法运营的“黑车”时，总是嫌交管部门“出手太软，动手太晚”。为什么事情到了海上就变了呢？合法捕捞船帮着非法捕捞船逃避政府执法部门的打击，这究竟是为什么？

我发现，渔民们在海上遇险时会有自发的互助机制。一条船在海上遇险呼救以后，它附近的船只（无论是非法捕捞船还是合法捕捞船）会立即撇下手头的生意，全速赶往事发地点救援。

这是渔民们天然形成的默契。陆地上的情况就完全不一样了。一辆出租车遇到机械故障或者交通事故以后,司机只能打电话给交管部门或者公司修理部门求助。即便是同一家公司的其他司机都未必会停下来帮助他,更不用说那些非法运营的“黑车”司机了。

于是,渔民们会掩护那些非法捕捞船。他们用这种“兄弟情谊”来维系海上遇险时的互助机制。这就是一个保险。Q队长试图让人抛弃保险机制是很难的。因为渔民们在海上遇险以后,港口渔政船即便是全速前进也很难马上赶到现场,最可靠的保障就是附近的其他船只。渔民们即便牺牲自己的一部分利益,承担被渔政部门处罚的风险,也会想方设法地去包庇非法捕捞船,这看起来是维护了兄弟情谊,其实就是为自己购买了保险。

因此,我建议读者从保险的角度来理解人们建立并维护圈子的动机,许多有关人际关系的疑问便会自动消失。有些国有企业已经形成了一种圈子文化。在那里,人们相信“我没有犯错误,你们就不能开除我”。这说明这里有一个互助的保险机制。人们把克制自己不犯错误、不给圈子惹麻烦、不给领导捣乱当成自己给圈子这个互助机制缴纳的保费,他们理所当然地要求有所回报。就像我去年没有违章和事故,今年我就会理直气壮地向保险公司要求一个车险保费的折扣。一个企业变成了互助组织。

王水雄老师给我推荐了几本社会学的专著，讲“单位”制度的。我受益匪浅，但以下内容绝大多数引自王水雄老师给我的“微信函授课程”的内容。我特别感谢他对我的指导。找到一个好老师，就像拔掉了心中堵塞许久的瓶塞子，思想得到贯通，这给我带来极大的欢乐。

第一，“圈子”有“退出难”的机制。

维持关系网、熟人社会、单位小团体或者任何一种互助互保关系，都需要建立一个“退出难”的惩罚机制。一旦你加入某个组织、单位、团伙、关系网或者默契的圈子，你就不能退出。要是你执意退出的话，你就有风险，要付出额外的代价。

“退出难”也可能表现为“加入门槛高”。你退出的话，今后很难再进来了。一般单位都有这个人事招聘惯例，一旦离职，就不再录用。这使得任何人在退出的时候都要多犹豫一下，退出不是无成本的。

由此，有必要特别指出“退出”的重要性。对单位的全面依附，意味着单位成员特别是普通成员不那么容易“退出”本单位，这使得他们在单位里更加服从权威。

圈子内部一定要抑制那些出头的人，因为一旦有人出人头地，他就有脱离圈子单独闯荡世界的可能性，这对于圈子里面剩下的人来说，相当于他们的保险被稀释了。因此，圈子内部还一定要有抑制流动的机制。如果我把人员流动性很低的企业看成一个圈子，那么，平时在单位谨小慎微，不犯错误，就相当于是缴了保费。除此之外,大家还要一起对付那个犯错误的刺头儿,以确保大家的安全。让大家重回“我没有犯错误”的状态,就可以继续在单位内获得庇护,就可以避免被市场的竞争机制所淘汰。

所以,圈子不需要产生技术创新。产生技术创新反而不利于维护圈子。这也同时解释了为什么黑手党们总是控制一些不需要技术创新的古老行业,比如色情、赌博、高利贷和走私。我很少听到有黑社会控制了高科技企业。

第二,“圈子”强调历史记忆和个人情感。它适用的社会环境就相当于是弱式有效金融市场,历史记忆在那个市场形态里是很有效的。或者,我建议读者直接把圈子看成是弱式有效金融市场。在圈子里,历史记忆和感情纽带控制着人的行为和决策:你可以根据历史数据做出一个最佳决策。

我注意到,在那些平时没有社交圈子,做事不讲人情,不顾虑其他人面子的社会里,服务类价格总是很高。这可能是因为每次交易都要结算清楚,把对方提供的商品和服务完整地体现在你支付的价格里,而不是在支付时给一个折扣,然后在自己的记忆账户里给对方记一笔信用额度,以便下一次“回礼”。

“杀熟”现象往往发生在圈子瓦解的过程中。圈子里的老年人相当于住在“弱式有效金融市场”里,向他们兜售保健品和理财产品的年轻销售员就相当于住在“半强式有效金融市场”里。前者以为后者和自己一样会遵守圈子内的规矩,会有历史记忆,会有内疚感惩罚自己。其实,后者完全没有历史记忆,只受当前市场信息的影响。销售员只知道这个产品有高额提成，只知道尽快卖掉就能够凑足自己的首付，只知道卖给熟人是最快的方法。他们没有历史记忆的包袱——但我不想称之为进步。

第三，“圈子”往往成为平庸主义者的乐园。李博士最早指称那些渔码头上的交易市场是具有“黑社会”性质的熟人交易。她说的“黑社会”当然不是公安部打击的那种黑社会，而是社会学意义上的交易的非市场化，或者说交易的内部化和人格化。船老大和他的亲友们当然没有被渔老板绑架。他们更像是被圈子内的潜规则和自己的荣誉感“绑架”了。

为什么夕阳行业容易形成圈子呢？为什么这些行业的人都倾向圈内交易，而且默契地歧视圈外人？夕阳产业究竟是已经穷尽了技术进步的可能性，还是根本就抵触技术进步？他们为了避免被淘汰，就不得不开始采用另外一种游戏规则，这种规则就是“交情”，建立关系网，建立熟人交易体系，建立信用信任和信誉机制。总之，这种圈子就是用保险的手段防范风险，因此，圈子内的人就离不开这个圈子，走不出这个关系网的世界，因为外面不安全，也没有准备好要独立面对充满不确定性的外部世界。所以，圈子里面的人不欢迎新鲜事物。新鲜事物对于圈子来说是扰动因素，造成了不确定性的增加，使得圈内不稳定的因素增强，导致圈内人的保险水平下降。圈子就是用保险，而不是技术进步来应对风险。

完全竞争市场的游戏规则是“效率最高的人活下去”，为此，人需要变成“技术最高的人”。圈子的规则演变成“关系最好的人活下来”。为此，人需要变成“人缘最好的人”。这就类似于“荒岛求生”的真人秀，每周五晚上大家匿名投票把自己最不喜欢的人踢出游戏。整个“荒岛求生”游戏玩到最后，只有一个幸存者，他一定貌不惊人，语气温婉，性格平和，各方面都无比平庸。他是一个大家最不讨厌的人，不是一个大家都喜欢或者最能帮助大家的人。

经过这样的淘汰之后，圈子内部剩下来的人往往都比较平庸，也不怎么追求进步，不怎么向往外部世界。他们对圈子会很忠诚，因为一旦离开圈子，在外面的市场上则很难独立生存。

我参加过国有企业改革的试点工作。在那些多年来人员不怎么流动的单位里，人们对单位的忠诚度最高，他们对现状的满意度也最高。座谈会上，员工们反复强调自己的进厂年份，强调自己把青春贡献给了厂子，强调自己多年来做了巨大的牺牲，强调自己安分守己、老实本分、忠心耿耿且勤勤恳恳。他们当中会有一两个人出头，替大家说出心里话：我们支持这次国有企业改革；但是，改革只能针对增量，不能针对存量；改革只能是“新人新办法，老人老办法”；改革应该让我们这些老百姓得实惠，基层员工的收入只能做加法，不能做减法；我们都支持改革，你们说的那些有效率的事情都对，但是我听不懂；不管怎么样，企业不能甩掉我们这些老员工；企业陷入困境，主要还是上级领导不够重视；民营企业在市场上竞争起来没有底线，我们是国有企业，放不开手脚;我们企业要脱困,上级领导还是要加大对我们的投入,新上几条生产线,把存量资产带起来。我有时候觉得他们事先可能已经开了一个碰头会,推举这几个人用挖苦且挑衅的语言来当刺头儿,他们心里并不赞成改革,当然口头上并不反对。他们根本就不在乎国有企业改革的成败,他们在乎的就是维持他们自己老单位圈子的稳定。因此,他们的语言就是暗示圈子里的人已经达成默契,要向上级领导传递这样一个信息:我们已经团结起来了,我们是不好惹的,你最关心的稳定已经捏在了我们的手里。当这些人说“我们支持这次改革”的时候,并不意味着他们愿意为改革做出任何牺牲。这句话隐含的意思是“我们不会主动冒犯你们,因此,你们也不能动我们的奶酪”。读者可能觉得我是在牵强附会地理解职工代表们的发言。但是,如果你当时也在会议室,那种气氛、环境和氛围会引导你得出与我一致的理解。

在这种氛围中,很难推进任何有实质意义的国有企业改革。对于这类企业,上级国资委如果继续加大固定资产投入的话,其实是“所托非人”,也是很不理智的,很可能造成国有资产在更大范围的损失,因为,这批人不是那种肯“任责”的人。他们表面上勤勤恳恳,实际上无所事事。他们试图用圈子来替代国有企业内部正常的人事关系,他们试图用“稳定”来绑架上级的改革意图。他们是改革进程中最大的绊脚石。

有时候,我们的国有企业改革受制于太多的约束条件,很难真正迈开步子。改革经常受到这些人的制约。领导有时候定了方案却举棋不定,怕捅了马蜂窝。于是,改革在文件和会议之间徘徊,在誓师大会和汇报演出中泛起水花。每次动员大会上,我只要一听到“既要……,又要……,还要……,更要……”这样的句式,我就感觉这次改革可能又是困难重重,很难推进。我有时候甚至觉得,有些地方的国有企业老员工表达对单位的忠诚时,其目的不是拥护改革,而是试图维持现状。他们会翻来覆去地提到他们的历史贡献,他们展望未来时只有对其他人的要求,对上级国资委的要求,他们没有对自己的要求,也不指望自己成为更强大的个体,掌握更多的技能,提高专业水平和操作技能,他们没有个体的进步动力。每当我遇到这些人时,我就感觉国有企业改革真的是到了“在深水区啃硬骨头”的攻坚阶段了。

我和 20 多个小伙子一起下海,离开原国有企业以后,我发现这种对比是很强烈的。年轻人从国有企业员工变成了民营企业的员工(兼股东)之后,他们考虑的问题永远是面向市场和未来的。“谁谁谁最近搞了一个什么新的应用,杀手级的”“把后台业务全部外包,省下几个人来”“自己做一个虚拟流量池,这样电信就不能多收我们的流量费了”。总之,他们考虑的全是如何改进工作和应对竞争的事情。他们从不怀念美好往昔。我相信我和他们一起来到了强式有效金融市场里面,我从他们身上看到了希望。

第四,“圈子”内部会有压力和怨气。“平静的背后无不隐藏着压抑的痛苦。”前面说了圈子容易产生平均主义，这是因为成员退出难，或者是因为退出以后再就业难，因此退出的成本极高。在一个圈子里，不公平感强的成员会发出声音，他们的声音会影响财富分配的导向，从而进一步强化物资分配的平均主义。作为平均主义的副产品之一，就是圈子里面容易产生裙带关系。这是因为那些有权力的人在“圈子”类型的国有企业里无法制造太大的物资资源上的分配差异，国有企业领导和基层职工的收入差距不能太大。所以，某些领导就只能在权力上制造分配差异，而让自己的亲密关系人获得更多晋升机会就是企业的一个特点。某些成员在获得晋升机会上优于另一些成员，这就是圈内怨气的来源。在我参加过的座谈会上，让职工们感到愤懑的问题往往不是本单位和外单位技术水平和市场份额的差距，而是本单位的某某获得晋升、培训、疗养和出国的机会多，大家对此感到不高兴。他们经常盯着周围的人，很少去看单位以外的社会。

著名社会学家戈夫曼说：“一般来说，由几个不同的参与者所确立的各种情境定义，足以相互协调起来，以致不会发生公开的冲突。我这样说并不是意味着会产生如下的一致性，即每一在场的个体，都坦率地表达出他的感受，真诚地同意其他在场人所表达的感想，这种和谐是一种乐观的理想，不管怎样说，它不是为社会活动的顺利运行所必需的。毋宁说，社会要求每个人都能抑制一下他的内心感想，表达出他感到他人至少能暂时接受对情境的看法。”在分析改革开放前的单位制度时，郑也夫指出，由于一切物质利益只能从单位获得，且单位“把本属于社会的生机勃勃的生活固定在单位中，并将个人努力与社会地位的晋升牢固地系结在一起”，因此，单位成员全面依附于单位。在心理层面，由于单位分配事项过多、过细，成员对生活不如意也不免“统统凝聚和发泄在单位上”，使得“单位制度普遍拥有的功能是造就人们对本单位的不满和仇恨”。

第五，“圈子”有制造内部忠诚的机制。单位社会还通过政治或社会运动“制造”对更广泛的社会系统的“忠诚”或迷信，只是这种“忠诚”或迷信落实到单位内部，便很容易导致单位成员之间的陌生感和整个单位中陌生因素的增加。具体而言，单位外刚性的标准会被单位内的部分成员亲近和利用，导致另外一些成员被视作“异类”，甚至“被退出”到单位之外；即便不是如此，也势必会形成一批“忠诚、积极”的成员与“不忠诚、不积极”的成员之间的对立。单位内分化的结果，经外来力量稍加确认，就能导致单位内权力和资源分配结构的改变，陌生因素及成员间的不信任感也就产生了。

第六，维持“圈子”需要适度开放。

内部盛行“平均主义”“亲密关系”并“相互牵制”的单位往往与“技术停滞”现象共存。不过，也需要注意到，在“平均主义”“亲密关系”和“相互牵制”的社会，创新的扩散往往也是非常快的。因为，技术创新的获利空间非常大，从而只要有机会也会有人去力推新技术，让技术获得一定程度的进步。哪怕这样的社会不一定自己创造新技术，却完全可能从外界引进新技术。所以，导致“技术停滞”的，可能不是“平均主义”“亲密关系”和“相互牵制”，而是取决于这个社会中主导着与外界联系事宜的人，他们的思想观念、他们对新技术是否持足够开放的态度。改革开放前和改革开放后，有些国有企业内部的“平均主义”“亲密关系”和“相互牵制”现象在根本上没有发生实质变化，但技术上却有长足进步，并让整个社会大面积获益，可能关键就在于此。

第七，喜欢混圈子的人也喜欢等级。他们觉得自己能够混入某一个圈子就是人生的成功，仿佛自己已经高人一等。他们特别希望自己能够进入更高级别的圈子，认识更高级别的领导，这样他们就能够获得更大的特权，动用更大的资源。

混圈子就像走捷径。人一旦陷入圈子或者关系网，也同时陷入“走捷径”的思维模式。这就意味着他遇到困难首先不是想着“开大门、走大路”去解决问题，也不会发明创造新方法解决新问题，而是求助于他的圈子。他会说一些情真意切的往事，以便唤醒对方的历史记忆；或者说一些不着边际的花言巧语，以便激发对方的荣誉感。最终，他会让别人替自己解决眼前的麻烦。

这个认识对我的投资决策十分有参考价值。我从前带过的研究生宋辉炯从事股权投资工作。他曾经告诉我，如果企业家在向他介绍融资方案时吹嘘自己有关系、有人脉、有圈子或者有背景，他就下定决心不能给对方投资。在他看来，遇到困难先想着到圈子里去找资源的人，不是那种创造型的企业家。

以上就是我的社会学老师王水雄教授在几个月的时间里陆陆续续用微信函授给我的指导。

亲爱的读者，我无意干涉你的私人生活，但是，容我插播一条与本节内容相关的人生建议。如果你正在谈恋爱，而你的女朋友总是不断提醒你，谁谁谁对她更好更好；或者告诉你，她为你付出了多少多少。总之，她让你觉得愧疚，让你感觉自己有罪，无论你做什么都感觉对她还不够好，这就说明你对她再好也没有用，她正在使历史记忆成为你的思想包袱，以此来操纵你。这还说明她生活在弱式有效金融市场里面，因此，她不是一个能够与你共建美好未来的人。

我还想和读者分享一下我的三个小窍门，用来识别一个地方的人们是否有"小圈子文化"。第一个窍门是观察交通。如果我看到这个地方的司机在开车过路口的时候会主动停下来让行人先走，那说明这个地方市场化程度很高。这个地方的人强大而独立，他们认为自己可以且应该帮助别人。如果一个地方的司机不给行人让路，那我就判断此地有"小圈子文化"，市场化程度不会太高。其中的原因其实很简单，"小圈子文化"会导致一个人对圈内人特别热情和谦让，与此同时，圈内人就会对陌生人特别提防和敌视。那些独立的人、追求自由的人，没有小圈子，他们是个体强大的人。他们对陌生人友善，对亲戚朋友反而不太热情，也不经常走动。他们会有天然的同情心，会礼让陌生人。第二个窍门是观察人们对隐私的敏感度。如果一个地方的人们对于隐私不那么在意，说明他们可能是受圈子文化影响的。因为在一个圈子里面，天然就有相互监督、相互举报和相互制约的机制。这种机制需要人和人之间关系很密切，且熟悉到对彼此的情况都知根知底的程度，所以也就没有隐私的概念。这个地方的人们早就习惯于街坊邻居知道自己家里的一切事务，因此，他们就不那么在意隐私保护了。如果一个地方的人相互之间都保持距离，各顾各的，平时少来往，有事情的时候找律师，而不是找熟人帮忙，他们就容易对隐私问题十分敏感。一般来说，如果一个地方的人们对隐私敏感，那个地方的科学技术也比较进步，反之则落后。第三个小窍门是观察一个地方的人们是否虚荣心很强，看他们是否爱炫耀。“炫耀”这个词天然就意味着有一群围观的观众。一个人在朋友圈显摆之前，他一定已经建立了一个朋友圈。这个朋友圈就是他的小圈子。他渴望得到他们的肯定，依据别人对自己的评价来确定自己的成败。他既不知道自己真正想要什么，也不知道自己内心真正想成为什么样的人。他已经迷失了自己，只知道自己在小圈子的相对位置。

分析了圈子之后，我现在来讲讲“篮子”。

我把陷在圈子里的人视作待在弱式有效金融市场里面的人，把脱离圈子走向市场独立发展的人视作在强式有效金融市场里生存的人。弱式和强式的市场都可以买到保险来克服风险。在强式有效金融市场上，人们可以购买一篮子股票（即指数

ETF)作为养老保险,来克服退休后发生不时之需的风险。

养老金账户里面的指数 ETF 应该被视为一个不需要持续投入精力和资源去维护的关系网、一个公用的关系网。每个人都可以使用的公用关系网不依赖于个人的魅力与经营,也与人际关系无关。脱离了私人关系网的社会反而是一个公平的社会,为每个人提供了公平的发展机遇。这样的社会组织形态并非不注重人情冷暖,而是更重视人人机会均等,并让每个人清楚地意识到:"依靠自己的力量去改善自己的生活是自己天然的责任。"这个社会看起来只注重金钱交易,人与人之间关系冷淡。其实人与人之间关系的冷淡不是否定人与人之间的亲情和友情,而是否定个人利用关系网而投机取巧的行为。

美国人的社保和养老金账户俗称"401K"账户,这个古怪的名字是用国会当年通过法案时的编号命名的。截至 2019 年底的统计数据,52%的美国人已拥有股票,且主要是通过"401K"账号持有股票。这个"401K"账户和平时美国散户炒股票的账户有一些区别,主要就是每月投入"401K"账户炒股的钱可以在个人所得税税前扣除,平时炒股盈利也不用缴纳资本利得税,除非你在退休前就从里面取钱。

在强式有效金融市场上持有一篮子股票相当于买了一份养老保险,其效果就像在弱式有效金融市场所在的社会里编织了一个关系网。你不用担心指数 ETF 会破产和退市,篮子里的成分股基本上是市场上有代表性的好公司。这些公司盈利后不会只给管理层这个小圈子享用,而是按照公司治理的规范尽可能多地向全体股东分配利润,有些绩优股还有每个季度固定的股息。这样一份“养老保险”的好处之一就是你不需要花心思、时间和感情去维系一个关系网。由此,你就有了更多的自由时间和发展空间。

你每个月往“401K”账户里面注资购买一篮子股票(指数ETF)的钱,就类似于你每个月用于维持关系网和小圈子的费用。为什么说“篮子”比“圈子”好呢?我可没有说过这话。这两者是无法直接进行比较的。因为你要么待在弱式有效金融市场里,要么待在强式有效金融市场里。前者适合用“圈子”来保障,后者适合用“篮子”来保险。这就像我无法证明裙子比大衣好看一样。夏天和冬天各有一番风情。所以,下面的比较和论述不会指向任何有倾向性的结论,只是引导大家看待不同类型的市场。

你有两个养老计划:第一个计划是你现在开始每个月请朋友们喝一次茅台,他们也都是重感情、讲义气的人,他们会记得你的好,他们会在你退休以后回请你。只要有这群朋友,你退休后每个月仍然能够喝到茅台。第二个计划是你现在开始每个月买茅台股票,等你退休以后,每个月拿出来抛一部分,自己买茅台喝。你现在应该请朋友喝酒还是买茅台的股票?这不是一个消费和投资之间最佳比例的问题。这个问题的正确答案只有一个,那就是尽快戒酒。因为沉溺于酒(哪怕是茅台那样的好酒)

也就相当于你背负了一项义务:不断地买酒的义务,只不过是买了自己喝而已。但是承担更多义务对你的人生价值是一种损失。现实生活中,你并不需要面对这样的选择。因为你根本就没法选择自己所生活的社会是什么形态。如果你生活在一个圈子文化盛行的社会里,你当然就会维护"圈子"以获得保障;如果你生活在一个盛行个人主义的社会里,你当然就会投资"篮子"作为养老保障。这都是个人根据自己所处社会环境做出的自主选择,根本不需要财务专家来帮你规划。

那么,篮子里为什么是股票而不是房产呢?没有人问我这个问题。这是我的自问自答。我仔细想过这个问题,从美国养老保险市场的发展历程来看,选择标的物的关键还在于全社会经济运行方式究竟是依靠效率的提升,还是依靠杠杆的提升。

从"婴儿潮"一代人来看,在他们进入工作年龄时,美国经济正处于工业化后期和信息化早期。等到他们这一代人退休的时候,美国股市迎来了一轮巨大的牛市。对于"婴儿潮"这一代人来说,他们的养老金很大程度上是靠投资股市盈利的。相对来说,房子很难提升劳动生产率。20 世纪 50 年代建造一幢有 3 个卧室的独栋别墅所需投入的劳动力以工时计算,到了 20 世纪 90 年代,劳动力不仅没有下降,反而提高了 20%,这主要是因为房子的质量和配套设施有所增加。这就是说,美国的建筑业在这 40 年时间里面也许有技术进步,但几乎没有在工时这个指标上取得效率提升。如果我把房子看成美国劳动力的 ETF,那么,这40年来,一栋房子的价值只是随着每小时工资水平一起上涨。考虑到美国地方政府要收取房产税,保险公司要收取保费,持有房地产在美国大概只能保值而很难升值。相对来说,标普500指数ETF在这40年间,构成该指数的成分股公司的劳动生产率提高是很明显的。尤其是信息技术革命开始之后,这些公司的资本回报率提升水平远远高于单位劳动力成本的增加,也就是说,他们用更少的人实现了更高的资本回报。这个社会选择了以效率提升为经济发展的主线,这也是股市上涨的根本动力。

读者一定发现了上面的论述有逻辑漏洞。如果美国建筑业的劳动生产率在这40年间下降的话,美国房产反而会更大幅度地增值?如此岂不是鼓励落后生产力了吗?这就回到了《市场本质》的核心部分,关键是你生活在一个等级社会还是一个自由社会。在等级社会里面,你需要有更多的人为你服务,这样就提升了你的社会地位。你并不在乎这些人的感受和效率。有时候,建筑业本身的劳动生产率没有提高,但是房价依然上涨。房子可从来不是用成本法来估值的。房子在涨,这个事实告诉了我,硬币的另外一面就是更多的年轻人在努力凑首付。同样一套房子要么需要一个年轻人终其一生,工作更长的时间才能凑齐首付;要么需要更多年轻人同时为之努力固定的时间才能凑齐首付。总之,相对于房产价格来计算的话,这个社会其他行业的劳动生产率是下降的。举例来说,建筑一套房子需要1 000

个工时，但是它的售价却高达 10 万个工时。这个社会需要其他行业的人长时间工作或者大量的人同时工作才能凑足 10 万个工时。因此，以房养老的基本假设前提是这个社会未来会有更多的年轻人为了凑首付而工作更长时间。为满足这个前提，我们需要其他几个要素：年轻人越来越多；其他行业的效率低下，因而需要更多的年轻人在同一个岗位上重复劳动，工作更长时间。效率低下会同时导致这个社会的房产上涨而股价下跌。

对于以房产为主线来安排养老的社会来说，有两个主要的风险：第一个风险就是老龄化。因为在老龄化社会里，我们很难找到更多的年轻人去为一套房子工作更长时间。估值的变化不是房子本身的问题，而是人的问题。你是一个老龄化社会里的二手房房东，意味着愿意为了你手里的二手房努力工作的年轻人越来越少了。到那时，房产估值的基础假设前提就会发生根本性变化。请回忆本书的主题：估值就是人与人之间的关系。请想象一下：在一个社会里，房子非常贵，而且保持长期上涨，且涨幅超过同期股指和工资的涨幅。这就意味着这个社会的下一代年轻人要投入更多的工时才能买得起房子，这也相当于需要有更多的年轻人同时投入工作。对于一个社会来说，这类似一个自我遏制人口增加的机制。年轻人数量的增速总有一天会落后于房价的涨幅。那一天到来时，房价的估值体系就得适应新的变化了。因此，我特别赞成和拥护中央提出的“房住不炒”的主张。我认为这不仅是一个正确的主张，对于某些人来说，还是一个及时的劝谕。对于持有房产的老年人来说，需要有更多的年轻人为自己工作——这就是养老的本意。房子就是这场游戏中使用的棒球。年轻人为了买房子就会努力工作，老年人抛出房子就可以使得老年生活得到更多的保障。但是，老龄化社会意味着持有房子的老年人太多了，有房子的年轻人太少了。这就相当于如果80%的散户都满仓贵州茅台的话，那么这只股票一般来说会跌得很惨。没有一种资产可以一劳永逸地把整个社会的绝大多数人送入高枕无忧的自由王国。大自然的游戏永远是让一部分幸运儿莫名其妙地富裕起来，然后大家以他们为楷模，努力工作，赚钱投资，希望过上好日子。等大多数人都这样做了，游戏规则又变了。总之，我们中的绝大多数人到老也不能改变自己的命运。整个社会不可能变成倒金字塔型，上层社会不会站满了人。普通人站得密密麻麻的地方，不可能是首都机场贵宾厅休息室，只可能是地铁四号线北京南站的站台。

对于以房产为主线来安排养老的社会来说，第二个风险就是效率改善。如果一个社会的各行各业都注重提高劳动生产率，那么，更少的年轻人将赚更多的钱，因为他们掌握了更先进的生产技术和更高效的组织效能。这些年轻人的地位就会比较高，他们所服务的公司的股票就会长期上涨。因此，以房产为主线的社会一定要克服这个风险。防止各行各业采取减员增效和技术进步的最好办法就是用资金去“关爱”他们，或者说，把他们都关在Martingale的世界里，让银行不断给他们提供贷款，全社会的杠杆水平越来越高，就相当于一个人待在 Martingale 世界里不出来了。只要他们还能借到钱，继续加杠杆还能进行下去，就不会有人动脑筋去搞科技进步。毕竟，科学探索太痛苦也太艰难了。只有当杠杆不能再加了，银行只收贷款不给展期了，人们才会被迫实现科技进步，提高效率。并不是央行提供了充裕的流动性，导致房地产在大水漫灌的货币政策中水涨船高，而是央行提供了充裕的流动性，使得企业家在永远能够展期的 Martingale 世界里过着灯红酒绿的幸福生活，从而导致各行各业都雇用许多人，借许多贷款，扩大许多倍的规模，可就是没有人考虑提高效率。各行各业的效率低下，确保了房地产的价值。而房地产上涨，又驱动央行投放更多的货币。这就是另外一种游戏了。我把它称之为"勇敢者的道路"。那些最敢于借钱的人，在这个社会中的地位最高，他们在这个游戏中使用的棒球就是房地产。

在《市场本质》中，我把市场分为"等级社会"和"自由社会"两类。现在，我想进一步简化问题。我相信这两者分别与"弱式有效金融市场"和"强式有效金融市场"相互重合。也许这两者之间不像卫星定位下的数字地图那样精确，但至少像月光下的小路，使你能够沿着这条路走回家。在等级社会里，人们希望晋级更高等级，以便有更多的人为自己服务。他们希望自己手里的房子上涨，而且希望其他行业劳动生产率没有提高，这样就会吸引更多的年轻人为买房而努力工作，从而提升自己的相对社会地位。在自由社会里，人们强调的是个人的享受、发展和进步。因此，他们注重提升效率，以便各个行业都用更少的人去做更多的事情，这样就把更多的人从繁重的体力劳动中解放出来去开创更多的细分行业，从而为自己提供了更多的选择，有利于自己实现更高水平的发展，实现人的进步。那些最善于提高效率的人在这个社会中的地位最高，他们在这个游戏中使用的棒球是股票。

包括我国在内的许多国家的社保基金都持有大量上市公司的股票。如果一个国家进入老龄化社会而养老金出现缺口，这时候社保基金需要抛售股票吗？需要央行配套印钞票提供流动性以便社保基金抛售股票获得资金吗？不，我们需要的是全社会劳动生产率的提高，节约人力才能应对老龄化社会。如果我们一手抛股票、一手印钞票的话，那只能使得事情变得更糟。因为，在一个老龄化社会里，印更多的钞票并不能驱动更多的人去干活。日本在 20 世纪 90 年代以后的经历证明了老龄化社会印钞几乎没有什么用处。

20 世纪 70 年代早期，美国“婴儿潮”一代人集中参加工作的时候，股市处于滞胀期。到 20 世纪 90 年代后期，“婴儿潮”一代人开始集中退休的时候，美股正好迎来大牛市。这令我沉思很久。我不认为牛市是由“婴儿潮”一代人用工资买股票推动的，因为时间对不上。在那个滞胀的年代里，工会捣乱，政府开支无度，预算失控，保护主义盛行。总之，当时美国的劳动生产率是很差的。

我有一种迫切的感觉，如果我国未来进入老龄化社会的话，我们最好的应对方法就是现在推进国有企业改革。老龄化社会解决养老保险问题需要提高劳动生产率。高效率的企业自然会得到更高的产出和更高的市场估值。支持更多的人在退休以后享受财富的基础不是更多的货币投放量，而是更高的经济运行效率，不仅要考虑全国社保基金的持股增值，更要考虑在全社会建立一个激励效率提升的估值体系。这样一来，你和我的退休计划就都有了保障。

因此，我对于国有企业改革的问题特别热心，这也是我写作这本书的初心。国有企业不应该成为内部人的小圈子，而应该成为全国人民养老保险的大篮子。我记得 40 年前有一个关于苏联国营工厂的笑话："他们假装给我们发工资，而我们假装在干活。"这当然是一个笑话，而且说的未必是实情。如果这个世界上真有这样的工厂的话，我想这个工厂里面一定效率很差，没人"任责"。这样的工厂可能还不断凭借国有身份而获得国有银行的贷款。在贷款到期之后，工厂很难靠经营现金流偿还。于是有关部门从维护稳定的大局出发，召开各方协调会。贷款往往会自动展期，或者"凭空创造"一个新项目和新理由来置换它原来的贷款。等所有贷款都消耗完了以后，国家还会注入资本金。资本金扩大以后，上述循环又可以重新开始了。这样的工厂就没有"时限"带来的压力。如果这家工厂的员工还不流动，几十年如一日地待在同一个单位，相互之间彼此密切互动，相互关照，组成圈子，对外强调历史贡献，对内强调平均主义，这样的工厂一定也就没有科技进步的动力，也一定没有“效率”。持有这个工厂的股权，无论是国资委还是普通公众，都无法获得回报，也无法对冲自己退休后“应对不时之需”的风险。这个笑话当然是我“凭空创造”出来的，表达了我对未来国有企业改革的关切，并不表示我对国有企业现状的批评，也不表明我对于当前国有企业改革进度的不满。

我现在对股票和房产的看法已经有了变化。我不再认为它们是两种资产了。我认为它们是两种机制、两种游戏，分别维持着不同社会的运转。

要实现科技进步，整个社会就要崇尚效率提高。当一个社会以效率改善为基础构建其价值体系时，股票就被用来作为构建整个体系的重要组成部分。我们不能把股票想象成一桌丰盛的美味佳肴，股票只是一本令人垂涎三尺的菜谱。要吃到那些美味佳肴，还需要我们卷起袖子去厨房动手参与这场“效率游戏”，而不能只是等待。政府要严格保护中小投资人的利益，要反对市场出现的垄断巨头，要防止不正当的竞争行为。普通人不能只看 K 线图炒股，而是要积极参与公司治理，约束管理层，防止他们形成内部人控制的小圈子。全社会形成一种风气、一种文化、一种生态系统。上市公司的治理不会一蹴而就，不会因为有了法律和公司章程就自动变好了。美国资本市场上的公司治理也是经历了各方多年的实践之后才得到改善的。现在，从普通投资人到上市公司的高管都认同这个信念：上市公司的最高职责就是为股东创造利益，偏离或背弃这一职责的任何行为都是无效且非法的。这个信念是慢慢形成的，来自两个重要判例，分别是 1986 年最高法院判决的 MacAndrew 和 Forbes 诉 Revlon 公司案，以及 2010 年 Craigslist 诉 eBay 公司案。两家大公司都因为鸡毛蒜皮的小事得罪了小股民。这些判例现在深入人心，成为大家自觉行动的惯例。

我在发改委工作期间曾经参加过"燃气轮机高温涡轮叶片产业化小组"的工作（我只是一个穿针引线的协调员）。我曾经向许多专业人士请教过同样一个问题，而且都是在我和他们熟悉了一段时间以后，并特意选择在一个相互都能推心置腹的场合，我才发问的。"为什么我们国家的发动机技术长期落后？"年轻人一般回答，"时间不够，我们真正奋起直追的时间太短。"中年人一般回答，"经费不足，国家过去有一段时间对这个项目不够重视。"老年人一般回答，"文化不对，造燃气轮机需要一丝不苟的文化，相互之间需要较真，只讲规范和数据，不能一团和气相互客气，不能讲面子和人情。"随着年龄的增长，我越来越发现老同志们说得对。文化一旦形成，就如同风俗习惯一样难以改变，而且会持续影响几代人。仅仅依靠领导重视和财政拨款，很难从根本上扭转一个地方的文化。

从人类早期的历史来看，科技进步是脱离了酋长和国王统治的人，为捍卫自身的独立地位，并实现更大的自由和发展而采取的风险防控措施。科技进步不是资金投入的结果，而是人追求独立、自由和进步的结果。

我对于国有企业并无抱怨和偏见，而是充满了热切的期待。我们有大量的存量国有资产，如果只是为了维持稳定而不断地推迟改革，不断地由国有银行给予贷款，那么，这些资产最终将成为未来更大的包袱。我们应该积极推进国有企业的人事制度改革，包括用工制度和激励制度的改革，实现国有企业单位性质的去行政化和国有企业员工身份的去终身化，打破原有的小圈子文化，引进市场化的竞争上岗机制。这样的话，国有企业将成为科技强国的主力军。

如果某些人口专家预测准确的话，我国将在 21 世纪中叶前后进入老龄化社会。我之前已经反复论述过，应对老龄化社会只有两条道路：一是用科技进步来提升效率，用更少的人来生产更多的东西，大家的生活水平还会提高；二是用通货紧缩来节约开支，大家都学会节衣缩食和省吃俭用，减少欲望和需求之后，也能熬过去。通货紧缩不会平白无故地到来，发生通货紧缩之前，一般已经经历了资产价格泡沫的破灭，可能还有金融机构倒闭带来的危机。以前无论多高的利息大家都抢着借钱，借到钱就能够买房子，买到房子就赚到钱了。通货紧缩以后，无论多低的利息，大家都不肯借钱。无论如何，科技进步比通货紧缩要光明得多。

有人说我杞人忧天，央行可以印钞票维持社会稳定，根本不需要担心。但是，印钞解决不了老龄化社会的问题。我在《货币起源》一书中论证过，印钞票就是向未来借时间。时间让我们更从容不迫地解决我们现在手头的问题，但也对我们的改革成果提出了更高的要求。印钞票本身不能解决问题，它在给我们时间的同时，延后并放大了我们的问题，使得我们今后面对更大的挑战——就像还没有走出 Martingale 世界的赌徒，他一定已经债台高筑了。我们只有下决心从根本上处理掉风险，才能维持系统的长期稳定。科技进步提升效率，这才是根本的出路。

估值生态论

在资产游戏的过程中，全社会推广了美德，

实现了秩序，鼓励了人的进步。

追求自由的个体自愿结成同盟，共同提升全社会的福祉。

估值实现了社会与个人相互促进的正循环。

我之前给读者打过招呼了，将把艺术品比喻成棒球比赛观众席上的热狗。

请大家刷新一下棒球比赛的记忆。如果此时的比赛波澜不惊，没有任何激动人心的事情发生，球员们没有精彩的表现，也没有令人激动的好球，你可能就不想买一根热狗。如果比赛精彩连连，比分咬得很紧，双方打入了加时赛，你一定紧张地跺着脚，很想来一个热狗。艺术品就像是观众席上流动小贩卖的热狗。

本章不是专门讨论艺术品估值的，我打算讲讲整个估值生态体系。如果没有棒球比赛、没有竞赛规则、没有明星击球手、没有意外的本垒打、没有电视机前的观众、没有场外的赞助商、没有热心的球迷，也就没有现场看台上紧张、焦虑的观众，当然也就没有卖热狗的小贩，最终也不会出现“在职业大联盟现场带着儿子吃热狗”这种文化现象。

这是一个生态系统。估值是这个生态系统里面驱动人去做各种事情的动因。有时候，这个动因从表面看是经济上的理性选择，实际上是生理上的必然选择。估值与生态系统的关系类似于秩和矩阵的关系。你可以把估值看成一个生态系统或者一个社会体系中的特征、指标、风气、方向和灵魂。

几乎可以肯定，你在看台上买到的热狗一定比超市卖得贵，而且比妈妈做的手艺差。但你就是会在那个场合买一个热狗，而且很有可能是你吃过的最享受的热狗。为什么？如果我试图用理智去理解你的动机，我就已经误解了你的动机。那个买热狗的决定和你当时身处比赛现场的激素水平有关。贝多芬曾经对弹奏自己乐谱的学生说，“你弹错几个音符无关紧要，但如果你演奏时没有激情，那就不可饶恕了。”

我当然不是暗示好吃的热狗和好听的音乐同源于人类的激素。我在想着这些问题：比赛精彩程度是怎么衡量的？是由职业棒球联赛训练部指导小组制定的标准，还是由你体内的激素水平决定的？如果棒球队在按部就班地训练，为什么观众就不爱吃热狗了？训练就像是时间永续的 Martingale，队员们永远有时间来弥补错误，纠正犯规和改进动作。如果比赛完全按照预期乃至按照上级指定的比分进行，那就相当于来到一个各个阶层已经稳定的社会，你也不会想吃热狗。你之所以兴奋，是因为赛场上常有精彩的意外发生。这才是真实而伟大的比赛。

如果一个国家的央行不断印钞票(就是向未来借时间)来挽救陷入困境的金融机构，这个地方的棒球比赛就像是在 Martingale 世界里训练彩排，没有人认真玩下去，观众也不会有兴趣看下去，那么这个国家的艺术品一定缺乏想象力和创造力。

如果一个社会穷尽了社会分层的动力，穷尽了时间刺激和杠杆，开始用科技进步提升经济运行效率，才会有文艺的繁荣。我把棒球比赛看成是科技进步，比赛越是精彩，看台上的热狗卖得越好。我把艺术排在科学之后，并且把科技进步设置为艺术繁荣的前提条件。贝多芬一定是反对我的，因为他说过，“ Do not only practice your art, but force your way into its secrets, for it and knowledge can raise men to the divine”(不要只是练习你的艺术技能,而是要追求艺术中最迷人的部分,这种追求会产生知识,并把人带向神圣)。贝多芬看到了艺术对于人性有巨大的提升。我相信他一定会赞成前文有关科技提升效率的论述的,因为我是带着激情写的。

在一个自由社会,“科技与效率”以及“艺术与人性”是两个相互促进的正循环。人性的提升使得人拥有了科学的头脑和宽阔的视野。人的进步最终体现为科技进步、文艺繁荣、全社会的效率改善和文明程度的提高。一个自由社会不仅会诞生科学技术,还会出现文化艺术的繁荣。

为什么在圈子文化盛行的社会里,既不容易诞生科技进步,也不容易出现艺术繁荣?在圈子里,你依靠互助克服风险,因此不需要科技进步。在圈子里,你需要取悦的人太少,因此也不需要展现极高的艺术才华。

在一个自由社会里,无论人民享有多少自由,他们都觉得自己还不够自由,感觉自己的行动处处受到政府的无端限制,自身的发展遇到“瓶颈”。这是因为他们本来就热爱自由,因而对任何不自由的事情十分敏感。一个自由社会并不会自动带来科技进步,但那里的人们总是感觉不自由。他们为了实现更大的自由,不得不想方设法通过科技进步的办法实现更大的自由。所以,关键不是自由社会的法律、风俗和制度,关键还是热爱自由的人民。在一个自由社会里,艺术家要千方百计、想方设法和竭尽所能才能取悦更多的观众,这才是艺术繁荣的根本。

观众自由是文艺繁荣的根本原因。有人认为艺术自由主要是艺术创作自由,仿佛艺术创作自由是艺术家们的特权。他们认为,艺术家自由了,就能够自由发挥创造出更好的艺术作品,然后这些艺术作品就能够提升社会公众的艺术欣赏水平。这是对艺术和自由的双重误解。我认为,艺术繁荣主要来自观众的欣赏自由、表达自由、批评自由和选择自由。只有当普通人有了个人自由,社会公众的艺术水平才能提高,艺术家才能创造出更高水平的艺术作品。

基于这样的认识,我不太呼吁保护艺术家的创作自由,我提倡普通人要积极捍卫自己的个体自由,提升自己的价值。只要人的价值提高,人的自由扩大,艺术自然而然就会走向繁荣。棒球比赛精彩纷呈,你才会去买热狗。科学极度繁荣之后,才有艺术的繁荣(这个过程往往伴随着女性地位的提高)。

进化史为我们理解人类的艺术创作提供了一条很重要的线索:激素。我们在艺术欣赏的过程中产生多种激素,这是我们产生愉悦体验的根本原因。它使我们在运动后不那么痛苦,让我们在欣赏艺术品时产生欢快,让我们的免疫系统处于活跃状态,让我们保持积极向上的乐观态度。其他灵长类动物只能季节性地分泌性激素,由此,它们的雌性有明显的发情期,以便通知雄性尽快和其他雄性打斗去争夺交配权。而人类已经高度进化,各种激素参与了人生活的方方面面，提升了人的体验，其中就包括艺术欣赏。

在大猩猩的群体里，银背大猩猩是一家之主，是一切事务的主宰。如果人类社会是一个类似于大猩猩群体那样的等级社会，不太会有人照顾别人的感受，为对方提供美和愉悦的体验。在等级社会里，我们经常见到暴力执法和恭顺服从，而不会有丰富的人际互动和繁荣的艺术创造。因为，在那样一个社会里，你根本就不用取悦其他人。你只需要服从银背大猩猩这一个大家长就好了。

在巴诺布猿的群体里，雌性的地位很高。它们的个体之间有着丰富的互动游戏。一个自由社会里，人与人之间更平等一些。为此，无论你做什么事情（竞选参议员、推广新牙膏、募集球队赞助等），你都要想方设法去赢得别人对你的支持和好感。这时候，你的受众的多巴胺水平就显得很重要。你要用丰富多彩的、出人意料的、绚烂惊艳的艺术作品去取悦对方（其实就是刺激他的脑垂体，使其产生更多的多巴胺），使他在激素的作用下，冲动地做出对你有利的决定。归根结底，对方的社会地位至少和你一样高，你不能用暴力要求他服从，你只能想方设法地吸引他的注意，诉诸他的同情，争取他的支持，尊重他的意见，挽留他的赞助，抬高他的眉毛，让他感觉眼前一亮。总之，你要取悦对方就要提升他体内的激素。人会记得自己上一次激素水平升高的体验。如果这种记忆与某种体育运动或者艺术欣赏相关联，那么,人就会喜欢这项运动或者这件艺术品。

因此,在一个“把人当人”的自由社会里,艺术作品一定是繁荣的。社会上有形形色色的人,他们的社会地位普遍都很高。于是,为了取悦他们,就必须发展出形形色色的艺术作品。而在一个把人当奴才的等级社会里,艺术作品一定缺乏想象力。艺术家们只需要取悦帝王将相等一小部分人就行了。

在有些西方国家,艺术家的社会地位似乎很高,甚至比一般人都要高一些。成功的艺人还能赚很多钱,过着纸醉金迷的奢侈生活。人们在乎自己的享受才会给艺术家一个更高的地位。人们在乎的是他们自己。并不是因为自由社会对人权的保护特别严格,而是因为这里的人民更“自私”,他们热爱自己。他们喜欢享受,他们保护自己,他们重视自己的体验和生活质量。由此,他们才会采取措施去保护别人,保护环境,推崇艺术,追求科技进步,才有更高的经济发展水平。自由社会是一个人人爱自己的社会。他们对自己的定价最高,然后才集腋成裘,把社会上的需求汇总起来形成对艺术家和科学家的推崇。归根结底,人值钱的地方,艺术和科学才有价值,因为这两者都是为人服务的。一个地方如果人不值钱,人的基本尊严遭到践踏、人的基本权利遭到侵犯,那么这个地方单独提倡科学和艺术是行不通的,无论政府多么重视,投资多少钱,都不能促进艺术的发展,也不能提高科学的水平。

因此,并不是经济发达了以后,国家和政府才有钱去扶持艺术。艺术繁荣和经济发展之间没有因果关系，它们是同一个原因的两个不同的结果，那个共同的原因就是热爱自由的人们。热爱自由的人们推动了科技进步，由此提升了经济运行效率，并带来文学艺术的繁荣。

所以，我认为艺术品的价值源于观众有了更大的自由和更高的地位。如果人都没有价值，被当成工具和奴才，那么，艺术品又有什么价值呢？因此，我强调保护社会公众的欣赏自由，而不是保护艺术家的创作自由。自由不是一种特权，不是一种恩惠。它既不能被给予，也不能被剥夺。自由就是一种与生俱来的自觉实践和自我提升，它带人走向更高的文明。

请读者注意，本书所说的自由并不是法律意义上赋予人更大的选择权和不受惩罚的行动便利。我说的自由是人争取实现更好自我的内在驱动力。因此，在我看来，自由不是上帝降临在我们身上的恩惠，不是国王恩赐给我们的特权或者法律赋予我们的权利，而是我们成为更好自己的生物本能。从这个意义上讲，我们要每天都积极向上，去成为一个更强大的人，去争取更大的发展空间，并和其他争取进步的人形成共同捍卫自由的默契。只有这样，我们才能享有自由。

比特币的估值

1973 年，费雪·布莱克、迈伦·舒尔茨和罗伯特·默顿凭借灵感，找到了期权定价法（后世称为 BS 公式），写下了金融学历史上里程碑式的篇章。从此以后，我们能够用公式、模型和变量来表示期权的价格。但是，高兴的劲头只有一瞬间，问题随之而来。BS 公式中的几个变量都容易从市场上观察到，唯独代表未来不确定性的“波动率”这个变量无法直接从市场上观察到，我们要用其他办法去推算这个波动率，推算出波动率以后，再代入 BS 公式，才得到一个期权的理论值。如果你确信自己找到了正确的波动率，那么当期权理论值和实际交易价格不同时，你就可以下单做多或者做空其中的一个，捕捉这两者之间的差价。读者一定已经发现了这个公式的尴尬之处，过去我们需要自己推算期权价格，现在我们需要自己推算波动率水平。

如果你运气足够好的话，那么你会推算一个准确的波动率，然后用这个公式赚钱。但是，绝大多数情况下，你凭自己的本事找到的波动率并不是这个资产在未来一段时间真实的波动水平，你可能连波动的方向都搞反了。因此，BS 公式推出以后，并没有提高投资人的实际回报，只提高了我们对他们三位金融学奠基人的敬佩。其中，罗伯特·默顿还参与建立了 LTCM，该公司后来在波动率交易中爆仓的事情你一定已经知道了。因此，波动率到底是什么？没有人真正知道。

费雪·布莱克的学生伊曼纽尔·德尔曼后来总结道，BS 公式真正的作用不是得出期权的理论价格。实际上，这个公式最主要的应用场景是：我们观察交易中市场得出的期权价格，然后，把这个价格代入BS公式。最后，我们得以逆向地推导出标的物资产在未来一段时间的隐含波动率。从此，一个关于期权的定价公式变成了一个针对波动率的报价机制。

伊曼纽尔·德尔曼将这个现象以及其他几个违背BS公式的现象统称为黑暗中的大笑。我们刚刚以为我们得到了真理，或者想着自己至少向真理迈进了一步，却突然发现，我们被大自然愚弄了。真理，仍然披着那件著名的黑披风，在下一个街头拐角发出带着嘲讽的大笑。这笑声像是来自永恒的黑暗，它提醒我们未来仍然有风险，而我们仍然很无知。这笑声提醒我们，尤金·法玛可能是对的：金融学里根本就没有稳定的真理，我们所掌握的只是还没有被证明为谬误的东西。我很喜欢尤金·法玛。他在获得诺奖之后，说了许多肺腑之言——时机把握得正好。

想想吧！到处都有黑暗中的大笑。冷库解决了梨农和渔民的问题了吗？根本没有！问题不是解决了，而是转化成为新问题。冷库使得他们原先面对的老问题披上了一件新风衣，然后又给他们带来了新问题。过去，他们担心水果和海鲜价格过低的风险。有了冷库之后，他们开始担心电费和租赁费过高的风险，而等到下一个季节，水果和海鲜价格未必能够上涨。这简直就是“俄罗斯套娃”般的魔咒，刚解开一个扣，发现里面还有一个绊——我们全部的现有知识总是拼凑不出一个完整的未来。

伊曼纽尔·德尔曼对此的处理方法是很务实的。他并不试图去构建一个揭示波动率变化规律的模型。他转而设计一套报价体系，让高盛公司向投资人提供波动率交易服务，让投资人去炒买炒卖“波动率”，用投资银行的话说，就是“销售了一笔交易”，并“赚取了佣金”。高盛公司需要做的，不是对期权进行定价，而是对波动率进行报价。在他们看来，建立一个报价机制比建立一个估值模型更重要也更务实。因此，大多数我们已知的金融模型都只是报价机制而不是估值模型。

针对定价和报价这两者之间的辩证关系，王水雄老师曾经专门给我写来一段话：把利息（时间的价格）看成“旧游戏”的定价和“新游戏”的报价。

利息不是资金的价格，而是游戏时间的价格，是延长旧游戏生命的代价，也是开启新游戏的动力。各物种、各企业、各部落、各行业和个人要获得更多的时间只有两条路：

(1)用承担高风险的方法来借时间。这就需要个体承担高额的利息。在你借来的这段时间里面，你会和其他个体一起经历剧烈的不确定性事件。这些不确定性事件会淘汰一部分不幸且竞争力差的个体。这就为剩下的个体留出了更大的空间，相当于它们获得了更多的时间。借来的时间同时具有两个特征：高昂的利率和剧烈的波动，这两者是一体两面的。王老师进一步推论道：如果旧游戏的危机只是一时的波动，那么，旧游戏仍有延续的价值，克服这些波动带来的不确定性之后，旧游戏也就能够持续存在下去。旧游戏中的个体扛住不确定性就能获得更多的时间。因此,资本市场用利率来给旧游戏的时间定价,其核心就是用时间包含的波动去“筛选”人。

(2)发明创造和技术进步带来新的发展机遇和空间,这个过程相当于人们抛弃了旧游戏,开始玩新游戏。任何一个旧游戏的参与者始终在波动率的考验之下,他借时间所需要付出的代价和承担的风险是高昂的。资本市场对旧游戏参与者们的剩余游戏时间给出定价的同时,也在对新科技开启的新游戏给出报价。人们要么勉强用高额的代价延续旧游戏,要么想方设法去发明创造新技术并由此展开一个新游戏。由于旧游戏借助时间的代价极高,这就相当于给开启新游戏的新技术一个慷慨的报价。这个高报价刺激人们用科技创新去孕育新游戏。新技术与新制度会被持续供应出来,最后人们会开启新游戏。

王水雄老师进一步指出,要站在社会发展的角度来讲估值原理。估值同时包括“对旧游戏所需的时间定价”和“对新游戏所需的技术报价”这两个方面的内容——这正好对应着大自然母亲在进化游戏中对我们“筛选”和“培养”这两个永恒的主题。我读到王老师的来信时,感觉自己打通了“任督二脉”。

回过头来讲艺术品的估值。以明清瓷器、字画雕塑、红木家具和野生兰花为例,这些物品的成交比较零星,但每次成交都很隆重。围绕着这些艺术品有一大堆说辞(不是忽悠)、文化、寄托和风俗习惯。它们的零星成交会带来巨大的社会宣传效应,甚至是轰动的广告效应。

我发现一个奇特的现象。每当一个地方的兰花节拍卖会上出现高价的野生兰花时，当地的兰花协会都会组织隆重的颁奖典礼、成交大会、文艺演出和庆贺仪式等令人惊叹的活动。感觉为了那棵独一无二的兰花，所有人(包括与买卖双方都不相关的人)都为庆典费用“凑了份子”。兰花协会和兰农们会隆重庆祝第一株100万元售价的兰花，他们从不庆祝也不会记住第100万株售价1元的兰花。这究竟是为什么？

以浙江省绍兴市的“杨氏素荷”为例子，这是一株野生的下山兰。原来的主人将它分了盆，大苗卖了80万元一株，小苗卖了30万元一株。谁买了它？谁最后拥有了它？拥有它之后是放在家里欣赏，还是尽快人工繁殖更多株，然后用稍微低一些的价格卖出去？这棵新品种的兰花究竟是一匹种马、一个期权、一粒高产的新作物的种子，还是有钱人的摆设，用以吸引兰友们羡慕的目光？它被用作了什么目的？只有了解了它的用途，我们才好对它估值。我的猜想是，它被用作一个传说、一个宣传工具或一种安慰剂。发现这株兰花的人并不姓杨，但是这样命名确实鼓励人们产生对“横中流兮扬素波”的诗意联想。这些都不重要。重要的是，要让大家都知道且都相信有人出高价买了它。

于是，所有花农继续安心种“普草”(最普通的浙江春兰，每年春节后开花，有淡淡的幽香)，爱好者们继续安心买普草。普草早些年大概是1元/苗，这些年涨价也不过是1.5元/苗。这唯一一株高价的“杨氏素荷”和无数普通廉价的普草共同构成一个生态体系。高价的“杨氏素荷”使得普通人在购买普草时心中充满了喜悦，感觉自己捡到了便宜货。这个与兰花有关的生态体系在给“杨氏素荷”定价的同时也对普草给出了报价。不要关心如何构建一个“针对‘杨氏素荷’的估值模型”，因为它根本不需要一个模型来定价。关键在于，构建一个“针对普草的报价体系”，然后想方设法促成更多的普草交易——这就像高盛公司其实并不关心期权定价模型，而是更关心如何销售出更多的针对波动率的交易。

大家涌向拍卖会上大艺术家的作品。一幅貌不惊人的作品拍出高价的时候，很难说这也一定就是孕育、培养和鼓励下一个梵高诞生的时候。我是艺术的外行。在我看来，选股也许还有一些艺术性，但选艺术品则完全是随机的。我注意到，梵高的画作《向日葵》拍出高价的时候，就连街头小贩卖的钥匙圈上的挂坠都是它的复制品。我无法预测谁的作品会成为下一个刺激公众感官、引领时代潮流的作品。我能够预测的是，一旦出现了这样的作品，它就像是“杨氏素荷”，其作用是让普罗大众喜滋滋地买下钥匙圈，然后喜滋滋地挂在腰带上。

那株 80 万元的兰花相当于黄金时段电视广告里面乔丹飞身上篮的画面。这个画面激发了你体内的激素，借助于你的“巫术思维”模式，使你感受到兴奋和憧憬，于是你去购买了一双同款的篮球鞋。花农们平时种植的普草兰花就是为乔丹的粉丝们生产的篮球鞋，就是小贩们卖给梵高迷们的钥匙圈。

重要的不是准确预测艺术品的下一场拍卖会价格，重要的是培育出一个具有生物多样性的热带雨林，让各个物种都滋润地生长。我们无法孤立地对一项资产给出定价，我们要意识到，一个生机勃勃的热带雨林就是一个报价体系。越是生物多样性丰富的生态系统，越是容易诞生珍稀的奇花异草。这大概也符合中国古代先哲说的“万物并育而不相害，道并行而不相悖”的道理。有些散户投资人口口相传着“盛世古董”的投资信条。古董就像是那盆昂贵的兰花或者梵高的名画，在盛世容易得到高估值的原因不是经济繁荣了以后大家有钱了，而是在繁荣的盛世孕育着社会多样性。古董在这个充满了多样性的社会里更容易得到高估值。资产的估值不会独立于它的生态系统。

再来看一个例子。

> 2020 年 12 月 22 日晚间，上市公司东方金钰股份有限公司（简称：* ST 金钰，代码：600086）发布公告称，已收到上海证券交易所《股票终止上市相关事项的监管工作函》（下称监管函）。该监管函显示，因连续 20 个交易日（2020 年 11 月 25 日—12 月 22 日）收盘价均低于股票面值（即 1 元人民币），触及上交所股票上市规则规定的终止上市条件，公司股票将自 12 月 23 日开市起停牌，上交所将在此后的 15 个交易日内召开上市委员会进行审议，并根据上市委员会的审核意见，做出相应的终止上市决定。

作为中国第一家翡翠上市公司，东方金钰主营业务包括珠宝玉石饰品、黄金金条及饰品、小额贷款等。财报显示，东方金钰 2020 年前三季度营业收入仅 216.94 万元，相比上年末暴跌 93.73%。实际上，其在 2018 年、2019 年和 2020 年前三季度均处于大幅亏损状态，且公司 2019 年度财务会计报告还被会计师事务所出具无法表示意见的审计报告，公司股票也因此在 2021 年 6 月 24 日被披星戴帽，变为“*ST 金钰”。

从 2018 年开始，东方金钰陆续曝出债务到期未能清偿。2018 年 7 月 25 日，公告称，截至 2018 年 7 月 25 日，公司及子公司到期未清偿的债务共计 9.16 亿元。与此同时，东方金钰开始出现业绩亏损。2018 年年报显示，东方金钰营业收入为 29.61 亿元，同比下降 68.08%；净利润亏损 17.18 亿元，同比下降 843.32%。2019 年，东方金钰的亏损进一步扩大。年报显示，2019 年营业收入为 5 406.27 万元，同比下降 97.17%；亏损 18.27 亿元，同比下降 6.34%。因连续两年亏损，东方金钰在 2020 年 6 月份被实施退市风险警示，股票简称变更为*ST 金钰。雪上加霜的是，*ST 金钰到期未偿债务“越滚越多”。根据东方金钰在 2019 年 11 月 19 日发布的公告：截至公告日，公司逾期未偿债务已高达 58.15 亿元。

与此同时，*ST 金钰手握巨额的玉石存货，却难以变现还债。2019 年上半年末，公司存货余额高达 90.27 亿

> 元，其中，黄金金条及饰品存货余额较少，仅为 1.59 亿元，珠宝玉石的存货余额则高达 88.11 亿元。
>
> 有专家指出，债务“越滚越多”，而巨额玉石存货又难以变现，这是该公司陷入困境的根本原因。[①]

表面上看，该公司陷入困境的原因是翡翠的流动性太差。其实，这个表述是有问题的，不是翡翠本身的流动性差，而是翡翠在人类社会中被使用的场景非常有限。不能脱离了人去谈资产的流动性。经常有人使用的资产，其流动性天然就好；不常有人使用的资产，其流动性天然就差。流动性不是资产本身的属性，而是人类使用这项资产的频率。

毫无疑问，我对该公司陷入困境的原因和经济学家们的看法不同。我猜想可能又有一批无辜的股民含泪倒下了。我还在猜想，如果我曾经买过这只股票的话，读者是会同情我的遭遇，还是鄙视我的投资水平，抑或是尊敬我对你毫无保留的诚实态度呢？其实这个问题的答案并不取决于我，而是取决于你本人的情况。如果你是一个在乎自己的社会地位，平时总爱巴结大佬，热衷于打听消息的投资人，你一定很鄙视我，恨不得赶紧把这本书扔掉，也不好意思告诉别人你看了一本“失败者”写的书。如果你是一个热爱自由和追求进步的人，那么，此刻会有一种好感天然地落在我们之间。不过，进化论的筛选机制提醒我，如果

① 以上内容引自上市公司公告以及 2020 年 12 月 23 日《上海证券报》的相关报道。

你已经坚持把这本书读到这里了，那么你一定是那个强大的后者，至少是那个和我打一架之后能够去酒吧喝一杯的家伙。

其实，我还在想一个更重要的问题，如果东方金钰的经营模式是借钱买一线城市的房地产，是否就能避免这样的厄运呢？我是否能够就此指责他们的投资能力不强呢？在回答这个问题之前，我还得转回到我从事房地产中介行业的那段经历。一个类似的例子就是房地产的估值。在地产行业，有一句名言："地段！地段！地段！"市中心地段房产的价格高企，成交稀少；偏远地区的"老破小"房产的地段不那么吸引人，价格也因此有一个折扣，但是那里的房产交易量很大。不过，核心地段的房产涨幅更大更快，往往等到中心地段房价飙升了一段时间以后，偏远地区的房价才有所反应。表面上看是核心地段的"高大上"房产提升、驱动和决定了偏远地区的"老破小"房产的价格，其实不是。我带不同的人群去看过不同地段的房子。我现在理解了，那些全款买高档社区的人和紧巴巴凑首付买偏远地段的人不仅生活在同一个城市，他们还共同构成了一个社会、一个生态、一个估值体系。不同地段房价的涨幅不同，这说明在这个生态系统中顶层人群和底层人群的收入、地位和财富之间的差距在迅速扩大，社会各阶层的地位落差在扩大，这就巩固了顶层人群的社会地位。表面上看，是不同地段房产的涨幅不同，其实是不同阶层的人的地位、作用和贡献在当前这场游戏中的角色不同。这种角色的多样性是维持生态系统的必要条件。

核心地段的房产相当于一场棒球比赛中重要的那个明星投球手。他是全队的灵魂，待在场地中央并永远在聚光灯下，全队就数他的薪酬最高。相对来说，外场跑垒员（平时就待在场地边缘，相当于偏远地段）就没有那么重要，薪酬也低得多。接球手、跑垒员和游击手们也许能立功，但机会很小。他们作为其中的成员，和明星队员一起构成了一支棒球队。

所以，不仅要看核心地段和偏远地段房产之间的估值落差，更要看到住在这两类社区的人之间的互动关系。我无法详细描述清楚他们之间的关系，但我不责备自己。因为任何人都没有办法用文字描写清楚一个生态系统。我还是改用案例和故事来说明问题吧。

请回忆本章开始时我讲的艺术品定价问题。梵高的画成交很稀少，听说大概每过 10 年才成交一次。当然，每次成交都是高价！但是，每次梵高画作成交都能给全社会带来一股热流。街头小贩、电视广告、各路厂商纷纷“蹭热点”（梵高的画属于全人类的共同财富，是没有知识产权保护的，厂商可以合法复制）。热闹起来的时候，就连荷兰街头的钥匙圈上印的都是他的向日葵，除此之外，还有 T 恤、文具、拼图、蛋糕、咖啡杯，数不胜数。你完全可以想象，印有梵高向日葵画作的 T 恤和文具卖得都比一般的 T 恤和文具要贵一些。于是，我就顺理成章地宣布，并不是梵高的真迹和钥匙圈上的向日葵共同构成了一个生态系统（他的真迹一般只在博物馆之间交易，钥匙圈和 T 恤可涉及千千万万的普通人)。真相是博物馆和普通人构成了一个生态系统。这个生态系统使得千千万万的街头小贩有了生计。这些小贩丰富了街头文化,构成了千姿百态的社会风貌,使得人们觉得自己住的城市是一个充满人性和温暖的地方,而不是一个单调和冰冷的工厂或者仓库。这个生态系统既给博物馆之间的交易定价为1亿欧元,又让无数小贩的每个钥匙圈多赚1欧元。这个生态系统使得梵高的真迹得到稀少的流动性(每10年一次),同时又使得钥匙圈获得了大量的流动性(也许小贩能够卖出成千上万个钥匙圈)。这两件事情同时发生,真迹和钥匙圈在一个估值生态系统中得到估值。

我不评论东方金钰公司的生产经营活动。我只是说,按照我之前的推理,如果东方金钰库存里面都是钥匙圈而不是真迹的话,它们的流动性情况可能好一些。这个生态系统只需要一幅真迹和无数仿品钥匙圈,只有这样,才能维持整个生态圈的运转。如果整个生态圈里面全是梵高留下的真迹,情况会怎么样呢?抱歉!哪个城市的艺术博物馆馆长的数量会多过街头小贩的数量呢?哪个城市的核心地产面积大于偏远地区的房产面积呢?哪个社会上层人数大于中底层人数?哪个生态系统里面狮子的数量比绵羊多?从表面上看,是账面上的巨额债务拖垮了这个公司,其实是仓库里的巨量翡翠破坏了原有的估值生态系统。无论多么漂亮的翡翠,只要它脱离了生态系统就无法获得估值。这个生态系统无法对那么多翡翠报价,于是,翡翠就失去了流动性。

好了，归根结底，本节我还是要回答比特币的问题，前面这些话都是铺垫。有人说比特币就是一场狂热的泡沫，根本没有实际价值，完全是人类疯狂、愚蠢和贪婪的产物。人类历史上多次出现过类似的非理性泡沫事件，最后无一例外地都破灭了。说这些话的人都是专家、大佬和谢阿姨的学生。他们说的都是事实，但他们没有说全部的事实。

专家、学者们最喜欢用“郁金香泡沫”和“南海公司股票泡沫”来形容比特币的未来。“泡沫”一词是新闻系毕业生的用法。金融学系的学生应该将其称为异常值——每当市场出现5倍标准差的涨幅或者跌幅的时候，就是一个异常值。我提醒读者注意费雪·布莱克对股市中出现异常值的看法：“它打碎了定价模型，却巩固了报价体系。”

尤金·法玛说过，“异常值从不孤立出现。”郁金香泡沫和南海公司股票泡沫毫无疑问可以被说成是泡沫。但是，仅仅把泡沫归因于人类定期出现非理性行为，这个结论恐怕还是太匆忙。这两个泡沫出现的背景都是欧洲人的大航海时代和海外扩张殖民地的时代。这两个大泡沫极大地激发了当时欧洲人向海外新空间拓展的进取心（比“进取心”更恰当的词应该是“贪欲”）。这两个泡沫破灭以后，相当于重新把当时欧洲各阶层的财富洗了一次牌。许多人破产之后沦为平民，只能从社会底层重新开始努力拼搏。这些都是事实。但是，更多的事实是欧洲的海外贸易和殖民扩张在两大泡沫的推动下加速发展了。不能把这后面的历史和泡沫割裂开来。泡沫相当于一个异常值，它不会孤立地出现。

好了，请把比特币想象成郁金香和向日葵。郁金香有什么用处？除了种在街头供观赏之外，好像用处不大。当年市场对郁金香给出疯狂定价的同时，也对当时的荷兰人进行海外扩展和探险活动给出了慷慨的报价。梵高的向日葵真迹又有什么用处？除挂在博物馆墙上供人欣赏之外，好像用处也不大。两者都不能产生现金流，不提高生产力，不增加人的福利。除了看以外，真没有别的用处。艺术品拍卖会对梵高作品给出高昂定价的同时，也培育了街头小贩卖T恤和钥匙圈的生意。我的疑问是为什么没有人说梵高的向日葵是泡沫呢。

梵高的向日葵养活了一大堆小商小贩，让城市街头充满了生机。荷兰郁金香热潮推动了欧洲人对航海事业的投入，若干年后形成了当时世界上最大的船队，发展了当时世界上最先进的航海技术和造船技术。不要只看到价格的泡沫，而是要看到当时人们的狂热。市场不是对一项资产进行定价，而是对社会上的人给出报价，鼓励人们去做特定的事情。资产估值的狂热不是孤立产生的，也不是突然来到的，而是深深扎根于当时欧洲社会狂热的海外扩张冲动。泡沫相当于人体内的激素出现异常值，这个异常值不会无缘无故地突然升高。

在正式介绍比特币的估值框架之前，读者可以先看一下《货币起源》中关于墨西哥鹰洋的内容。19 世纪中叶，我国南方地区开始大规模地使用墨西哥鹰洋。这是一种含银量 90%的机制银圆，另外约 10%的成分是锡、铜和铅。墨西哥鹰洋并非我国的法定货币，也不是任何一个国家发行的货币。[①] 确切地说，它是当时海外商人与中国的贸易伙伴交易时使用的一种结算单位。我国当时根本就没有实行银本位制度，因此，它的结算单位“圆”在当时的中国国内市场是没有任何实际意义的，就像比特币的单位“聪”在我们的实际生活中毫无意义一样。但是，墨西哥鹰洋引进中国以后，很快在我国得到了大规模的使用和推广，而且广受欢迎。当时还有荷兰、美国和英国铸造的贸易银圆也在中国市场上流通，但地位和估值都不如最早来华的墨西哥鹰洋。

墨西哥鹰洋在我国流通使用的过程中兑我国的纹银逐步从折价转向溢价，而且溢价逐渐增加。我国传统的“漕平”和“库平”纹银，含银量约在 98%以上，且都是由炉司按照朝廷规定的标准铸造的。到鸦片战争前后，每 100 枚墨西哥鹰洋按照其含银量只相当于 73 两纹银，但在实际流通中，其购买力相当于 81 两纹银。这就是我国历史上“八两纹银说主权”的故事。

从这个角度来看，鸦片战争其实是一场真正的货币战争。清政府当时已经逐步丧失了货币主权。清政府铸造的银锭相对

---

① 墨西哥当时还是西班牙殖民地。墨西哥人并不使用墨西哥鹰洋，而是用西班牙银圆。

于墨西哥鹰洋有了将近10%的折价。这就是说，如果有人把纹银运往国外，铸造成鹰洋之后再运回中国，他还能套利。白银在清政府手里变成了贵金属，而不是中国的法定货币。同样的白银经由洋人按照其冶炼配方，混合其他金属，再用高压蒸汽锤铸造以后，就变成了真正在中国流通的货币。

现在，请把你自己想象成一个执行白银中性的Gamma交易策略的投资人。你持有这样一个组合：多头墨西哥鹰洋，并按照其含银量，做空清政府铸造的纹银。这个组合已经将白银价格的涨跌因素对冲掉了。但这个组合的残值不是零，而是一个正数。它体现了墨西哥鹰洋对纹银的溢价。而且据史料记载，墨西哥鹰洋对纹银从最初来华时折价10%到鸦片战争前溢价10%，这个溢价水平随着墨西哥鹰洋来华数量的增加而逐步扩大。我把这个溢价看成比特币的雏形。

这个溢价的核心有两个：一是先进的技术，二是先进的制度。首先来看墨西哥鹰洋背后的技术，它代表了当时世界最高水平的冶金技术和锻造技术。高压蒸汽锤是关键设备，它铸造的硬币质地密实，不易磨损，银圆表面的图案花纹细致，很难模仿。假设有人在当时的中国用小银炉融化墨西哥鹰洋，掺杂其他廉价的金属之后再铸造出来的银圆，质量明显劣于墨西哥鹰洋。孰优孰劣，高下立判。墨西哥鹰洋在中国广泛并溢价使用，这就在无形之中资助了那些运输纹银到国外去铸造鹰洋再回运中国套利的商人；那些商人又资助了高压蒸汽锤的生产厂商。

墨西哥铸币厂的老板们就是今天比特币矿场老板的先驱。

这背后到底是什么逻辑呢？这相当于我们用纹银折价的方法资助了外国的工业化进程。他们的高压蒸汽锤、高温冶炼炉、铸模机和其他工业化设备都可以用于墨西哥鹰洋兑中国纹银的套利活动。于是，这些机器设备的研发、制造和改进都有了大规模的应用场景。厂商可以放心去投资这些工业设备，即便没有其他客户，也能通过在中国套利活动赚钱。由此，外国的工业化进程加快了，那些关键设备的生产工艺在大规模的生产中得到了极大的发展。墨西哥鹰洋在我国的溢价也是对外国大规模工业化进程的报价。正是我们为他们提供了套利空间，并促进了他们的工业化进程，让他们率先开启了工业化的新游戏。那些能够铸造墨西哥鹰洋的设备和工艺同时也能制造坚船利炮。事情就这么简单，真相就这么令人叹息。

凌力老师是复旦大学计算机系的老师。他也是我 20 多年前的领导。他是我认识的人当中对挖矿、算法和交易了如指掌的一个人。我认真地向他请教了比特币的问题。并且，我用自己的理解能力消化了(其实是排除了)他的计算机语言。比特币和以往任何一个泡沫一样，不孤立。那些挖比特币的矿机是用 GPU(Graphics Processing Unit)搭建的，它们催生了功耗更低的芯片和更节能的运算软件。由于比特币的挖矿需求巨大，因此推动了 GPU 行业跨越式的发展。请看美股的相关上市公司的股票表现即可见一斑。GPU 又称图形处理芯片，本来是个人电脑显卡的一部分，现在为了节约挖矿成本并提高挖矿成功率，矿机都采用了 GPU（硬件）和并行算法（软件）。结果是芯片行业投入大量的资源和科研力量去研发更快、更便宜和更省电的 GPU，从而使得 CPU（中央处理芯片）和 GPU 的价差迅速扩大。现在一枚 GPU 的价格已经跌至 CPU 价格的 1/15。从以往注重 CPU 提供中央汇总的算力到现在依赖 GPU 的并行算力，这是整个计算行业的一次生态大迁徙——人们开始玩新游戏了。

我们不能只看到比特币价格的疯狂上涨，还要看到对比特币的定价其实是对人工智能的报价。比特币的狂热催生了人工智能的飞速发展。现在的人工智能都采用 GPU 和并行算法，这个架构使得人工智能变得既便宜又省钱，由此导致 CPU 的重要性反而下降。现在，CPU 的功能类似于分配任务的调度员，真正把乘客送到目的地的驾驶员是 GPU。比特币拉动了 GPU 的需求，GPU 又推动了人工智能的发展。这些发展包括在研发新药、自动驾驶、人脸识别、虚拟客服和其他领域闻所未闻且前所未见的进步。我们不仅身处比特币的泡沫之中，还身处人工智能带来伟大变革（新游戏）的前夜——泡沫从不孤立。

只要比特币的价格还在高位，那么搭建比特币的挖矿机就仍然是一门好生意。这就催生了全行业投入资源研发更好的 GPU 和并行算法，从而使得人工智能在其他场景中的应用成本大幅度下降。以前用不起人工智能的行业现在都可以应用了。

核心地段的土地太贵，所以去偏远地段新建住房才是一桩有利可图的生意。新房子会吸引新居民。他们把家安在偏远地段的同时也加入了这个社会的中低阶层。中低阶层的人多了以后，就相当于有更多的人来为社会上层提供服务。于是，社会上层的生活变得更好，上层社会的门票更贵，核心地段的房价就会继续上涨。这就使得去更偏远的地方新建住宅变得有利可图。如此反复，这个房地产的估值体系就像是一个生态系统。

迷雾散去，眼前豁然开朗。我自己想通了这一切，就像拔掉了堵在瓶口的瓶塞子。我现在只剩一个问题：那些认定比特币是泡沫和毒药的专家、学者是否打算抛售自己在一线城市核心地段的房产呢？

哈哈，请读者原谅我爱调侃经济学家的坏毛病。我从来没有看到天文学家撰文论证为什么太阳明天是从东方升起，但我经常看到著名经济学家撰文，反复论证为什么说政府最近出台的经济政策是完全正确的——仿佛这是一个需要论证的事情。

好了，调侃归调侃，我还是来论证比特币和墨西哥鹰洋的相似性。前面介绍过，当时还有荷兰、美国和英国等国铸造的贸易银圆也在中国市场上流通，只不过这些银圆对纹银的溢价不如墨西哥鹰洋来得高。这就像现在的情况，比特币的价格一骑绝尘，在我写作这本书的时候，已经达到 5 万美元，而当今世界上其他许多加密货币（比如以太坊和瑞波币）的价格都远不如比特币。

就像 200 年前的墨西哥鹰洋兑纹银的溢价吸引了中国人的

白银去发展先进的重工业（蒸汽锤）；今天的比特币也吸收了大量的资金去推动人工智能（GPU 和并行算法）的发展。问题来了，为什么人们愿意支付这个溢价呢？他们支付了溢价得到了什么？好吧！这个问题总比比特币到底是不是泡沫来得实际一些。200 年前的人们之所以愿意为墨西哥鹰洋支付溢价，今天的人们之所以愿意花 5 万美元买一枚比特币，恐怕还是由人性决定的。这不是人性中泡沫、恐慌和疯狂的一面，这是人类加入先进文明的天然动机。那个能够制造蒸汽锤的文明，同时也更尊重人的价值、重视人的发展，提升人性和保障人的自由。流浪的雌性黑猩猩倾向于加入一个雄性、活泼、好动的新种群；印度的女孩倾向于向上攀婚，嫁到婆罗门家庭；200 年前的人们愿意用墨西哥鹰洋；第二次世界大战以后，欧洲古老的贵族热衷于穿牛仔裤；今天的人们高价购买比特币。这一系列现象之间是否有哲学相似性？归根结底，人向往加入一个更高的文明。比特币未必是先进文明的序幕，但人工智能一定是先进文明的基石。

现在，我们还是看看墨西哥鹰洋的最终命运吧。

我之前将墨西哥鹰洋兑纹银的“溢价”视作比特币的雏形。这个溢价什么时候消失？这对于我们思考比特币——如果是泡沫的话——什么时候破灭的问题有所帮助。

在中国使用银圆为法定货币以后，墨西哥鹰洋对纹银的溢价开始缩水。到 20 世纪 30 年代初期，中国实行了银本位之后，墨西哥鹰洋的溢价完全消失。这就是说，中国在货币发行机制发生了重大变革和进步以后，重新获得了货币主权。银本位在中国货币史上是一个巨大的进步。它的意义在于政府以“兑付白银”为保证，发行了纸币。这个制度允许市场约束政府发行纸币的规模。允许市场约束政府，这样的进步在中国几千年封建时期是从来没有出现过的。

比特币什么时候会破灭？它得首先成为泡沫才行。它怎么才能成为泡沫？它出现的基础得先消失才行。它出现的基础有两个：一个是前面介绍的 GPU 和并行计算。如果人工智能已经能够吸引到客户，产生足够的现金流，就不需要比特币“加持”。比特币的价格高企无非是补贴了全体 GPU 生产商，从而使得构建人工智能的基础设施更便宜。一旦人工智能自己能够独立行走，那么比特币的第一个基础就消失了。它的第二个基础其实事关我们今天全人类共同的问题：纸币发行机制的数量约束条件是什么？其实没有约束，都是凭央行的“良心”。经济学家们的模型主要是说服大家，让大家相信央行发行纸币的时候是受良心约束的。绝大多数国家央行的纸币就是越印越多。于是，有人提出要限制央行的权力，实现“金融领域的民主”。我对此不置可否，因为我发现叫这些口号的人要么不懂金融，要么更关心自己的选票。欧元在创立时就确立了一个“三驾马车”的约束机制，算是有一个定性（但不定量）的数量约束。美元从格林斯潘时期开始，经常用模棱两可的话给市场所谓的指引。其实，美联储的每次澄清都使人陷入更深的模糊。日元和英镑几乎完全是央行说了算,想印多少就印多少,而且从不遮遮掩掩。比特币好歹有一个“拜占庭共识机制”,它不能随意发行。如果你绕过事先公布的算法,额外发行1枚比特币,无论用途有多么崇高(拯救陷入困境的国有企业或者援助发展中国家的贫困人口),都一定要50%以上的持币人同意才行,这就是某种程度的“金融民主”。所以,比特币的核心估值不是所谓的“数量有限”,黄金数量也有限,而且黄金的货币价值已经被验证了几乎5 000年了!为什么黄金的涨幅远远低于比特币?当然不是GPU的原因,更不是数量有限的原因。哪怕全世界持有50%黄金的人全部默契地同意增发黄金,央行也造不出黄金来。比特币和纸币就不一样,纸币是央行不征求持有人的意见随意发行,相当于稀释(某种意义上是“掠夺”)了纸币持有人的财富。比特币就不行了,你得经过大多数持币人的同意才能增发一枚。考虑到比特币持有人相互之间并不认识,要形成这样的共识其实仅存理论可能。所以,如果人类现有的纸币发行机制得到某种程度的数量约束,或者实现某种程度的金融民主,那么,比特币的第二个基础就消失了。那一天到来的时候,比特币就像墨西哥鹰洋一样失去溢价。而那一天到来的时候,人类一是有了经济上可行的人工智能,二是有了持币人可以约束央行投放纸币数量的新货币发行机制。一个技术水平更高、规则更严密的新游戏开始了。

比特币不是泡沫,而是那1升汽油,使我们足够开到下一个加油站。然后我们加满了汽油(有了人工智能的帮助),放松休息一下,喝杯咖啡或者上个厕所(调整现有的纸币发行机制),重新上路,驶向前方崭新的未来世界。因此,我们不要再试图构建一个比特币的定价模型,要看到,无论市场给比特币定了什么价格,那都是对未来新的人工智能技术的报价,并有可能催生一个新货币发行体系(新游戏)。

碳排放权的估值

烟粉虱(Bemisia tabaci)是一种农业害虫。科学家们发现它于数百万年前从其植物宿主中盗取基因用于自身的繁殖。这一发现发表在 2021 年 4 月的《细胞》上。这是已知的第一个自然基因从植物转移到昆虫身上的例子。这个发现还同时解释了为什么烟粉虱如此善于吞食农作物:它从植物中偷来的基因使其能够中和植物原本为抵御昆虫而分泌的毒素。

鸟类学家早就发现,黑颈斑鸠、黄颈斑鸠和纹颈斑鸠对于禽流感变异毒株的耐受程度是不同的。这就意味着,三个看似相互竞争的“对手”其实相互备份了一份对方的基因。任何一次禽流感大流行都不能把斑鸠这个物种“一锅端”,最多是消灭了其中一种斑鸠,另外两种斑鸠仍能存活。生物学家早就指出,一个大类的物种一定会产生基因漂移现象,呈现出物种多样性的特征。这些物种个体之间只有微小的基因差异。生物多样性是一个大类物种的生存策略,类似于金融学中的“分散化”风险控制手段。

这些来自大自然的线索启发我去思考 CAPM 模型其实是一个社会学模型,而不是金融学模型,尤其是该模型里面的协方差更是指向社会多样性。社会学里面提倡的多样性社会和金融学中讲的多元化投资有着某种哲学相似性。这就是时间本身的分散化。承载时间的载体可以是生命,也可以是资产。如果你把时间看成资产,那么它自然也有风险。因此,时间本身也适用于分散化的风险控制手段。

我们总是讴歌“寓于平凡之中的伟大”,我们还应该意识到“寓于对手之中的安全”。把空头全部消灭的市场是多头的盛宴吗?不,那就相当于黑颈斑鸠把其他两个竞争对手全部赶尽杀绝之后,独自面对下一场禽流感反而更危险。多空平衡的市场表现的是稳定,只有空头或者多头的市场表现的是脆弱或者疯狂。

我国古代哲学家老子讲了一个非常好的思想:“善者,不善人之师;不善人者,善人之资。”只有把善与不善都纳入同一个生态系统,才能对“善”进行估值,给出激励,形成秩序。

社会学家怀特·C. 米尔斯曾经说过,美国的中产阶级有“地位恐慌”。为了缓解这种恐慌和焦虑情绪,他们争相购买新款的小汽车和漂亮衣服之类象征地位的物品,以便向下层的劳动阶层传递阶层信号。米尔斯甚至认为,中产阶级之所以注重消费，并非因为他们贪图享受，而是因为他们需要通过特定的消费来获得“排斥其他人的地位符号”。他认为这就是时装界每年都要翻新花样的原因。中产阶级妇女被迫参加了这场“军备竞赛”，以显示自己有实力继续待在中产阶层，而没有沦落到底层社会去。

现在的女性更喜欢在朋友圈里面晒图，一般都是在豪华游轮度假，喝着著名的法国红酒或者和某些名人在一起。总之，这些照片未必是资产，但肯定是要花费代价才能获得的。这些照片和时装都像是等级标识物。

我想起这样一句名言：“我们买我们不需要的东西，以便展现给我们不喜欢的人看。”后半句话给了我巨大的启发。我们需要有观众，我们需要有舞台，我们还希望自己站在舞台上的时候，舞台比观众席要高一些、灯光要亮一些。最重要的是，当我们希望亮出自己的等级身份标志物的时候，我们能够从观众那里收获“羡慕嫉妒恨”。观众和我们构成了生态系统，估值就诞生于这个生态系统之中。

一枚奥运会金牌值多少钱？你应该用成本法还是收益法，抑或市值法来评估其价值？算一下国家为了运动员们投入了多少训练经费、建了多少场馆，把这些钱加总以后除以我们在奥运会上获得的金牌总数，大致就可以按照成本法算出“一枚金牌值多少钱”。但是，这里使用“值”这个字就不妥当了，更准确的字应该是“花”，成本法只能告诉你一枚金牌花了纳税人多少钱。

那么,收益法怎么样呢？来看看下面这个真实的故事。西方社会到底是怎么对金牌估值的？他们是怎么对待运动员的？“一块奥运金牌值多少钱”和“社会需要什么样的奥运冠军”,两者可能是同一个问题。

吉姆·索普是美国印第安裔运动员,也是许多人心目中的英雄。他在 1912 年斯德哥尔摩奥运会上以破纪录的成绩获得五项全能和十项全能的双料冠军,这个纪录至今无人打破。在参加比赛的当天早晨,他发现自己唯一的一双跑鞋被偷了。于是,他翻遍了运动员村的垃圾箱,找到了两只不同尺码和款式的鞋子。由于其中一只鞋子偏大而不合脚,因此他就在那个脚上多穿一只袜子,这样就塞满了那只大号的鞋。你如果上网搜索他的照片的话,则会发现他夺冠那天左右脚穿着明显不对称的两只鞋。瑞典国王还专门给他颁发了一个镶嵌宝石的海盗船雕塑,称他是“有史以来最伟大的运动员”。

在他成为英雄不久后,国际奥委会就收到举报信,说他曾经为 25 美元的报酬参加过商业表演性质的棒球比赛,从而违反了国际奥委会只允许业余运动员参赛的规定。他为此辩解道,“我是一个印第安男人,养家糊口是天经地义的事情。”但是,国际奥委会根本不听他的申诉,决定剥夺他的金牌。这两个项目的银牌得主均拒绝领受金牌,一致认为吉姆·索普才是当之无愧的冠军。所以,那两枚金牌就一直保留在国际奥委会,直到 1972 年才发还给他的女儿。

被剥夺金牌以后，吉姆·索普回到美国。他投身于橄榄球比赛，一度非常成功。1920 年，他还担任了全美橄榄球协会(NFL)的第一任主席。当时 NFL 是一个刚刚兴起的、业余性质的非营利组织，他属于美国橄榄球运动的创业元老。大萧条来临的时候，他已经沦为建筑工人。1932 年，洛杉矶奥运会时，人们向胡佛总统请愿，于是他被特邀在贵宾席观看开幕式。洛杉矶奥运会结束以后，他又沦落街头，在好莱坞当临时演员，专门演印第安酋长，不幸染上了酗酒的毛病。1953 年，他在加州的一个停车场去世，3 天后才被发现。

他的死突然极大地激发了人们的同情心。宾夕法尼亚州一个和他没有任何关系的小镇居民投票决定：本镇从此改名为“吉姆·索普镇”，并专门建立了他的事迹陈列馆——至今仍是旅游胜地。各地的人们为他募捐了 2 万美元(这在当时是一笔巨款)，这些钱没有给他的女儿，而是到处建他的纪念碑、雕塑，用他的名字命名学校和医院。

我们都喜欢英雄，于是我们制造英雄。我们制造英雄的方法就是制造悲剧，把他的命运变成一出悲剧，然后我们就可以对酒当歌，长吁短叹，泪洒襟怀，感慨万千，茫然若失，壮士悲秋或暗自庆幸，庆幸自己不是吉姆·索普。我们不愿意资助他的医疗费用，而宁愿用一个豪华的葬礼去埋葬他。我们亲手埋葬心中的英雄，以便他死后我们可以怀念他。

人们为什么不能在他生前帮助他？为什么只有他死了才能

激发人们的同情心？我们内心深处一定有自我矛盾的地方，看到英雄末路，我们内心产生了一种自我安慰的侥幸。这种侥幸使得我们提高了对自己当前生活中各种挫折、困难和障碍的容忍度。“看！就连吉姆·索普都这样了。我还是很幸运的，凑合着过吧。”

我们需要英雄，我们向他欢呼。这样的话，当我们亲手埋葬他的时候，我们就能够痛哭流涕。这种情绪的波动意味着我们体内的激素水平剧烈升高，这对于某些人来说，调动并增强了免疫系统的活力。美国人是在给他们的这位英雄人物估值吗？不，根本不是。我看美国人甚至不怎么在乎他的死活，否则他们早就把流浪的英雄请入殿堂了。美国人把他当成止痛片，他们对止痛片给出了估值。吉姆·索普的悲剧在于他被当作止痛片而纳入美国社会的估值生态体系。

有时候我在想，历史上的“刘阿斗”是不是也是被人为制造出来的呢？当用我们的价值观看待历史时，我们在那个位置上需要这样一个人物。他幸运地生在帝王之家，生来就享受荣华富贵。他一生无所事事，耽误了诸葛亮的六次北伐，最终断送了大好江山。他还留下了吃喝玩乐的坏名声和“乐不思蜀”的成语。我们的价值观体系中需要这么一个反面人物。他提供了一切反面素材，从而使得诸葛亮的形象更丰满、更高大，使得普通民众都看到一个没落帝王之家的反例，从而缓解自己忍饥挨饿的痛苦。对寒门子弟“十年寒窗”的鼓励和对贵族子弟“乐不思蜀”的谴责必须同时出现在同一个估值体系之中，两者缺一不可。刘阿斗到底是一个什么样的人其实并不重要，重要的是，我们古人构建的价值体系里面需要一个胡吃海喝和胡作非为的人。他不幸被选中担任了这个角色。只有在他的形象上涂满污点，才能鼓励那些穷苦子弟想象自己考中进士时头上的光环。由此，他们才会发奋努力，古代的封建社会才能保持稳定。相应地，我每次听说另外一个比我有钱得多的人在股市中不慎爆仓，我就感到内心稍微缓解了一下我自己股票套牢的焦虑。由此，我猜测刘阿斗的形象是被历朝历代的人，按照当时人们的需要，逐渐制造、丰富和完善出来的。我们不怎么关心那个真实的刘阿斗是一个什么样的人，就像美国人不怎么关心活着的吉姆·索普一样。

我记得汤因比（也可能是 E. 冯·卡尔）早就说过，就像建筑学家要选择合适的材料来构建一座建筑物一样，历史学家面对浩如烟海的史料时，也要有所取舍。他要选择合适的史料来构建一部“坚固而美观”的历史，让当时的人们看起来舒服，就像他们住进了一栋由优秀建筑师构建的“坚固而美观”的房子里一样舒服。克罗齐后来把这段话的意思总结成了一句话，“一切历史都是当代史”。

总之，我们要理解估值，就得先描写清楚那个产生估值的生态系统。这个生态系统中，有上下游产业链的互动、有竞争对手的互动、有陌生人之间的互动，当然还会有人与自然之间的互动。

珍妮·古道尔不仅是一位灵长类动物学家，还是一位务实的环保主义者。她意识到作为一个行动主义者，她无法回避现实世界。她必须采取务实的行动，否则就一事无成。因此，她决定接受石油公司对环保事业的赞助。极端环保主义者认为这其实是在帮助那些"罪恶"的石油公司洗白它们的利润，因而指责她背叛了环保事业。"我意识到，只有采取行动才能使得世界有所不同。如果这时候我选择退回坦桑尼亚的贡贝保护区去做我最喜欢的黑猩猩观察工作，那么，我就是自私的人。"她继而引用了《圣经》上的话为自己辩护，"手扶着犁向后看的人，死后不配进神的国。"极端环保主义者认为她对破坏环境的石油公司做了妥协，我认为她以一个强者的姿态动手解决问题，把破坏环境的石油公司纳入保护环境的新估值体系，而不是像其他许多环保主义者一样，以弱者或者受害者的身份去指责其他人。关键是要成为强者，强者才有善恶和盈亏，强者才能参与估值游戏。

单纯的慈善或者环保事业很难成功，它往往沦为富人炫耀自己身份等级的标志性事件。要实现慈善和环保的目的，这些事业首先要构建一个新的估值生态体系。把那些赞成与反对的人、污染者与清理者、善者与不善者都纳入同一个估值体系，让他们共同演化出一个新游戏，构建一个新的社会形态。

碳条约当然有拯救地球的环保主义目的，但它绝不能成为一项单纯的慈善事业，尤其不能沦为某些富人炫耀自己财富和爱心的演出。全球变暖当然不是我们制造出来的议题，而是实实在在地正在发生，而且据说有正在恶化的趋势。要解决全球变暖的问题，我们需要像塑造吉姆·索普一样，在我们现有的估值体系内制造一些新的“标的物”。从表面上看，这个新的标的物就是二氧化碳排放权。

直至我写作本书，各国仍然没有达成一个包含二氧化碳排放额度的气候条约。如果将来达成这样的协议的话，则各国都将获得一个固定数量的碳排放额度。如果排放超过额度，就有可能要承担罚款或者被其他国家征收高额的碳关税。此时此刻，我仍然高度怀疑达成一个有数量约束的碳条约的前景——这等于是让各国政府部分放弃了货币主权。

我过去总是围绕着“二氧化碳排放权”思考定价问题。我现在发现，我们应该忽略排放权本身的估值问题，而是应该考虑一种新社会生态的特征。人们将被一种新的文化所影响、被一种新的道德所约束、被一种新的价值所激励，开始玩一种新游戏。最终，我们将被一种新的规则组织起来。我首先应该考虑的问题是这个新的社会形态与我们现有的工业化和信息化社会相比，会有哪些变化。这种变化不会仅体现在碳排放权上，还会体现在社会生活的方方面面。

这个新的社会形态将是一个更大的生态系统。它把过去免费的东西纳入估值体系。因此，它一定对原有估值体系下的社会等级、秩序和格局产生冲击。空气是免费的，任何人呼吸氧气都是免费的,排放二氧化碳也是免费的。任何投资人建立一个新工厂都可以免费消耗大气层中的氧气并免费向大气层中排放二氧化碳。过去,那些森林和海洋是免费为我们制造氧气的,拥有森林的人只是对其木材蓄积量进行定价。今后,他将可以对森林吸收并蓄积二氧化碳的功能定价——绿水青山确实是金山银山。

乐观主义者到处宣传这场应对气候变化的斗争一定会诞生新科技革命,然后把人类带向可持续发展的美好明天。在他们眼里,光伏和风电就可以担当取代煤电的重任,当然还有一劳永逸的“核聚变”发电。这样一来,全人类就进入了清洁电力的时代。生活一如往常,美好的画卷已然就在眼前。这样宣传当然是对的,只是我认为我们不会直线前进去实现这个目标,中间经历的坎坷一定很多。

我建议大家回顾一下互联网诞生的历程。20 世纪 80 年代,美国电话电报公司的长途电话费一直很贵,真的很贵,简直贵得离谱。留学生从美国打一个电话问候远在中国的家人,大概需要每分钟 4.25 美元。当时美国的最低工资是每小时 3 美元。结果只有两个:(1)你要忍住不打电话或者少打电话,把亲情锁在抽屉里,然后伏案写家书,写的时候,任由桌上的老相片唤起思念来折磨自己。(2)你想方设法发明一个新的通信联络方式,以后电话就几乎免费了。这一天终于到来了。但是,我发现当我们可以免费打电话的时候,我们几乎不怎么打电话了。

并不是我们交流的方式变了，而是我们的社会形态，还有我们自己都发生了变化。

我不知道气候条约最终是否会对二氧化碳设立数量化的排放配额。尽管我不看好条约的前景，但我不愿意做消极的预测。我持有乐观其成的态度。如果有这个条约的话，我把它视作20世纪80年代的长途电话费。我们给普通人的生活带来了不方便。这个配额在约束所有人的同时也激励了其中一部分人。这部分人无法忍受约束，他们特别向往自由自在的生活。尽管他们也知道应对气候变化是全人类共同的责任，尽管他们也知道节俭是一种美德，但他们就是无法省吃俭用，无法谨小慎微，无法量入为出，无法精打细算，无法节衣缩食。大自然造人的时候，就给我们留下了多样性，这部分人的基因（想想黑颈斑鸠和黄颈斑鸠）和其他人有微小差异（我的好朋友汪幼学博士告诉我，人类使用基因的效率相当高，只要在X染色体上有一个端粒体稍长，就足以产生巨大的个体差异）。于是，我们中的一部分人会想方设法突破“低碳生活”带来的各种不便。他们会想方设法去进行科研创造，他们会带领我们来到科学的新边疆，掀起一场新科技革命。因此，气候条约和碳排放额度并不会自动给我们带来一场科技革命。条约只会带来约束，对我们原有的生活方式、生产方式和能源消耗方式的约束，约束使自由变得可贵。我们中绝大多数人能够忍受约束，这使得“受约束”成为社会生活的常态，也同时使得“不受约束”的生活方式成为有价值的资产，使得“不受约束”的生活所需要的“零排放”技术成为值得投资的对象。我们中有一小部分人完全无法忍受约束，他们会想方设法实现零碳排放的技术突破。最终这些热爱自由的人们推动了科技进步，他们会找到应对气候变化的新方法。在此之前，节俭而善于忍耐的人们为应对气候变化赢得了时间。两者共同推动了人类的进步。

长途电话费太贵，所以才有人去发明互联网。二氧化碳排放权太贵，所以才有人去发明新能源。我请教过我的好朋友郭朝晖博士：核聚变发电什么时候才能变成现实？他笑着说，核聚变离实际应用永远差50年。很多人认为，解决气候变化问题的关键在于发明“革命性的新技术”。这种新技术不仅能够控制二氧化碳的排放，还能够提升我们现在人类的生活水平。这些改善环境的技术同时也能改善人的生活，使我们现在的社会经济模式得以巩固和发展。这番前景实在太美好，好得不像是现实世界的真实画面，而更像是唱诗班在彩排《全赖上帝巧安排》的赞美诗。人类在没有约束地排放二氧化碳的时代，根本不可能诞生革命性的科技进步，因为整个估值的生态系统里面不需要这个技术。

如果真有一个全球碳条约的话，碳排放配额将是一种针对现有的纸币发行机制的约束。长期以来，纸币时代的政府和央行，要么有一个远大的目标去实现，要么有一个近在眼前的灾难去救援。总之，它们有足够多的动机和足够好的理由去投放大量的货币。应对气候变化不是单独的技术革命,不是协同的产业政策,不是创新的货币体系。应对气候变化意味着我们改变自己的生存方式、改变人与人之间的关系、改变我们的价值观、改变我们的喜怒哀乐、改变我们的审美情趣、改变我们的风俗习惯、改变我们的社交往来。我们得想清楚我们如何设计并适应一个新的人类社会生态体系。

所以,我认为把应对气候变化的希望完全押注在技术革命上是不可行的。全球气候变暖是我们过去社会运行方式的结果,而应对气候变化需要我们构建一个新的社会运行方式。技术革命是这个新社会运行方式的结果,而不是原因。

许多人把环保看成一项慈善事业,另外一些人则急于分析哪些股票能够受益于降低碳排放的气候条约。此时此刻,我们根本不知道哪些股票会涨。我们首先要建立一个新的价值观念、新的价值体系、新的道德风尚,然后才能理解气候变化。

其实,并不是气候发生了变化,而是我们原有的社会生态模式走到了尽头,发展不下去了。制约原有社会生态模式的因素有很多,气候只是其中之一。原来的模式太依赖生产规模,为了扩大规模又依赖债务,发生债务危机时又太依赖印钞。即便气候不发生变化,我们用高杠杆、大规模、高污染和高能耗的生产方式来运转,我们原有的经济模式也是走不下去的。即便没有气候变化的因素,资源、能源、人口、贫富差距、社会动荡和环境污染等因素都会制约我们继续沿着老路走下去。只不过,气候变化是一次最直接的催促、最有力的提醒、最有共识的任务和实现变革的最大公约数。我当然不会说气候变化只是一个由头而已——那样就低估了这个使命本身的崇高性。

因此，应对气候变化需要我们实现一次社会生态的变迁，而且无论有没有气候变化，我们都需要一次社会变迁来解决其他问题。气候变化就像一场突如其来的阑尾炎，把平时不愿意去体检的我送进了医院。医生发现我除了阑尾炎，还有好多慢性病。这下可好，医生要彻底解决我的健康问题了。我也就此下了决心，戒烟戒酒，多吃蔬菜水果，增强锻炼，早睡早起。阑尾炎促使我改变过去的生活方式。全球变暖是地球的“阑尾炎”——我们的应对之道不仅包括减少排放二氧化碳，还包括改变生活作息规律。

过去，我们只要凭借“努力”“勇敢”和“幸运”就能提高自己的社会地位，来到社会的中上层，赢得众人的羡慕。现在，这三者所代表的高负债和大规模的生产模式需要一次彻底的变化。社会的风气、文化、习俗和价值取向都要发生改变。人们会以拥有大量的森林为荣。拥有森林的人就像现在拥有可供出租的写字楼一样，每天都可以因其森林吸收了二氧化碳而收到碳补偿。拥有众多森林的人就像现在有许多房产证的人一样，他的社会地位一定会很高。

对于我国社会来说，应对未来可能出现的资源枯竭问题、环境污染问题、债务总量过大问题和潜在的老龄化问题，本来也需要建立一个“资源节约型”和“环境友好型”社会。我们建设低碳型社会生活方式本身也是应对老龄化的一种举措。大家都要量入为出,反对浪费粮食,提倡光盘行动。家里有什么电器坏了,尽量先去修,而不是扔了买新的。家里有什么衣服旧了也别扔,可以捐赠给更需要的人。

其实,我对于全球有约束力的碳排放条约持谨慎期待的态度,而且我并不乐观。我很难想象那些习惯印钞解决问题的央行会允许碳条约捆住自己印钞的双手。不过呢,如果没有碳条约,情况可能更糟。盖茨基金会资助的某环保组织发布过一份应对全球气候变暖的行动建议书。其中罗列的最有效的两种手段分别是:发展中国家提高女童入学率和发达国家减少食物浪费。女童受教育程度越高,她的生育意愿就越低。发展中国家人口规模得到控制以后,当地的森林就会得到更有效的保护。发达国家70%的食物是在运输、仓储、零售和消费环节浪费掉的。如果减少浪费、提倡节约,就能够显著降低碳排放。

这个新生态体系会有一个新的估值体系,生活成本会上升,社会风气会改变。我们将“被迫”变得更智能、更节约。那种奢华的生活方式会昂贵得难以继续,而且也得不到羡慕的眼光。人们会采取朴素的生活方式,更崇尚节俭并提倡勤俭持家和重复利用资源。高杠杆扩大规模的生产方式将变得无利可图且风险极大,因为生产规模越大,固定的碳排放成本也越高。人们会用更智能的方法实现更灵活的生产。我无法预测未来生活的细节，真正的革命性的技术变革的来临会在我们建立了新生态系统之后。但这种新技术（不会是现在的光伏和风电）既不是我们今天能够预测的，也不是我们现在投资就能够产生的。科技进步从来就不是由钱堆出来的，而是由新生态系统中那些热爱自由的人们发明的。

我把“科技创新”和“省吃俭用”视作两种完全不同的交易策略，分别适用于不同的交易时段。我们事先并不知道哪个交易策略会在未来哪个时间段里面占优，我们只知道两个交易策略可能交替占优。气候条约带来的量化约束将使得我们不得不采用“省吃俭用”的交易策略。在越来越多的人不得不省吃俭用才能完成减排的过程中，我们对于那些具有颠覆性的能源利用技术给出了报价。大多数人的“省吃俭用”鼓励了一小部分人的“科技创新”。我在前文曾经讲过，科技股的原始股东抛售股票时，凭借他们早年的科技创新大赚一笔；而接盘的散户则要省吃俭用一段时间。从表面上看，这是公司股东发生了更替，实际上是社会推崇的美德发生了变化。

先有了估值体系，然后才有技术进步。如果直接产生技术进步，那就没有必要建立新的估值体系，也没有必要采取新的生活方式去适应新的生态系统。因此，任何社会都要有一批热爱自由的人们，他们会努力推动我们进入一个新技术革命带来的新生活方式。

谁决定了鳗鱼苗的价格?

这本书的初稿是我在渔村的田野调查笔记,里面详实地记录了我和渔民的交谈内容和他们的生活情况。这本书的初稿通篇都是讲鳗鱼苗价格的形成机制。但是,我后来打消了出版这样一部渔村日记的念头。

社会学老前辈费孝通先生有一部著名的《江村经济》。他的老师马林诺夫斯基有一本开创性的田野调查《西太平洋上的航海者》。他们的书读起来就像是“拉家常”一样。但是,读完以后,你会恍然大悟地来到真理面前。我无法按照一种内在逻辑罗列我的调研资料,使其展现在读者眼前的同时,既能还原渔村人们的生活风貌,又能揭示资产估值的社会学原理。我根本没有水平用这样一种看似“拉家常”和“报流水账”的方式去写作一部比肩前贤的作品。读者看我写的“家常话”不会感觉自己遇到了“朴素的真佛”,而是遇到了“话痨的唐僧”。

如果我坚持以田野调查报告为基础出版《估值原理》,那只是满足了我的虚荣心。所以,这本书的写作过程其实经历了一次推倒重来的过程。我删除了绝大多数田野调查日记的内容。

我在本节保留了一部分未删除的日记,请读者猜测、想象并同情我删除其余95%内容时的心情(我试图激发你们的同情,并利用这种同情置换你们对本书其他内容的批评,从而让你们原谅本书的错误和不足)。

2020 年 4 月 30 日,上海市奉贤区中港渔区第四作业区。访谈对象:收购鳗鱼苗的“鱼贩子”老 F 和老 Y。渔政执法大队 Q 队长陪同。

鱼贩子老 F 是当地人,人头熟,路子活。他皮肤黝黑,双眼炯炯有神。无论我怎么解释我的来意,他都坚持认为我是上面派下来调研的干部,而且他声称自己每年都会“接待”好几拨我这样的人(他确实使用了“接待”这个词)。他还反过来问我,是否认识某部门的谁谁谁和某某某?我略带遗憾地说我不认识这些人(他说话太快且又有本地口音。因此,我没记住他说的这些名字)。听说我不认识这些人,他突然很高兴地笑了起来,像是我在他面前的地位一下子降低了,又像我通过了他刻意安排的考试。

然后,他就掏出一张纸,上面密密麻麻记载了许多数字。他如数家珍般地把他今年的收成情况告诉了我。我猜测他可能经常应对调研,所以才能这样娴熟。我感谢他慷慨地提供了数据。老 F 好像很习惯于应付这种调研场合,也很享受这种场面:自己拿着一张纸念数字,其他“上面派来的人”认真地听写。总之,我很感谢他对我竹筒倒豆子般的推心置腹。我一开始对于他的数字很在意,而忽略了他对于上一层级鱼贩子的谴责和谩骂。半年以后,我才发现,其实“谴责买家”这个线索比捕捞数字重要得多。老 F 对于他的客户(其实又有点儿像控制着他的上线)有一肚子的怨言。他甚至把我当成“陪审员”,试图在临时组成的道德法庭上审判他的上线。这个现象在后来给了我巨大的启发。

老F带着自豪地向我披露了这样一件事情。有一次,他已经把当天收购的鱼苗卖给了上一级收鳗鱼苗的老板。当天晚上9点,他回家以后,一个渔民来找他,并向他寻求出售一批鱼苗。该渔民因为有事耽搁,今天回码头晚了,其他鱼贩子都收工了,于是他来寻求向老F出售这批鱼苗,并且要求按照当天的价格马上结算,而不是寄售给老F(寄售的意思就是按照明天下午老F再次去市场时的价格和那时候这批鱼苗的实际成活率来结算)。老F对此是有顾虑的,一是他要面对鱼苗在自己家里过夜出现死亡的风险。渔民晚归的理由在他看起来非常地站不住脚,这使得他担心渔民由于夜间操作光线不佳而导致鱼苗受伤,并在明天送到市场结算时,出现极低的存活率——这个风险极大。二是他不肯定明天还能以这个价格出售给市场——这个风险较小。老F最后说,他勇敢地承担了这些风险。我问他为什么愿意承担这些风险,他回答说因为对方主动开口,他如果不接下这批鱼苗,自己的声誉就会受损,而且这个渔民过去帮过他,码头上他和其他鱼贩子开出同样价格的情况下,那个渔民会优先卖给他。老F感觉自己有义务回报他。他有捍卫尊严的动机、有珍惜情谊的义务、有继续维持交易关系的理智。老F在叙述整个过程的时候给我留下了深刻的印象。

我根本就不能把鳗鱼苗的成交价格和数量从渔民和鱼贩子的交往中剥离出来。码头上根本就没有脱离熟人的交易。熟人不代表他们相互喜欢，而是说他们相互之间凭借历史记忆达成交易。任何交易都是人与人之间的交易，交易的价格、数量、时机、方式和动机同交易双方的历史记忆紧紧地粘连在一起。我无法把交易从交易者的生活中剥离出来。这就像徒手修补蜘蛛网一样会把事情越弄越糟。因此，所有的交易也就不可避免地存在人情的因素。交易更像是他们相互之间社交游戏的一部分，鳗鱼苗只是游戏的一个载体。

我再三对老F表示感谢，并希望他今后能够继续配合并支持我的调研。他满脸笑意地答应了我的请求。同时，他又像讨要食物的黑猩猩一样伸出右手（掌心朝上），指向一旁陪同的渔政执法大队的Q队长，那意思好像是要把我对他的感谢转让给Q队长，又像是向Q队长讨要功劳和奖赏。Q队长轻轻垂下眼帘并同时微微扬起下颚。我感觉那个轻微的动作像是他在用眼帘和下颚的相向运动为老F今天的表现鼓掌。Q队长的表情包含了嘉许和赞赏，也有“行了行了，你可以走了”的意思。总之，老F高兴地走了，临走前他坚持再撒一圈烟。但是,后来无论我怎么打电话给他,都再也没有接通过。这也就成为我唯一一次对老F的访谈。于是,我在想,他最后坚持撒烟是否既是告别,又是委婉地告知我以后不要再打扰他。

我的第二个访谈对象是鱼贩子老Y。在遇到他之前,我已经注意到这样一个问题:包括渔政官员和渔民在内的相关人员都把在中港渔业作业区收购鳗鱼苗的人称为"鱼贩子""苗贩子"或者"小老板"(暗指他们上面还有更大的"老板",即设在虹桥机场附近的苗场老板)。

但是,鱼贩子们始终称自己为"收苗的",他们从不使用"贩子"一词称呼自己的职业。有时候,他们也说自己是生意人。我在想,是否一个人被称为贩子以后,他的社会地位就被贬低了?是什么道德力量、文化风俗决定了"鱼贩子"这个称谓在中港渔业四区这个地方具有某种程度的负面含义呢?我后来发现整个鳗鱼产业链上鱼贩子们的技术水平最低、社会地位最低,而负债最高。这似乎并非源自我们古代鄙视商贩的文化传统。

老Y是安徽人,今年60岁,已经当爷爷了。他说自己从20世纪90年代来上海,已经待了将近30年。刚来上海时,他是船工,帮本地船主捞鳗鱼苗。后来他慢慢积攒了一些钱,就买下一条船自己开始当船主,当然还是捞鳗鱼苗。之后,他又上岸开始收购鳗鱼苗做起了鱼贩子生意。

老Y皮肤比老F更黑，眼睛布满血丝且眼白发黄。他一脸疲惫，有一种为了表示客气而勉强挤出笑容的无奈。我问他怎么会想到从船老大转行上岸当鱼贩子的？他突然像被人用拳头击中了一样，耸起右肩仿佛竖起了盾牌，然后身体倒向左后方，重重地靠在椅背上。我明明听到一声叹息，但当时我正看着他，他是用倒吸一口气的方式完成了这次叹息。我相信没有哪个演员能够重现当时的情景。

我感觉他有一种深深的矛盾和纠结。这使我猜测他一定有曲折反复的人生经历。老Y并没有直接回答我的问题，而是带着感慨回忆起他的"美好往昔"。他属于"头脑灵活"的商人，又很重视乡土感情。他说自己早年来上海赚了些钱，但是可惜自己没有买奉贤当地的房子，而是去老家盖了房子，在上海买了船。

他特地提到了蓝印户口的事情。那是20世纪90年代末期，我国经济受到东南亚金融危机的冲击。政府为了拉动经济，就出台了一系列优惠的政策。其中之一就是上海的"蓝印户口"政策。该政策规定了凡是外地来沪人员只要花9万元买一套住宅就可以申请上海市蓝印户口，拥有该户口就可以让孩子在上海的学校上学，若干年以后，蓝印户口就可以转为正式的上海户口。老Y说他后悔极了，他那时候(20世纪90年代)还年轻，但只想着在上海赚些钱回老家，在乡里乡亲面前光宗耀祖，从来没有想过要在上海住下来。我感觉到他是真的后悔并由此产生了羞愧，对家人和自己人生的羞愧。对于男性来说，羞愧是一种深深的恐惧。除非遇到特别的情况，否则男性不太愿意在陌生人面前承认自己的错误和失误，更不愿意流露自己的后悔和羞愧。这等于是对陌生人披露了自己的软弱，从而将自己置于“危险”之中。我不知道是什么原因促使老Y在见我的第一次就流露出这种情绪，我只能认为，这种情绪已经折磨他很长时间了，使其成为他心头的老伤，他已经不再为此感到羞愧了。男性在两种情况下会主动披露自己的“伤疤”：一是用说实话的办法准备和对方结成一个更紧密的临时同盟关系；二是向对方炫耀自己曲折的经历以便快速赢得尊敬。因为在男性世界里，“伤疤”就是“勋章”。但我觉得上述两条理由对他来说都不成立。我不知道老Y为什么对我说这些。他可能是中午喝了酒，把我当成倾诉对象或心理医生。总之，我感谢他对我的信任，他把一种温暖的责任推给了我。

“自从开始做生意，钱就存不住了。”老Y的这句话，我一开始是记录在笔记本上的，但并没有引起我太多的注意。直到我在写作的后期翻看当时的笔记本，才突然发现他的这句“金句”对我的启发非常大。老Y简直就是佛祖派来给我报信的“伽蓝”。

这句话说明对于在码头直接收购鳗鱼苗的鱼贩子们，干这一行的回报很低且波动很大。这间接说明了为什么鱼贩子们在码头上的社会地位比较低。结合老 F 对上游鱼贩子的骂骂咧咧,我仔细回想了一下,鱼贩子似乎生活在整个产业链的底层。

鳗鱼产业链包括:捞鳗鱼苗的船老大、码头上收苗的鱼贩子、“小老板”“大老板”、苗场(苗场的作用是淡化鳗鱼苗,使之适应淡水养殖环境)和养殖户。我仔细沿着产业链追溯,发现鳗鱼行业有以下几个主要特征:

第一,筛选机制。

老 Y 和老 F 可能都没有意识到,他们以及从他们手里收购鳗鱼苗的“小老板”乃至“大老板”,直到苗场,这些环节共同构成了一条生产流水线。他们只是线上的操作工。他们工作的唯一价值就是让鳗鱼苗经历一遍淘汰,把那些弱、小、病、残的鱼苗淘汰掉,确保只有那些最强壮的鳗鱼苗送到养殖场。我在码头上观察他们收苗的时候,有一个总体的印象。鱼贩子们对于价格是有弹性的,而且他们把这种价格弹性包装成自我牺牲精神和兄弟义气。与此同时,鱼贩子们对于“弱苗”绝对不容忍。他们会用一个浅口碗非常流畅地从大盆里面把弱苗舀出来扔掉。一般来说,一艘渔船忙碌一天下来也就捕捞到 800 尾鳗鱼苗(正好装一个大的洗澡盆),其中约有 1%是弱苗。

我请教了上海海洋大学鳗鱼苗人工繁育研究小组的陈文银教授。他告诉我,这么多年没有实现人工繁育的关键不在于孵化率,问题出在成活率上。人工孵化的鳗鱼苗送到养殖户手中以后，淘汰率极高。养殖户往往养殖了一段时间，投入了时间和成本之后，才发现池子里的鳗鱼苗死了 1/3 甚至更多。相对而言，人工捕捞的天然鳗鱼苗成活率极高。大自然已经提前筛选了一遍，船老大们在东海长江口附近捕捞到的鳗鱼苗其实是从马里亚纳海沟洄游的，这一路上大自然已经不知淘汰了多少鳗鱼苗了。养殖户愿意出高价买人工捕捞的鳗鱼苗是理性行为，核心是保持这个环节的成活率。只要成活率高，自己这个环节花的钱就没有白费。

每一个环节都要确保自己经手时鳗鱼苗还活着，这样自己就有更高的利润；每一个环节都希望鳗鱼苗尽可能地死在前一个环节，这样自己收购到的就是最强壮的苗，自己这个环节的成活率就高；每一个环节都痛恨买家用浅口碗无情地舀掉那些看起来还有希望的弱苗。这一产业链的价值之所以环环相扣，没有形成从船老大到养殖户的直供体系，就是为了筛选出健康的鳗鱼苗，这样就使得进入养殖环节的鳗鱼苗死亡率低。养殖的成本最高，这也就防止这个环节出现重大亏损的风险。

捕捞、收购和贩运鳗鱼苗的生意为什么 30 年来都一样？为什么鱼贩子、小老板、大老板和苗场都没有被电子商务和快递公司取代？我设想过让渔民们都上淘宝网或者在京东开一个直营店，然后养殖户每天给他们下单，价格随行就市。渔民们在码头上把鳗鱼苗装入一个充满氧气的密封袋子，交由快递公司运到养殖户手中。这样做不是效率更高吗？不行，这一行要的就是折腾。这样才能把最强壮的鳗鱼苗送到养殖户手里。当然,也不能折腾过度,那样的话,鳗鱼苗会无谓地损失,导致捕捞和贩卖环节的收入减少、积极性下降。这一路筛选之后,确保了最强壮的苗送入养殖池塘。这就避免了这个行业最大的浪费。全行业的价值链有赖于此。

第二,从随机到效率。

鳗鱼苗码头上有买卖双方,但没有供求关系。他们之间的关系非常不符合经济学教科书。当天清算的交易并不是买卖的终结。买卖双方都在记忆里留下了些什么,以至于第二天还是同样的一拨人来到码头上继续交易。他们对过往有记忆,他们对未来有期待,他们对彼此有依赖。

我很难用一些短语就说清楚船老大和鱼贩子们之间是什么关系。这种关系有争吵、猜疑和妥协。我肯定他们之间没有相互喜欢的意思,因为他们会在某些场合表现出夸张的热情,明显是要掩盖什么。无论他们彼此印象如何,他们明天还会来码头干同一件事情。

我发现这个产业链的两头分别是随机性和效率。渔民面对的就是随机性,到养殖户这个环节,拼的就是效率。中间贩卖环节则介于这两者之间。

这条产业链上各环节的人们面对着这样的上下游局面:一方面,从 1990 年到 2020 年,我国出口到日本的鳗鱼价格如果以人民币计价的话,只上涨了约 50%;另一方面,鳗鱼苗的价格从

1990 年到 2020 年几乎是无规律地在 5—25 元的范围波动。越是靠近大海，波动就越大；越是靠近餐桌，波动就越小。

我试图在整个产业链里面找到真正决定鳗鱼苗价格的人。所有线索都很模糊，因为每一笔交易都不"纯洁"，都不是纯粹的交易，而更像是两个熟人相互走动时的伴手礼。所有交易都混合着个人情感和历史渊源。不过，当他们谈到产业链上的养殖环节时，他们多数使用了正面的词语，但这些正面的言语也包含着批评、责备、埋怨、嫉妒和尊敬，尤其是这种尊敬的情绪，使我觉得他们之所以使用正面的词语，是因为他们想要显得自己很大度。他们在为自己对养殖户的服从寻找正当的理由。

绝大多数养殖户都在福建、广东一带。我找到了福建宁德市周宁县的一个养殖户老 L。他热情奔放、谈吐不俗，完全知道鱼贩子和船老大们对自己这一行有某些负面的看法，但他根本不以为意，称之为"误解"。老 L 还为他们开脱，说他们在海里讨生活也不容易。他详细地介绍了最近的一些成绩，主要是提高养殖成活率。他们这一行拼的就是成活率。他把各种技术手段都用上了，养殖鳗鱼已经成为一个精细的技术活儿，但他不肯披露细节。无论我怎么问，他都不告诉我。他只是透露了一些重要的行业信息：养殖行业近年最大的技术进步就是突破了美洲鳗和欧洲鳗的人工养殖技术。现在，他们不仅可以人工养殖日本白鳗了，以后还可以收其他鳗鱼苗来养殖。我国沿海捕捞到的基本是日本白鳗的鱼苗。因此，这项技术的突破，使得养殖户们今后不再受制于沿海渔民的捕捞量。此外，他们已经成功地把日本白鳗的成活率提高到70%以上，而且死亡淘汰都发生在早期，这就意味着他们没有在那些被淘汰的死鱼苗上浪费太多的钱。

我大致判断下来，这一产业链上是由养殖户决定鳗鱼苗的价格。准确地说，是那些具有最大技术改进潜力的养殖户决定了鳗鱼苗的价格。只有他们能够用技术进步来应对鳗鱼苗数量的随机性和价格的波动性。这一行的其他人只能用辛苦、忍耐、政府补贴或者来自七大姑八大姨的融资来应对不确定性。船老大、鱼贩子和厨师都没有多少技术进步的空间。他们的生计有赖于养殖户的成功。对于养殖户来说，无论用什么新技术把日本白鳗最终的成活率提高1个百分点，就相当于多收购了5%的鳗鱼苗。他们对上下游的影响是最大的。

我把鳗鱼产业链各个环节按照“技术进步潜力”进行排序。养殖环节的潜力最大，他们一旦突破了美洲鳗和欧洲鳗的养殖技术，就大幅度摆脱了本地渔船和鱼贩子的制约；他们一旦提升了养殖成活率，就拥有了对日本客户的更大的谈判余地。捕捞船、鱼贩子、苗场和日本客户的技术进步余地都不如养殖户大，他们就像是高杠杆买了股票的投资人。养殖户就像是在交易大厅里拥有行权价最低的认购期权的那个投资人。所以，当黑天鹅级别的风险来临时，养殖户是唯一能够活着出去的人——而且其他人都认可这一点。于是，那个拥有最低行权价的人拥有了这群人的领导权。大家都得听他的,因为只有他是肯定能够活下去的那个人。这个结论有些反常识。因为,捕捞船的船老大是“手握上游资源的人”,而且还是“毛利率最高的人”;而日本料理店的厨师是“给所有人写支票的人”。但他们都不是决定鳗鱼苗价格的人。请读者回顾前文论述的“时间的价格”,在鳗鱼苗整个产业链(生态系统)中,只有养殖户手里的时间最便宜。他总是可以通过挖掘潜力来渡过难关,这就相当于他总是可以用相当便宜的价格买到1年的时间。其他人就没有这么低价的时间了。尤其是鱼贩子们,他们过着紧巴巴的日子,一不留神,整整一车鳗鱼苗就死在他们手里,那就很难翻身了。他们不得不四处张罗找亲戚朋友借钱来凑足每年的收购额度。他们是借高利贷来买明年参赛资格的。他们除了借钱以外,没有其他本事。鱼贩子生意的波动性最大,因为他们几乎没有什么控制风险的技术手段。在波动特别大的年份,就会有鱼贩子被淘汰出局,尽管没有人意识到他其实是替其他人牺牲了。大家都在找其他原因解释他为什么生意失败了,比如他做人太精,不肯吃亏,不讲信用,见利忘义,结果“这次没有人愿意帮他”。这句话对我帮助很大,直接原因是这次没有人帮他。如果鱼贩子去找他们的七大姑八大姨融资,他们是能够克服荒年的。但是,等他熬到了丰年,赚的钱仍然未必抵得上这些波动年份的亏损。“自从做生意,钱就存不住了”——老Y说得不错,鱼贩子不是一个好行业。鱼贩子们完全没有克服风险的技术手段,他们就是在硬扛风险，最终是考验自己的融资能力：是否能够在荒年靠亲戚朋友的借款熬到下一个丰年。

整个产业链中，养殖户拥有克服风险最大的能力，或者说，他手里的时间最多也最便宜。因此，他总能活下去。一个生态系统中，价格由拥有最能控制风险的那个人决定，他同时也拥有了最便宜的时间。这就像一支棒球队，投球手拥有最多的手段来应对挑战，他能够用力量、速度和战术来对付竞争对手。相比之下，外场接球手虽然也需要跑得快，但除此之外，他没有什么可以展开的战术，可供他作为的空间实在不大。这是由棒球比赛的性质决定的。因此，一支棒球队里面，说了算的人就是他们的投球手。投球手赚钱最多，说话分量最重，他对其他人的影响最大。他发挥得好，其他人就跟着他一起夺得冠军。养殖户就是投球手，鱼贩子就是外场接球手。养殖户决定了下一年鳗鱼苗的价格。

我们国家是稀土的出口大国，掌握了大量的稀土上游资源。但是，就像掌握资源的船老大决定不了鳗鱼苗价格一样，稀土的定价权也不在我们手里。我们国家是铁矿石的进口大国，每年给三大矿山支付一大笔钱，我们是他们的大买家、大主顾。但是，就像是在鳗鱼产业链最后买单的日本厨师决定不了鳗鱼苗的价格一样，铁矿石的定价权也不在我们手里。“定价权”这个词的用法指向了一群人的地位高低。这群人共同构成了一个产业链，就像一个生态系统一样，价格由这群人中控制风险能力最强的人决定。只要他没事，产业链上下游的其他人都总能活下去。这是由他在这群人中的地位决定的。这就是一个生态系统中定价权的决定机制。

我想通以后，感觉自己很像资本市场里面的鱼贩子。因为，我自己炒股就是这样的。我没有什么技术水平，完全靠着在亏损时还能从父母那里融资去补仓，否则我早就爆仓出局了。我出局以后，也不会有人同情我。其他股民会给我起草一份鉴定报告，认定我爆仓的原因不是股市不规范，也不是因为上市公司管理层太不作为，而是因为我自己太贪婪或者眼光太差。总之，责任在我。

我进一步把这个思维框架运用于选股。2008 年金融危机时，那些陷入困境并被迫接受美国政府援助的企业就像是鱼贩子和船老大，它们靠政府给的时间度过危机。那些高科技公司普遍不需要接受政府援助，他们就像是养殖户。当你拥有了行权价格最低的认购期权时，你完全可以肯定自己的公司能够度过危机。你手里有最便宜的时间，你扛得住更大的风险和更黑的"天鹅"，你根本不需要接受政府的援助。事后证明，那些没有接受政府援助的企业，股票的涨幅远远超过那些接受援助的企业——这说明资本市场更偏爱明星投球手！

面对来自大海的随机性和波动性，鱼贩子们没有技术手段，他们只能选择"扛"的策略。扛的工具就是肩膀，有时候不得不用亲情去拉亲戚朋友的肩膀一起来扛。亲戚朋友借给鱼贩子的钱就是帮他买了时间，让他能够活下去，但我没有看到哪个鱼贩子活得很滋润、很自在、很富裕。我一开始觉得他们装穷，以便用同情心从船老大手里换取一个折扣价。时间长了，我发现他们确实过着紧巴巴的日子。他们有时候还被迫“装有钱”，以打消买家的顾虑，让上一级的大老板明年继续相信他。那个重情谊的地方容易借得到钱，却不容易诞生科技进步。那个对朋友讲感情的人，最后会越陷越深，债务规模会越来越大。鱼贩子们借来的钱去买了时间，应付今年的波动，指望明年有一个好收成。这就是鱼贩子老Y和他的七大姑八大姨的故事。

老Y手里有一个破破烂烂的记事本，里面记的是一些密密麻麻的来往款，但我没有拿到他的本子。好的田野调查应该根据这个线索详细展开每一笔交易背后的人情、世故、意外和悲喜，但我不忍心这样去做。我不打算用一段时间的交往，并借助酒精的作用，使他放松警惕，把那个本子交给我（这恰恰是我自己经常谴责的“有目的的社交”）。我不能为了我自己写一本好书而去公布他的生计，把他的生活晾晒在读者面前。那样做就是为了我的虚荣心和读者的好奇心而撕毁了他的自尊心。

没有核心技术的鱼贩子们，仅凭自己的圆滑和人缘就能做成好的交易员吗？他们其实是在不停地为产业链的上下游承担风险（老F深夜收下鱼苗），并提供融资（老Y从亲戚朋友那里借钱）。他们一定过着紧巴巴的日子。我曾经在前文说过，“高利贷盛行的地方不会诞生科技进步”。高利贷和高波动是同一枚硬币的两面。高利率预示着这里存在着高风险，巨大的随机性会淘汰一些人，从而给剩下的人留下足够的生存空间。他们不需要科技进步就能够活下去，他们只需要等下一场随机性来淘汰他们的同行伙伴。

如果国有企业像鱼贩子们一样，没有核心技术的竞争力，完全靠国有银行（像七大姑八大姨一样）提供贷款、贷款展期和置换贷款，那就是在用资金优势硬扛产业链上的不确定性。如果这条产业链的一头是国有企业，另外一头是民营企业和外资企业，那就等于是国有企业用国有银行的钱去替别人承担巨大的风险。靠资金实力来对付随机性就是选择当一个鱼贩子，而不是企业家。

巴菲特早就告诫过散户投资人，没有人能够长期战胜市场。他的话也早就被贝尔实验室门口那台猜硬币的机器人验证：我们并不能比市场更随机，我们只能比同类更强大。真正的企业家应该是去发展科学技术，用技术手段克服风险，就像养殖户在拼命提高成活率一样，那样你才能成为强者。我现在回想起来，鳗鱼产业链上对我抱怨最少、心态最积极向上的环节就是养殖户。

现在，请把七大姑八大姨给老 Y 的融资行为和米勒—莫迪利亚尼定理（MM 定理）联系起来。MM 定理指出，一个项目的融资成本由该项目本身的风险回报水平决定。好的项目自然而然能吸引到便宜的资金；糟糕的项目哪怕提供高额的回报承诺，也没有人参与,因为风险太大了。MM 定理生效的前提条件是强式有效金融市场。如果是在一个圈子文化盛行的地方,MM 定理就很难生效,因为七大姑八大姨会漠视风险,他们不会按照老 Y 收购鳗鱼苗这个事业本身的风险来决定是否给他们融资。他们会重视血缘关系,会顾及面子,会念及旧情,会心甘情愿地和老 Y 一起承担损失。一种具有历史渊源的相互亏欠早就把这一群人紧紧地联系在一起。MM 定理只能在这样一种社会中发挥作用:这里人与人之间讲契约,就事论事地讨价还价;交易不带任何感情因素,每一笔交易都结算清楚,不能相互亏欠;双方不会念及旧情,不会因为过去我从你那里赚过钱,我就感觉自己亏欠了你;我认为我配得上这笔生意的利润,不是你对我的恩施,而是我自己正大光明赚来的钱;我的每一分钱都是干净、合法而虔诚的;我下一次和你做生意的时候,就像我第一次遇到你一样,彼此无记忆,对双方都是值得期待的新的一页。这样的社会被社会学家称为自由主义社会,被人类学家称为个人主义社会,被金融学家称为强式有效金融市场。因此,MM 定理描写的是一个社会学现象,而不仅仅是一个金融学定理。

只有把国有企业置于强式有效金融市场之中,才能让国有银行基于项目本身的风险,而不是体制和机制的同源,来判断对国有企业的贷款。这样一来,反而促进了国有企业的科技创新能力。营造这种环境的结果就是让国有企业从鱼贩子变成养殖户,让他们从“用感情融资扛风险”转变到“用技术进步来化解风险”。国有企业如果实现了这样的转变,我国的金融安全反而更加巩固,人民币和人民币标识的资产也会更具吸引力。

我国的经济学家经常抱怨我们没有出口商品的定价权。他们说对了部分问题,但给出了错误的解答。企业不会自动上移到产业链上游,即便我们占领了稀有的资源和能源,我们仍然有可能受制于人,关键是要看到两点:

第一,一个产业链就是一个生态圈。在这个生态圈里面,技术进步潜力最大的一个环节是定价者。他有能力用技术进步来消化涨价因素,克服不确定性带来的风险。他在克服自身风险的同时也给其他人带来了生存和发展的机遇。其他环节之所以不能成为定价者,是因为这些环节本身技术进步的潜力已经被挖掘完了,他们只能被动地承担波动性和随机性带来的风险。

第二,任何一个产业链上都有两类企业:高杠杆和高科技。你要么从银行借钱融资(高杠杆),而且能不断地借到钱,那么,你等于是用印钞买时间的方法克服了不确定性;你要么用技术进步克服风险(高科技)。国际贸易也是这样分工的。在那些出口商品没有定价权的国家,整个经济运行往往依靠高负债和高杠杆。实体企业已经背负巨额债务的情况下,仍然继续从银行贷款。整体经济只能用银行不断输血的办法来帮助实体企业克服波动性。这就像老 Y 不断向亲戚朋友借钱来收购鳗鱼苗生意一样。用他自己的话讲,就是“自从做生意,钱就存不住了”。我现在对于“落后就要挨打”这句话有了更深的体会。落后就意味着你只能走高杠杆的道路，到时候，即便别人不来打你，高杠杆带来的巨大的债务负担也会把你压得喘不过气来。

这也是本书的主旨之一。如果国有银行对国有企业讲感情，反而有可能妨碍了国有企业的竞争力。如果国有企业对国有企业员工讲情义，反而有可能挫伤了员工的上进心。这种贷款基于“兄弟单位”之间的深情厚谊或者体制内“同出一门”的感情纽带。于是，国有企业不断加杠杆，逐步沦为产业链的最低端，成为产业链上外企、民企和海外进口商的融资工具。而且，我前面已经论证过，无论该企业是掌握上游资源的还是大宗商品的买家，只要他在产业链中的地位是“靠融资扛风险”，而不是靠技术进步化解风险，它就没有定价权。如果我们的国有企业都处于产业链的这个地位，那么，他们会造成巨大的债务风险。最终，这个风险既不是由中国银行消化的，也不是由中国人民银行来处理的，而是由中国人民来承担的。

费雪·布莱克早就说过，时间的价格比它的价值贵。我没有听说过有谁靠借钱或者印钞成为全世界某个产业的冠军，我倒是听说过一些企业因债务规模过大而最终被迫清盘。爆仓之前，这些企业都曾经风光过一阵子。

第三，买家的“恩惠”。

我多次观察到钱老板和“钱夫人”（就是前文提到过的收购饲料鱼的那对鱼贩子夫妇）对船老大展开“攻心”和“慰问”。他们会千方百计地向船老大传递这样一些信息：“这个码头上我对你最好”“我不会给其他人这么高的收购价”以及“你可千万不要告诉他们啊”。每年开捕之前，大的养殖户会给苗场定一个全年的数量和指导性的价格。这个价格会照顾苗场的生存，但不会让他赚太多钱。苗场接到养殖大户的指导性价格之后，会分解给苗贩子们。给上下游一些盈利空间，至少让他们看到光明，让他们今年玩命借钱去收苗，让他们即便今年亏欠了钱仍然对明年充满期待，让他们离不开自己的订单。这样就扩建了生态系统，最终让自己的生意更安全。股票分析师经常使用一个词："护城河”。他们认为一个企业要构建护城河，防止竞争对手。我觉得他们肯定没有做过田野调查。重要的不是构建护城河，而是构建一个生态系统，构建一片自己能够安全、快速生长的土壤。单个的企业容易被淘汰，一个生态系统很难被消灭。

鳗鱼出口价格的稳定就是变相地鼓励养殖户补贴产业链上其他环节因承受随机性而产生的损失。这就相当于你总可以融券做空国债，然后去做多股票。国债价格相对来说是稳定的，给你提供了很好的标的物。你可以确信，你平掉国债融券空头的时候，不会被大幅度轧空。这样一来，国债就是一个管理流动性的工具。出口商面对稳定的出口价格时，也会将出口订单转化成为类似的流动性管理工具。

养殖户偶尔出手补贴上下游的时候，心里明白，只要他们明年还能给你供应鳗鱼苗，你就能够在 18 个月以后养成鳗鱼出口，而且出口价格非常稳定。你只要提高成活率就肯定有赚头。

当我的订单稳定时,给供应商的一条活路就是给自己扩大盈利空间,并降低生意的风险。保护生态环境就是保护自己的生存。

铁矿石的定价机制曾经和鳗鱼苗的定价机制有相似的地方。过去很长一段时间里,日本的钢铁巨头新日铁公司代表全球各大钢铁厂和上游的三大铁矿石供应商(必和必拓、力拓和淡水河谷)谈判年度铁矿石价格。双方大概闭门磋商几个月时间,新日铁接受了这个价格,其他所有钢铁厂都按照这个价格执行。论吨钢成本、能耗、毛利率和人均产量,新日铁长期保持钢铁行业的领先地位。铁矿石价格就由产业链里面效率最高的那个人决定。新日铁不会对矿山太好的,因为铁矿石价格高了对他不利;新日铁不会对竞争对手太好的,因为铁矿石价格低了,会培养更多的竞争对手,最终对他自己不利。效率最高的人决定全产业链的原材料价格。大自然选择了它作为课代表,维系一个生态系统。

你确定你自己在产业链里面是最强的一个人的话,你就应该好心好意地给你的上下游一口饭吃,让他们有饭吃,甚至小有赚头,反而使得你的生意获得了安全。你构建了一个生态体系,你自己的公司、你所处的产业链的环节,都不能脱离这个生态体系来估值。不能拔掉电源,也不能赶走观众。大自然之所以制造了随机性,可能就是为了把弱者赶到强者的生态圈里面去——使得"不善人者"成为"善人之资"。

你如果是产业链里面的强者,你就有动机去维护整个生态圈。这样做只会对你有利，你是你慷慨之举的最终受益人。如果我们把这种想法进一步推广到全社会，那就是一种利他主义的市场经济。

利他主义的市场经济

我有三个舅舅，我长得像其中一个。我的性格脾气也像他，而且我们都当过会计。有人说我长得像李宗盛，那是因为我舅舅长得更像李宗盛。你如果见过我舅舅和舅妈的结婚照，没准会大吃一惊："难道李宗盛早年还有这一段婚姻？"——我打赌你会上网搜一下我的照片。

这几乎是我的"魔咒"——没有人知道我有一个长得像李宗盛的舅舅，没有人知道他的存在。人们总是拿我去对比我的祖父周谷城，然后找出一大堆缺点——当然都是我的缺点。接着，他们就把我的缺点和我不太成功的事业之间建立因果关系，然后他们会得到一些看似历史规律的东西，接着他们会发出一些感慨和唏嘘，仿佛从中得到了某种慰藉和满足。

好吧，我就在结束这本关于估值的书时写一些我祖父的事情。其实，我的祖父是一个不会理财也不屑理财的人，他甚至数钱都会数错。我讲三个有关他和他的资产的小故事。

第一，捡漏的书桌。

在我很小的时候，有一天，他坐人力车从五角场的复旦大学回来。人力车夫还帮他一起把一张旧书桌搬进了家门。家里其实已有一张大书桌，但他还是买了一张，结果很占地方，家里拥挤不堪。

他说那天一个老人在路边卖书桌，要价 5 元钱，他就买下来了，另外再花 5 毛钱雇用人力车夫把书桌从五角场运回家（约 20 公里）。祖母问他为什么要买多余的桌子，他说他要帮助那个老人。尽管他不认识对方，但他说如果单纯给他 5 元钱，那就是羞辱对方，买下桌子是帮助他最恰当的方式。

很多年以后，有一个做旧家具生意的朋友来我家。他一眼看上了这张桌子，说了一大堆有关年代、形制、工艺和材料的细节。他听说只花了 5 元钱时，立即对我祖父"捡漏"的眼光赞不绝口。但我很肯定的是，我祖父不是"捡漏"，而是"救急"。他用一种对方能够接受的方式去帮助了一个陌生人，让他有尊严地继续生活，而他自己也获得了满足感。书桌是他帮助别人的工具，而不是他投资的工具。因此，书桌的文物价值对他来说无关紧要。

第二，厨房里的碗。

在我上小学的时候，家里来了一个远房亲戚。到了中午，祖母留他吃饭。他是收集瓷器的行家。吃饭的时候，他捧起一碗红烧肉，仔细端详着碗底的文字和碗边的花纹。然后，他皱着眉头对我祖母说，"你平时也用这个碗盛红烧肉啊？"我祖母回答，"是的，本来有两个这样的碗，一红一蓝是一对儿，保姆洗碗的时候打掉了一个。”那个远房亲戚很怅然地把红烧肉放下，不再说什么了。

我祖父插话道，“你把它用起来，它就是一个碗；你把它供起来，它就成了负担。我从不背这些包袱。”

我至今不知道那两个碗究竟是何来历，因为后来的保姆把剩下的那个也打碎了。

第三，砸掉的瓷盘。

1976 年，工宣队派人来我家，按照一份清单把当年抄家时没收的东西发还给我们。那天来的工人师傅把一只瓷盘递给我祖父时，态度十分轻慢和倨傲。他给人一种居高临下的感觉：仿佛 1966 年抄家是正确的、正当的和无须道歉的，而现在返还被抄的文物更像是一项施舍、一种赏赐和一道恩泽。

我祖父问道，“现在这是我的了？”对方“嗯”了一声。我祖父二话没说，举起他刚刚拿到的那个瓷盘就狠狠地摔在地上，盘子碎了一地。然后我祖父说，“这个东西我不要了。”

1993 年，祖父卸任时把国家分配给他的一套北三环别墅交还给国管局。当时他说，“许多人还没有房子住，我不能住这么大的房子。”1996 年，祖父去世时，留给我们 3 万元存款和 94 平方米的租赁房。他的遗嘱说，不要保留骨灰，也不要修建墓地和纪念物——“很多活人还没有房子住，就不要给死人盖房子了”。

祖父把那一对儿瓷碗放在厨房里使用，任由保姆洗碗时把它们打碎，就是为了自己不背思想包袱。他不愿意成为古董的奴隶，而要成为它们的主人。这就实现了人的自由。或者，用他自己的话说，就是进入“无差别境界”，解放了自己。他把刚刚发还的瓷盘子摔得粉碎，就当场调整了自己与对方的关系，用毁灭物的办法提升了人的价值，实现了某种程度上的地位平等，从而捍卫了人的尊严。他买下路边陌生老人的桌子不是捡漏，也不是施舍，而是用对方能够接受的方式去帮助别人并使自己得到快乐，从而实现了人的进步。

我曾经在很长一段时间里面懊恼他没有给我留下那栋北三环的别墅和那些瓷器，否则我现在可以轻松地过着好日子。不过，我心里很清楚，如果写到这本书的结尾时，我还在纠结为什么祖父没有给我留下值钱的文物和更大的房子的话，周家可能就真的要败在我手里了。

我就是在那张他用 5 元钱买来的桌子上写完这本书的。写作过程中，我一直试图体会祖父的财富观念。结果我发现他没有任何关于财富的观念——他只有关于人生的理念，用他最喜欢的哲学家维特根斯坦的话来说，“人的一生是一场道德的拼争，要拆毁虚荣的大厦，去做一个更好的人。”维特根斯坦没有说什么样的人才是一个更好的人。但从他的这句话来推测，他否定了“虚荣”，那就说明他反对建立一个小圈子，享受圈内人的羡慕，反对在小圈子内建立等级。

我宁愿把维特根斯坦说得“更好的人”视作一个“强者”。如果每个人都努力成为一个更独立、更自由、更强大和更乐于助人的人，整个社会就会变得更好。如果每个人都只能在小圈子里面实现自己的目标理想，只能照顾小圈子里的人，整个社会就不会进步。人在自身取得进步以后，要在更高水平上更大范围内和更多陌生人一起实现更多的互动、更强的互助和更多的默契，这是人类进化的永恒主题。

自己成为更强大的人，然后帮助别人也成为更强的人。我们一起构建了更美好的社会，这才是资产估值这场游戏的意义。读者一定已经注意到，我在书里从不提倡大家做一个好人，而是鼓励大家做一个强者。我认为，争取成为更强大的自己是一个人天然的使命。

我在这本书里呼吁推进国有企业的市场化改革。许多人反问我，你说怎么改？我认为，应该充分发挥基层的主观能动性，而不是全国“一刀切”式地搞一个包罗万象的改革方案。因为，那些愿意改革的人会想方设法把改革的事业推进下去，那些不愿意改革的人会千方百计把改革的事业留在文件里。因此，问题的关键是要筛选出那些有主动性和积极性的强者。

人类学家蒙敦卡和布雷姆设计了一个关于胖子减肥的实验，他们的论文给了我很大的启发。该实验表明，主动选择减肥方案的人，才会主动实施该方案。他们用一组即将开始减肥计划的儿童作为研究对象，让孩子们自主选择喜欢的治疗方法，然后定时提醒他们，是他们自己选择了这种治疗方案。与此同时，另外一组（对照组）的儿童则没有自主选择权。结果发现，那些自主选择了治疗方案的儿童，因为感觉自己对治疗负有责任，在8周到3个月的疗程中，减掉了更多的体重。[①]

那些愿意站出来承担责任的人，最终能够把事情办成。资产估值对于这些人来说是有作用的。那些不愿意选择减肥方案的人，平时也不愿意承担更多的责任，没有足够的动机去成为更强大的自我。估值对这些人来说就没有了意义。那些真正想要推进国有企业改革的人们，自己会选择合适的方案，愿意承担责任，也想把事情做成。那些不想推进改革的人会等着上级布置任务，然后想方设法地回避责任，他们没有动机去把事情做成。

也许，我们中国人的祖先早就暗示了一切问题的起源在于人，因为“估值”两个字的构成都是人字旁，这就是说，估值从来不是关于资产的，而是关于人的。其实，在这个问题上，人类学家赵旭东老师和我有分歧。他认为“估值”二字的人字旁说明了在中文语境中估值是人的主观意愿。脱离了人，资产根本就没有价值属性。我想，在大的方向上，我和赵老师没有分歧。我们都认为，资产的估值体现了人与人之间的关系。

我建议读者不要关注资产的价格走势，而要重视人的进步趋势。原始部落的生存策略是：大家努力成为弱者，努力装可怜，恨不得成为一种非致命伤害的受害者，以便激发别人的同情心，形成一种你们都要来帮我的舆论氛围。这个生存策略导致

---

① P. J. Mendonca & S. S. Brehm. Effects of Choice on Behavioral Treatment of Overweight Children. *Journal of Social and Clinical Psychology*, 1983(1): 343—358.

部落内的平均主义,产生了部落内人与人之间相互关心、监督和牵制的关系。这种关系看起来十分温暖,其实是限制了人的独立和进步。部落瓦解以后,大家努力成为强者,以便过上好日子。大家各奔前程,天各一方,各顾各的,这是早期的市场经济。随后,在城市化发展过程中,人又大量聚集在一起,产生了新的社会形态。这时,大家仍然努力成为强者,但目的是向别人炫耀自己的光辉。资产就在这样的社会里演变成为等级的标志物。

全球气候变化的联合应对使得我预测且期待未来的利他主义市场经济。在那样一个经济形态里,大家仍然努力成为强者,以便自己有能力去帮助别人。是的,这个目标里面有自相矛盾的地方,至少在经济学家们看起来是这样的。他们眼里的市场经济就是直白的利己主义,就连他们唠唠叨叨的"帕累托最优"也只是一种不伤害别人的利己主义。经济学家们总是说市场机制有效,仿佛那是一种由上帝或者经济学家设计出来的机制。一群普通人按照这个装置或者这个游戏规则来运转,社会就变得有效了。

我觉得"市场机制"和"市场化"这两个词都是错误地使用了语言,从而制造了哲学的迷雾。所谓的市场化,其实是人的进步。人脱离了部落酋长的控制以后,获得了更多的自由,他们由此建立了市场机制来排除一个类似酋长的独裁者,以便捍卫自由。人自己愿意变得更强大、更独立和更自由之后,他就承担了更多的责任,这种责任便成为一种压力和动力,促使他不断改进和提高自己。所谓“市场机制”，其实是这样一群“市场化”的人组合起来的方式。

灵长类动物都是社会化动物，它们组织起来的方式完全不同。这种组织方式决定了它们分配食物、交配顺序和权力争夺的方式。所以，我现在看待人类的“市场机制”时，类似于巴诺布猿的“母系部落”、黑猩猩的“兄弟联盟”、狮尾狒狒的“重层社会”和早期人类原始部落的“平均主义”。总之，市场机制不是一个脱离于人的高效运转机制。它是人们进步后的组成方式，是人进步的结果。我的这本书与其说论述市场机制是追求进步的人们的组成方式，不如说是找到了“市场机制”这个词的正确使用方法。我就像在收拾桌子、打扫房间一样，当我把扫帚从饭桌上拿下来，放到角落里的时候，我的心里突然感觉舒服多了。

你如果生活在这样一个社会：人人都争当强者，没有人嫉妒你的成功，他们自己努力，他们成功以后并不建立一个更高的阶层和等级，然后把持着等级社会的大门，确保自己和子女永远高人一等，并防止其他人进入。人们成功以后，反而变得乐于助人，他们乐于帮助陷入暂时困难的人，但是他们并不毫无原则地施舍，他们并不取代受助者本人去改变他的困境。他们诉诸受助者本人的主观能动性。他们帮助你以后，对你无所求，并不认为这是对你的贷款或者投资，不要求你对他们个人的回报。他们就是看好你，帮助你应对不时之需，渡过暂时的困难。他们相信你会成为一个成功的人，和他们一样强大，然后再去帮助其他人。他们会捍卫社会秩序，让每个人都有公平的机会，他们有成人之美，但不会做无谓的自我牺牲。他们有时也会接受别人的帮助，但接受了帮助之后，他们不会从此患上依赖症，也不会依附对方，成为“恩主”的仆从，不会降低自己的人格去提升对方的地位，不会想着报答对方的恩泽，而是想着提高自己的能力，以便提升全社会的福祉。整个社会无所谓熟人和陌生人，人们有相互帮助的意愿、相互成全的善意，而没有相互依附和勾结的小团体——这一定是一个充满了机遇的伟大社会。

在这样一个社会风气积极向上的地方，你可以且应该鼓励一个人去学雷锋。他自己在生活中很容易遇到雷锋式的好心人帮助他。社会对他的帮助是无私的，并不宣称他亏欠了什么。让人感觉亏欠了什么，要求对方回报自己，这些都是等级社会的说辞和教条。一个人变成更强大后就想着贡献社会，帮助他人，提升其他人，共同进步，而不是偿还自己早年拖欠社会的“债务”。如果人始终有“还债”的思想，他就仍然生活在“圈子”社会中。这样的话，他就不能独立地面对未来，不能成为一个更强大的人。我鼓励大家成为强者，强者意味着人的一生有更多的选择，有更多的逻辑空间的可能性，也就相当于有了更多的时间。个体努力成为强者之后，我们还要共同捍卫社会秩序。这就进一步促进了社会风气的改善和提高。这样的社会对于每一个人来说，机会就更多了，人就更自由也更安全了，社会就形成了正循环的机制。

在这样一种良好的社会宏观背景下，股民很容易选到好股票，很容易赚到钱。如果一个社会不提倡个体进步，不注重效率改善，不鼓励科技进步，你最好不要鼓励大家去炒股，那样反而会害了大家。就像在一个贫富差距巨大且满街骗子横行的地方，你最好不要鼓励一个人去学雷锋，因为那样反而会害了他，而且成全了骗子。

写作这本书之前，我就已经皈依了人类学和社会学。我现在重新看待凯恩斯主义和货币学派的争论，感觉就有所不同了。凯恩斯主义基于人类的同情心，强调要帮助穷人和弱势群体。货币学派（读者一定已经发现，相比弗里德曼的货币数量派，我更喜欢费雪·布莱克的货币效率派）注重人的责任心，鼓励人的好奇心，激发人的主观能动性和培育人的探索精神。他们两派的分歧在于对风险的认识。风险到底是什么？或者说风险到底是好还是坏？我们应该克服风险，还是承担风险，又或是回避风险？这是金融学和人类学根本的问题。

看看费雪·布莱克是怎么评价凯恩斯主义的吧：

> 我们所生存的整个世界被“时间和不确定性的黑暗力量”控制。凯恩斯认为这些力量是对人类生存的迫切威胁，因此需要开明的政府进行干预，并做出对抗。随着凯恩斯学派的推进，政府也开始积极介入管理各项经济指标。费雪·布莱克认为，不论对于个人还是社会来说，“时间和不确定性”都不是威胁，而是机会。风险是为取得报酬而必须

> 支付的成本,不确定性则是为了成长而必须支付的代价。我们所需要的不是由政府干预来消除风险(那只是风险后置,在未来带来更大风险),我们所需要的是发展金融机构和完善金融市场,让人们公平地承担风险。[①]

不确定性在弱者眼里是风险,他因此需要政府救助;在强者眼里是机遇,他因此反对政府干预。从表面上看,这两派争论的核心是风险到底是好还是坏?其实,这两派的分歧归根结底在于:到底是弱者还是强者构成了整个社会的主体?从人类学角度来看,如果金融学没有出现这两条道路的争论反倒令人感到惊奇。因为人类天然拥有相互矛盾的两种倾向性,我们希望帮助陷入困境的同类,甚至愿意为此做出自我牺牲。我们又希望从同类身上赚钱,让更多的同类为我们努力工作,让自己拥有更多的财富、更高的地位和更大的享受。这种看似矛盾的两面性恰恰说明人类基因的适应性很强,我们能够适应各种不同的社会环境,造物主对我们太好了,或者说,我们的祖先进化得太好了,他们留给我们的基因太强大了。因此,凯恩斯和费雪·布莱克之争会永远进行下去,两条路线之间根本就没有对和错。我们自己发达繁荣了就想着要去帮助同类,要和那些穷人一起进步,共同富裕。等到我们集体陷入低效率的困境,苦不堪言且自身难保了,我们就想着要改革、突破、创新和发展,就会指责社会

① Perry Mehrling 著:《费雪·布莱克回忆录》,黄嘉斌译,台湾寰宇出版股份有限公司 2009 年版,第 256 页。

福利政策养了一帮懒人，呼吁要尽快甩掉僵化体制的羁绊，发挥个人的主观能动性和创造力。

因此，这两个学派本身没有对和错，他们适用的人群不同，或者说他们适用于人类不同的发展阶段。凯恩斯主义的政策诞生于第二次世界大战之后的废墟中，如果长期使用，则可能会导致“懒人天堂式”的福利社会，这不利于人的进步。货币效率派强调给人一个公平的环境，让人自己去努力和创造，这个主张看起来更符合人的进步——至少在和平时期是这样的。当然，货币效率派强调的公平的市场环境就包括对资产的合理定价以及对时间的合理定价。一味地关爱某一类企业，不断地给财政补贴，不断地展期延长贷款，就是在制造新的不公平。

我认为，未来社会在货币效率派的基础上会进一步向利他主义的市场经济发展。利他主义不是一种自我牺牲，不是个人修养，也不是一种不求回报的奉献。利他主义是强者天然具有的生物本能、行动默契和风控机制。我更愿意把利他主义看成市场中人们默契地执行某项规则，推崇某项美德，捍卫公众秩序。陌生人会团结起来，共同遵循人类的正义理想，从而为全社会创造出一种公共商品。这种公共商品的核心就是个体强大的陌生人之间的默契。

纳粹大屠杀幸存者之一的德国牧师马丁·穆尼勒有一句著名的话，大意是这样的，“刚开始他们来抓共产党人，我没有站出来说话，因为我不是共产党员；接着他们又来抓社会党人和工会会员，我没有出来说话，因为我两者都不是；后来他们来抓犹太人，我还是没有出来说话，因为我不是犹太人；最后当他们来抓我的时候，已经没人能站出来为我说话了。”

我在田野调查的阶段正好看到美国黑人乔治·弗洛伊德被白人警察压迫颈部窒息而死从而引发美国社会骚乱的新闻。请不要误会，我无意将2020年的美国类比为20世纪30年代的纳粹德国。整个骚乱破坏性极强，令人痛惜美国社会的分裂。但是，其中一个亮点令我稍感安慰。我在新闻报道的画面中看到许许多多的白人、拉丁裔和亚裔的男女青年一起参与了这场抗议示威活动。尽管这场示威活动是针对保护黑人权益的，但是，不同肤色的人们能够默契地参与其中，保卫他们共同的权利和社会公平。这里面没有明哲保身的理智策略，大家都采纳了利他主义的态度。最终，涉事的白人警察被陪审团定罪。这是美国历史上第一起白人警察针对黑人使用暴力之后被定罪的案例——这一天虽然来得太迟，但仍然是一个了不起的进步。

有些人极端自私，他们一心只考虑自己的利益，不照顾其他人的关切。有些人只能在一个小圈子里相互照顾、相互默契，一旦超过小圈子的范围，他们就不能实现协同和默契，对圈外人也缺乏同情心。我预测未来社会的人会高度进化，他们发展自己、提升自己、挑战自己的极限，照顾自己的健康和利益。与此同时，他们能够默契地捍卫社会美德、公共秩序和正义理想。

我国古代先哲强调只有品格端正的人才能从政。《论语·

子路》说,“政者,正也”。《孟子·滕文公下》说,“枉己者,未有能直人者也”。古希腊人和我们不同,他们强调政治就应该是人人参与。希腊语中“政治”一词的词根就是“参与”。我想,未来社会可能会是两者的结合。人要努力提高自己的修养,然后积极参与公共事务。

中文里面用钱组成的词组有很多,比如:挣钱、赚钱、值钱、攒钱和花钱。这些词都对应着我们日常生活中的场景。我希望未来我们创造一个词来描写这样的场景:我自己赚了钱,不仅为社会创造了价值,还让其他人更容易赚钱。钱只是一个游戏的载体,关键是人通过游戏取得进步。个体的进步最终体现为全体人的进步。如果我们每个人都捍卫自由,那么我们就为下一代创造了一个自由的社会,他们的生活将会更幸福。最终,我们也得益。个体越是追求独立和自由,越要默契地捍卫公共秩序,这对我们大家都是最有利的局面。如果大家都只追求个体自由而漠视捍卫秩序的责任,这个社会就会倒退回去。

《礼记·儒行》很早就描写了这样一个社会的雏形:“货,恶其弃于地也,不必藏于己;力,恶其不出于身也,不必为己。”这句话的断句方式是我祖父教我的,和你网上查询的一定不同。据他说,这是他和毛主席共同的中学语文老师袁吉六先生教他的——我打赌你会上网搜一下袁老师的情况。[①]

每个人都渴望成为更强大的人，但又不仅仅为了他自己。不要从做好事的好人角度来理解人，帮助别人是强者的智慧和本能。强者才能意识到帮助别人是对自己最有利的结果。所谓“圣人以其无私而成其私”，说的就是这个道理。从人类进化的历程来看，由千千万万个“强者”组成的社会远胜于由一个“圣人”和千千万万个“弱者”组成的社会。我们都有责任去努力做一个强者，并且我们还要有眼光意识到帮助别人不仅是强者的乐趣，也符合强者本人的利益。如果你生活在这样一个社会：周围的人都很强，而且很乐于助人，且他们不求回报，那么，一旦你遭遇风险和不确定性事件，你就能够很快恢复过来。这个社会为你提供了强大的风险应对手段，你生活在这样的社会一定很安全，很幸福，很积极向上，很乐观奔放。你会努力成为一个进取的、独立的、强大的自由人，并自觉为社会贡献力量。

市场经济是由强者组成的。强者为了获得自身更大的发展而主动帮助别人，这就是一个利他主义的市场经济体。这样，社会就能实现共同富裕。如果强者是为了获得自身的安全而被迫去帮助别人，这就是一个遏制强者的平均主义社会，可能导致集体贫困。所以，我认为一个市场经济体应该鼓励人人自强并提

① 我在上海大学的研究生刘忠勋听到了我转述的袁先生对这两句话的解读之后，深受鼓舞，他特地把他的资产管理公司命名为“货力”。我希望他能够始终在资本市场中坚持利他主义。主动帮助别人是强者才有的特征。强大和高尚应该是生物进化和市场竞争中的胜者同时具有的两个特征。

倡利他主义。

我感觉今天的社会上绝大多数关心估值的人，关心的是自己的社会地位。他们希望用聪明、勤奋和耐心来更好地把握资产价格的波动，从而提升自己的相对社会地位。我希望读过这本书的人，放弃这个念头。我鼓励大家成为一个更强的人，然后我们一起努力，构建一个更好的社会，建设一个更好的未来。是昂首挺胸地在泰坦尼克号上入住头等舱好呢，还是和小伙伴们一起在北海公园“荡起双桨”更快乐呢？毕竟，独乐乐不若与众。

最后，我想宣布《估值原理》这本书最重要的“参考文献”是杜甫的《前出塞九首·其六》。杜诗曰：

挽弓当挽强，用箭当用长。
射人先射马，擒贼先擒王。
杀人亦有限，列国自有疆。
苟能制侵陵，岂在多杀伤！

第一句“挽弓当挽强，用箭当用长”体现了估值任责论的思想。人人都要拼尽全力扮演好自己的角色，承担好自己的责任，发挥好自己的潜能。这是资产得到估值的根本前提。第二句“射人先射马，擒贼先擒王”讲的不仅是高效的战术技巧，更体现了估值效率论的核心思想，为提升整体效率而牺牲少数几个人的利益恰恰是对剩下大多数人的仁慈。第三句“杀人亦有限，列国自有疆”体现了估值时限论。战争如果没有时限，那么，胜利就变得遥不可及且毫无意义。如果战争久拖不决，我们就无法对胜利给出估值——在不断印钞票的国家，科技进步将变得毫无价值。最后一句“苟能制侵陵，岂在多杀伤”体现了估值生态论的思想：把空头赶尽杀绝并不意味着多头可以对任何资产给出任意估值。我们建立一个完整的估值体系的目的，不是建立一个炒股游乐场，而是惩戒那些不守规矩并破坏美德的一小部分人，从而让绝大多数人安分守己、安贫乐道和安居乐业——只有当社会繁荣、生活安定且国家进步的时候，人们才会用资产来玩游戏，资产才会有估值。

我庆幸杜甫的诗就此结束了，而没有提到估值游戏论——那是我借鉴了维特根斯坦“语言游戏论”的原创。

我完成这本书的时候，确曾明确要求出版社，按照当年维特根斯坦出版《逻辑哲学论》时的条件，“在书后装订一打白纸，以便读者随手写下批判我的话。”

后记

2018年初，我和上海财经大学出版社约定：我们共同努力，争取在2021年底之前出版“金融哲学”三部曲系列，作为向“第一个100年”的献礼。

这个系列的前两本《货币起源》和《市场本质》已分别于2019年和2020年出版。但是，当我面对最后一本《估值原理》的写作任务时，我发现我高估了自己的能力。我的学识、见解、积累和阅历均不足以构建起有关估值的框架。我感觉自己脑子里一片空白。我意识到仅凭“献礼”的热情，恐怕难以在书斋中完成《估值原理》的写作任务。如果我匆忙拼凑内容的话，反而辜负了读者的期待和献礼的初衷。

我于2020年4月初辞去中国人民大学重阳金融研究院的工作，然后，我响应“把论文写在祖国大地上”的号召，全身心地投入渔村的田野调查之中。以前，我写书都是先读参考书和论文，然后做笔记，最后再加上一些自己的思考，从而汇集成一本新书。这一次，我完全打破了原来的模式。本书的主体框架来源于我在奉贤中港四区、舟山定海和福建宁德等地渔村的田野调查。我带着田野调查发现的问题，回头去寻找经典著作中的相关解答。对于找不到答案的问题，我也原封不动地呈现在书中，希望给其他学者留下有用的线索。这次田野调查不仅帮助我完成了全书的写作，也开拓了我的视野，加深了我对现实国情的了解，使我对国家民族的未来充满了信心。

我当然不会宣布这是我的最后一本书，我甚至不愿意宣称这是我最好的一本书。我今后还会写出更好的作品——这番美好的前景也值得读者们期待。在远景规划中，我还想创作金融哲学的新三部曲系列，包括《交易策略》《时间游戏》和《平等世界》，作为对 2049 年“第二个 100 年”大庆的献礼。

我发现只有抱着预期“明天会更好”的心态，才能把今天过好。这不仅符合古代先哲的训示，也符合现代金融学的原理。我就是以这种乐观、积极向上的心态完成这本书的。在全书的写作过程中，我始终保持一种豪迈但不傲慢，专注且无偏见的乐观态度。因此，这一定是一本好书。

与此同时，我也有一些感慨。2000 年，我从上海社会科学院世界经济研究所获得经济学博士学位（在职研究生学历）时，我在博士论文中用计量经济学的方法对“柯布—道格拉斯”生产函数中的信息技术类资本和人力开支进行了分项检验。当时，互联网科技革命刚刚拉开序幕，我的论文被专家评审们认为是用西方经济学的方法和手段证明了邓小平同志提出的“科学技术是第一生产力”这一光辉论断。这篇论文因此获得了上海市“优秀马克思主义论文奖”。我也由此得到了市委宣传部的一笔资助,得以出版我的博士论文——那是我的第一本书。

20 年以后,我在这本《估值原理》中用了人类学、金融学和社会学的方法证明了科学技术取得突破的前提条件是市场化的契约精神、高效的资本市场和严格的财政纪律。这也是我一直呼吁深入推进国有企业改革和地方财税改革的原因。只有在这两个改革领域真抓实干,勇闯禁区,我们才能取得核心技术的突破,才能鼓励科技进步,才能实现科技强国。

我的感慨在于,“推进国有企业的市场化改革”本该在 20 年前中国加入世贸组织时,甚至在 30 年前邓小平同志南方谈话时,就已经成为我们的共识。为什么我此时此刻需要用整整 14 个月的田野调查和 20 多万字的书来再次证明这一点呢? 我究竟需要去说服谁呢? 我该怎么推动国有企业改革的事业呢? 掌握核心技术、突破技术壁垒、实现科技强国,这一切都需要从国有企业改革开始。对此,我想起了祖父 1979 年讴歌改革开放的两句诗,“剩有一途凭直往,已无余地可回旋”。我真心希望我的这本书能够为国有企业改革凝聚更多共识。如果我们继续在这个关键的改革领域迁延将就,回避问题,掩盖矛盾,既辜负了人民的期待,又辜负了伟大的新时代。毕竟,改革的时间是人民借给我们的。

此时此刻,我的时间还很充裕。我还来得及去修订之前出版的《货币起源》和《市场本质》，以回应读者们给我的反馈和意见。

此时此刻，我的心情还很激动。我深情地怀念邓小平同志，怀念改革开放之初那些激情燃烧的岁月。

此时此刻，我的信仰还很坚定。我将永远忠于党和人民，忠于邓小平同志开创的改革开放事业。

此时此刻，我对未来还充满乐观的期待。我坚信我们这个伟大国家的青春梦想才刚刚开始，尤其是当我读到十九届五中全会的公报时，感觉如沐春风，深入我心。全会为我们描绘了2035年远景规划中的经济和社会发展前景，也为我们吹响了改革的号角。我今天最浪漫也最奔放的想象仍不足以描绘国家民族的美好未来，这番前景鼓舞着我激情澎湃，奔腾向前。

我由此确信，此时此刻的我还很年轻，就像30年前刚刚听到邓小平同志南方谈话召唤时一样年轻。

参考书目

周洛华:《金融工程学》(第四版),上海财经大学出版社 2019 年版。

周洛华:《货币起源》,上海财经大学出版社 2019 年版。

周洛华:《市场本质》,上海财经大学出版社 2020 年版。

李进华:《野生短尾猴的社会》,安徽大学出版社 1999 年版。

爱德华·威尔逊:《论人的本性》,新华出版社 2010 年版。

弗朗斯·德瓦尔:《猿形毕露》,三联出版社 2015 年版。

弗朗斯·德瓦尔:《黑猩猩的政治》,上海译文出版社 2014 年版。

路易·杜蒙:《阶序人》,浙江大学出版社 2017 年版。